XIANGCUN XIAOXUE XIAOZHANG
LINGDAOLI YANJIU

乡村小学校长领导力研究

杜燕萍　著

ZHEJIANG UNIVERSITY PRESS
浙江大学出版社
·杭州·

图书在版编目（CIP）数据

乡村小学校长领导力研究 / 杜燕萍著. —杭州：浙江大学出版社，2023.6
　　ISBN 978-7-308-23768-0

　　Ⅰ．①乡… Ⅱ．①杜… Ⅲ．①农村学校－小学－校长－学校管理－研究 Ⅳ．①G627.1
　　中国国家版本馆 CIP 数据核字（2023）第 083644 号

乡村小学校长领导力研究

杜燕萍　著

责任编辑	闻晓虹
责任校对	黄梦瑶
封面设计	周　灵
出版发行	浙江大学出版社
	（杭州市天目山路 148 号　邮政编码 310007）
	（网址：http://www.zjupress.com）
排　　版	浙江时代出版服务有限公司
印　　刷	广东虎彩云印刷有限公司绍兴分公司
开　　本	710mm×1000mm　1/16
印　　张	14.5
字　　数	240 千
版 印 次	2023 年 6 月第 1 版　2023 年 6 月第 1 次印刷
书　　号	ISBN 978-7-308-23768-0
定　　价	68.00 元

序　为乡村教育探出路

乡村教育振兴是乡村振兴的必由之路,而乡村教育振兴的难点在于乡村教师队伍建设,重点在于培养一批有教育情怀和领导力的乡村校长。

早在 20 世纪 20 年代,一些著名教育家,如陶行知、黄炎培、晏阳初、梁漱溟等,就深刻认识到了教育与社会、与民族的关系,这是非常有远见的。陶行知是坚定的教育救国论者,他经常对人说:中华民族的根本出路在于中华民族教育的根本出路,而中华民族教育的根本出路又在于中华民族乡村教育的出路。换言之,中华民族乡村教育的出路找到了,那么,整个中华民族的出路就找到了。由此,乡村教育的发展同民族、国家的命运联系起来了;从某种意义上说,教育救国就是乡村教育救国。这是和当时中国是一个农业国的背景紧密联系的:中国以农立国,85%的人口在农村,全国 85%的文盲也大多在农村,农村教育占到整个中国教育的绝大部分;所以,农村问题解决了,整个中国的问题也就解决了。

中华人民共和国成立后,我们在教育振兴民族的道路上继续求索。基于当时农村地区农民文盲率高达 95%的现实情况,普及五年义务教育势在必行。"人民教育人民办""村村办小学",这一阶段乡村基础教育已有很大的发展,但是整体的普及效果不佳。这是因为大部分农民对自身的看法仍然固守在土地上,对教育的重视程度不够,没有想到让自己的后代走出去,对基础教育、高等教育的需求不是很强烈。另外,国家投入严重不足,缺乏必要的办学经费和合格的教师队伍,制约乡村教育的发展规模和办学质量。

改革开放以后,国家实力不断增强,农村义务教育在"普九""两基"等方面取得了重大发展,但义务教育失衡加剧这一问题也随之出现。城市的高速发展促进了社会人口的流动,人们的见识增长,教育的红利逐渐显现,农民认识到了教育对个人未来发展的影响,希望孩子能够走出去,获得更好的发展,乡村教育的质量短板就显现出来了。

我认为理想的基础教育,要从城乡一体化、城乡无差异的角度来考虑问题,每所学校都与它周围的社区融为一体。无论是公立学校的教育,还是民办学校的教育,无论是城市的教育,还是乡下的教育,适合学生的就是好教育。每所学校都可以培养人才,都有学校自身的风格与文化,都成为大家的一种选择,就近的选择,教学风格、学校文化、兴趣爱好、个性特长的选择,这才是理想的教育。将来可能有许多人,像陶行知讲的从城市调转头来,往乡下跑,选择乡下的教育:因喜欢而选择。

理想的乡村学校就是它所在的区域里的有特色的好学校,学生和教师对自己充满自信,而不是一切标准向城市靠拢的学校。乡村学校也应是所在村镇文化的中心、交流的中心、科技的中心、人才的中心,是开放的,与它周边的社区互动的,和乡土文化紧密联系的。乡村学校或者说乡村教育,目前还是缺少社会的信任和正向评价。如果农村学校做得好,可以吸引学生,吸引教师,那么乡村教育完全可以成为乡村五个"振兴"——产业振兴、人才振兴、文化振兴、生态振兴、组织振兴——的原动力。

21世纪第二个十年,作为沿海发达省份,浙江承担起高质量发展建设共同富裕示范区的重任,城乡教育高质量均衡发展被再次提到一个新的高度。

要实现共同富裕背景下的城乡教育均衡高质同步协调发展,路径、方法很多,各地也有很多成功经验。我感觉杭州试行的新城乡教育共同体是很有效的举措。学校作为城乡教育共同体改革的主体,推进共同体治理体系和治理能力现代化,通过"龙头学校"的引领作用,让农村学校发生"蝶变"效应,是城乡一体化办学的立足点和归宿点,必须充分发挥城乡两级学校的自主性、能动性,建立以学校持续健康发展为导向的工作机制。

城乡义务教育共同体文化(简称教共体)创新可以分为物质文化创新和精神文化创新两方面。一方面,可以通过物质文化创新丰富教共体的文化内涵。例如统一教共体中学校学生的服装、校旗、口号等,使教共体成员在明显的物质标识中进入团体活动状态,以各种标识所携带的文化信息时刻影响成员,以建立对教共体的归属感。另一方面,要建立教共体的精神文化,由教共体建立指引发展方向、凝聚发展共识的理念系统,包括教共体章程、文化体系、发展规划,形成具有教共体统一标识的理念文化、制度文化,最大限度地激发成员的内在潜力。通过价值引领形成一致的教育思想,了解教共体成立的意义、最终的目标和追求是什么,即力求提升参与教共体的每位成员的专业能力、创新能力,进而促进城乡学校的发展,最终推动城乡教育的优质化。在明确共同价值追求后,需要将这一价值理念融入教共体各项实践,通过两校走访交流、深入课堂、座谈会、教学研讨等方式,指导和影响各成员行为,让乡村学校确确实实产生需要城市学校指导的需求,激发乡村学校及其教师推动教共体发展的热情,获得自我再发展的动力,同时也要让支援学校产生获得感和成就感,赢得该校一线教师的认可,乐意参与教共体的建设,进而将城乡双方的生存系于一体。

杜燕萍博士很敏锐地捕捉到了乡村教育再振兴的时机,选择乡村教育发展中的关键——乡村小学校长领导力研究这个前沿课题。这个课题在理论上可以弥补乡村小学校长领导力研究方面的不足之处,在实践上可以为乡村小学校长培养、乡村学校振兴提供可实现的路径。经过六年努力探索,杜博士终于获得丰硕成果,结题成书。《乡村小学校长领导力研究》出版之际,欣然应邀为本书作序。通览大作,我认为本书有以下特色。

一是立足乡村小学的实际。杜博士作为乡村名校工作室的导师成员,先后担任中国陶行知研究会乡村名校长工作委员会副秘书长、浙江省教育学会乡村教育分会副秘书长,得以多次深入乡村学校一线,了解教育教学实施过程。调研的足迹遍布浙江省内各地,如淳安青溪小学、象山鹤浦小学、宁海前童小学、安吉余村小学、玉环清港小学等。与乡村小学校长的深入交流、与教师的座谈以及进课堂的教学观摩记录,都很好地用于本书的问题分析与对策提议,使人觉得研究基础扎实。

二是紧扣乡村小学校长领导力这一核心。陶行知说"校长是一个学校的灵魂,要想评论一个学校,先要评论它的校长",校长作为学校的关键性角色发挥着重要的作用,具体体现为校长的价值观和教育理念在实践中转化为具体的领导行为,直接影响学校的教育教学实践工作。校长的领导水平促进或阻碍着师生和学校的发展,最终成为影响我国基础教育改革进程的关键因素。乡村小学校长作为乡村小学发展的重要因素和乡村教育振兴过程中的主要环节,关注他们的领导力水平,自然就成为发展乡村小学、振兴乡村教育的关键所在。本书将研究问题最终聚焦在乡村小学校长的领导力现状以及如何提升层面,希望以校长领导力为关键的中间因素,推动乡村基础教育改革,促进乡村小学的快速发展,最终实现乡村教育振兴的目标。

三是研究设计合理、方法得当。本书以变革型领导理论和学校效能理论为理论基础,首先,通过问卷调查、数据统计等量化研究对浙江省内乡村小学校长的领导力水平进行现状调查。其次,为了真正把握乡村小学校长领导力的内涵和影响因素,通过访谈、编码等质性研究对乡村小学校长领导力的构成要素及其提升影响因素进行分析,形成了研究的"实质理论"模型。最后,在上述两种实证研究的基础上,得出本研究的结论,并提出提升乡村小学校长领导力水平的策略建议。问卷发放给浙江省所辖的 33 个县(含 1个自治县)的乡村小学校长及教师,范围十分广。问卷的信效度通过问卷编制、预测修改、量化检验等环节加以保证。正式问卷形成后,通过发放测试、数据回收统计等环节保证量化统计部分研究的完成。笔者对研究中的调查对象的确定、抽样的方法也都进行了相应的考量。研究过程科学严谨,有据可查。

四是研究分析中肯,对策切实可行。本书以浙江省为例,采用扎根理论探究乡村小学校长领导力的构成及影响其提升的因素。研究表明,乡村小学校长领导力主要由思想引领力、愿景规划力、资源整合力、团队建设力构成。影响乡村小学校长领导力提升的主要内部因素为乡村小学校长的教育情怀、教育理想、教育理解与专业能力,主要外部因素为乡村社会的特征和教育行政部门的管理。书中的对策建议,对乡村小学校长的培养、培训、考核,都有积极的现实意义。

中国陶行知研究会副会长
浙派名师研究院院长

2022 年 12 月

目　录

绪　论

本书源起于笔者在 2019 年参与的中国陶行知研究会乡村名校长工作委员会与杭州市淳安县乡村名校长工作室的研究课题。在参与研究的过程中,笔者有机会接触到一些来自浙江省乡村地区的小学校长,实地走访了他们所任职的乡村学校,并现场参与了乡村小学校长工作室的专题研讨和学校课程建设的汇报活动。笔者观察发现,积极参与工作室、委员会活动的乡村小学校长,其所在学校的整体水平要高于周边学校。由此,笔者对于这些地处偏僻乡村的学校及其校长产生了强烈的兴趣,并开始思考下列问题:目前乡村小学的发展状况如何? 作为学校领导者的校长与他们所在的乡村小学的建设发展水平之间是否有直接的关系? 如果有,两者间又是怎样的联系? 校长的领导力水平呈现出怎样的状况? 他们的领导力又是如何体现的? 处于城市和乡村的不同地理区域的校长,他们的领导力水平对于所在学校的发展会起到怎样的作用? 对于上述问题的思考最终汇聚成了本书的核心,即笔者试图探寻乡村小学校长领导力的现状、构成及影响其提升的因素,最终促进乡村小学校长领导力水平的提升。

国家始终把乡村教育作为高度重视和优先发展的领域。我国乡村人口占比高,乡村地区的教育问题就显得尤为迫切。大力提升乡村基础教育质量是近年来党和国家教育发展战略的重中之重。全体国民受教育水平的高低,是社会的整体认知水平的体现,是一个国家综合国力的展示,也是影响国家发展速度的重要因素。因此,乡村基础教育的发展具有重要的战略意义。陶行知认为,乡村学校是改造乡村生活的中心。现实中,乡村学校的发展水平直接影响我国义务教育的整体质量。提高乡村基础教育质量是乡村教育振兴的核心目标和主要手段,而制约乡村基础教育质量提升的关键因素以及如何进行突破,则是当下乡村教育振兴主旋律下的重要现实议题。

其中,乡村小学校长是振兴乡村教育的核心力量。20世纪70年代末,行政改革的运动浪潮在全球蓬勃兴起,在教育领域也悄然发生着同样的变革,校长的工作职责开始扩大,行政权力开始下放,相应的,校长的领导角色和行为都开始发生改变。"有效学校的领导无论是在发达国家还是在发展中国家,都是学校质量和有效性的最重要因素。尤其在发展中国家,校长作用尤为重要。第三世界国家的教育改革经常落空的原因之一,就是在改革过程中忽略了学校管理者的作用,随着教育权力的分散,校长应该成为教育改革最重要的组成部分。"①陶行知说:"校长是一个学校的灵魂,要想评论一个学校,先要评论它的校长。"②校长作为学校中的关键性角色发挥着重要的价值,具体体现为校长的价值观和教育理念在实践中转化为具体的领导行为,直接作用于学校的教育教学实践工作;校长的领导管理水平促进或阻碍着师生和学校的发展,最终成为影响我国基础教育改革进程的关键因素。处于基础教育重要阶段的小学校长,更是成为教育改革的核心角色。他们作为学校组织的核心领导,组织内外部的各种力量都在他们这里交汇,其中包括各种选择和机遇,也包括各方的压力和挑战。采取怎样的有效领导,如何在变革与稳定之中寻找到一种适宜的平衡,引领学校走向成功,是每位小学校长都迫切需要解答的问题。与此同时,教育管理机制的改革也体现出社会与时代对于校长的要求。《小学管理规程》第八条规定:"小学实行校长负责制,校长全面负责学校行政工作。"③校长负责制作为一种以实现学校工作目标为目的,以校长全面负责为核心来实现行政管理功能的学校领导结构体系,一方面体现了国家对教育权力的下放,对校长的领导自主权和承担学校改革发展责任权的扩大,另一方面也体现了社会公众对于小学办学质量、变革效果等问题的关注。小学校长是否能够成为学校的变革领航者?他们究竟是学校现状的维持者,还是学校变革的阻碍者?这些都成为当下的小学校长必须思考的问题。

---

① 王婷.外国中小学校长的职责与培训——兼谈我国中小学校长的继续教育[J].外国教育研究,1996(4):21-24.

② 陶行知.陶行知全集(第1卷)[M].长沙:湖南教育出版社,1984:473.

③ 国家教育委员会.小学管理规程[EB/OL].(2012-11-15)[2021-03-14].http://www.gov.cn/bumenfuwu/2012-11/15/content_2600424.htm.

　　小学校长的领导力正面临着巨大的压力和挑战。约翰·古德拉德提出:"人们认为,校长是学校发展过程中的一个战略性要素。然而,事实上,他或她往往是一种变革的阻力,而不是一种推动力。"①加拿大安大略省《校长任职资格计划指南》中提出:"校长的领导对于学校的成功是关键性的。处于领导和管理岗位上的人,现在和将来都必须展示能保证他们在岗位上有效行使权力的能力。面临复杂多变的环境和组织竞争等因素的挑战,面对 21 世纪,应该为校长在专业知识、管理技能等方面奠定良好的基础。使校长具有战略眼光,能认识周围环境,学会积极管理,善于沟通思想,善于开发人力资源等。"②

　　新时期新形势新背景下,乡村校长作为基层学校的领头雁,在学校建设中的灵魂地位更为凸显。乡村小学校长的领导力是乡村学校发展的关键因素,他们的领导力水平直接决定了乡村小学的未来发展。乡村小学校长作为乡村小学发展的重要因素和乡村教育振兴过程中的主要环节,关注他们的领导力水平问题,自然就成为发展乡村学校、振兴乡村教育的关键所在。由此,本书将研究问题最终聚焦在乡村小学校长的领导力现状以及如何进行提升,希望以校长领导力为关键的中间因素,推动乡村基础教育改革,促进乡村学校的快速发展,最终实现乡村教育振兴的目标。对乡村小学校长的领导力研究,既可以成为教育领导领域相关研究的理论基础,也可以作为今后小学教育实践改革的现实依据。只有在充分把握乡村小学校长领导力的实际运作情境后,研究才能提出切实可行的提升领导力的具体措施,才能最终促进我国乡村地区基础教育质量的改善。

第一节　相关领域的研究现状及其评述

　　学术研究的累积性特点决定了已有研究必定是后续研究的基础。本书

---

　　①　达林.理论与战略:国际视野中的学校发展[M].范国睿,主译.北京:教育科学出版社,2002:92.
　　②　周在人.中外中小学校长素质比较研究[J].中小学教师培训(中学版),1999(3):29-31.

的文献综述部分是对研究领域相关研究的梳理总结,具有"站在巨人的肩膀上"的重要意义。

一、领导理论

领导理论研究经历了领导特质理论、领导行为理论、领导权变理论、变革型领导理论、魅力型领导理论、分布式领导理论等发展阶段。20 世纪初到20 世纪 30 年代,特质理论将领导者的个人品质作为描述和预测其领导行为成效的因素。它侧重于领导者的性格与素质特征,尤其是身体特征、个性特征和才智特征等方面。但它忽视下属的需要,无法指明特征之间的相对关系,缺乏对因果的区分,忽视情境因素,导致在解释领导行为方面存在明显的缺陷。20 世纪 40 年代,研究者把目光转向领导者的行为,侧重研究领导者的领导方式、作用和方法。勒温和利普特等学者认为,领导者不是天生的,而是后天培养塑造形成的。通过对有效的领导行为模式和领导风格的研究,他们认为通过一些精心设计的培训项目,有效的领导行为模式是可以移植的,人人都能成为有效的领导者。这些理论主要是从对人的关怀和对生产的关心两个维度,以及上级的控制和下属的参与的角度对领导行为进行分类,在确定领导行为类型与群体工作绩效间的一致性关系上取得了一些进展。但理论的主要缺陷在于缺乏对影响成功与失败的情境因素的考量。因为特质理论不能准确地预测领导者的行为,甚至难以解释不同情境下领导者行为的多样性,而行为理论在解释某些领导行为时又显得过于简单,有时甚至难以自圆其说,譬如对同一种领导行为为什么在不同的群体中会产生不同的效果等问题不能给出较为合理的解释,所以研究者把注意力转移到了领导情境方面。20 世纪 70 年代开始,影响领导有效性的大量情境因素逐渐被识别和整合,形成了多种领导权变模型。

领导特质理论、领导行为理论、领导权变理论因出现时间较早,被称为"传统领导理论"。20 世纪 80 年代,魅力型领导理论、变革型领导理论、分布式领导理论因其研究的深度广度、视角方法都与传统领导理论有了明显的不同,被称为"新型领导理论"。其中,变革型领导理论作为研究的理论基础会专门进行论述,本节不再赘述。

（一）领导特质理论

领导特质理论，又称素质理论，它认为领导者自身具有区别常人的品质，这是领导成功的先决条件。这些特质是领导者取得成功的主要原因，并且是与生俱来的，无法通过后天来培养。斯托格迪尔的研究表明，领导者异于常人的特质主要有智力、警觉性、洞察力、责任心、主动性、毅力、自信、社交能力。并且，领导者在发挥上述特质的作用时，与其使用的情境间也有着较大关联。[①] 柯克帕特里克和洛克认为，领导者与常人不同，不论是先天遗传或是后天习得或是两者兼有，这种不同体现在内驱动力、主观意愿、诚实正直、自我信心、认知能力、业务能力等方面。[②]

（二）领导行为理论

20 世纪 40 年代，以领导行为（风格）为主要研究对象的理论开始兴起。它关注领导特质理论所忽略的领导者的行为本身以及领导者与追随者之间的相互关系。研究者将目光从领导者特质转移到领导者行为，强调在行为过程中，领导者风格的逐步形成过程，着重研究领导者影响追随者的行为时所采用的，能够被追随者体会到的具有一定模式的各种行为动作。理论特点是重视领导者对其追随者的行为影响。

（三）领导权变理论

20 世纪 60 年代，权变理论兴起。权变指行为主体根据情境因素的变化而做出适当的调整。该理论认为领导者的特质和领导的行为过程并不是领导有效性的重要影响因素。它关注领导者、追随者、所处的情境这三者间的相互关系。情境因素，譬如任务的结构、成员间的关系、领导者的权威、追随者的主要需求等都可以被分离出来，成为领导行为和领导有效性之间的重要影响因素。该理论认为并不存在所谓适合所有情境的领导理论。每个组织的内在要素和外在情境都不同，领导效能是由组织内的领导行为要素和所处的情境要素相互适应的程度决定的。譬如，领导者的风格、追随者的追随程度、工作的环境、组织的文化等都会影响其效能。

---

① 诺思豪斯.领导学：理论与实践[M].吴荣先，等译.2 版.南京：江苏教育出版社，2002：37-56.

② 陈永明，等.教育领导学[M].北京：北京大学出版社，2010：60-61.

权变理论包含菲德勒权变模型、情境领导理论、路径目标理论等不同的分支理论。下面就其中的两种做详细介绍。

其一,情境领导理论。1976 年,保罗·赫塞和肯尼思·布兰查德形成了重视下属成熟度的情境领导理论。他们关注追随者的成熟程度与领导者的领导方式之间的关系,认为领导者应该根据追随者的成熟水平来选择正确的领导风格,从而取得成功。理论采用了任务行为和关系行为两个维度,并将它们组合成四种不同的领导风格。情境领导理论中的命令行为是指领导者用命令的方式去规范追随者的行为。它采取单向沟通的方式来界定追随者的工作角色,要求他们应该做什么、如何做,密切控制和监督他们在工作中的表现和行为。而支持行为则是指领导者用支持的方式来协同追随者工作的行为。它采取双向沟通的方式来塑造追随者的工作角色,对他们提出任务目标,支持和激励他们完成工作,参与他们的决策,关心和倾听他们的意见,促进他们彼此间的互动。命令行为和支持行为的对比详见表 0-1。

表 0-1 命令行为与支持行为的特征

行为	特征 1	特征 2	特征 3
命令行为	结构完整,凡事交代得一清二楚	完全控制,追随者的每一方面、步骤和方法均在领导者的组织指挥下进行	严密监督,对追随者的一举一动严加督导,有错必纠,谨防问题的发生
支持行为	放手支持,授权追随者独立采取对策去解决问题	激励鼓动,提出问题,启发追随者自觉积极思考问题的症结所在,提出自己解决问题的方法	沟通协调,关心追随者,及时倾听意见,就问题达成共识,相互支持

其二,路径目标理论。20 世纪 70 年代,豪斯提出了路径目标理论。理论的假设前提是领导者的领导行为应有助于追随者达成工作目标,只有在这样的情境中,领导行为才会有效。豪斯将领导工作看作领导者激励追随者的过程,并且激励方式还需要与不同的追随者和组织环境相适应,才能发挥其有效性。理论关注焦点在于领导者通过何种方式来知晓并满足追随者的需要,帮助他们顺利完成预定的工作目标。他提出四种领导方式:第一,指导型领导,即领导者明确告知追随者做什么,并且在做的过程中,领导者还会给予相应的指导,追随者无须思考做什么和怎么做的决策问题。第二,

支持型领导,即领导者对于追随者的态度是友好可亲的,并且对追随者的行为表现出诚恳和关注。第三,参与型领导,即领导者仍自主决策,但在过程中会寻求并采纳追随者的建议。第四,成就取向型领导,即领导者为追随者设定一个具有挑战性的目标,在过程中给予充分鼓励,让他们自己想办法去达成目标。①

(四)魅力型领导理论

1976 年,豪斯在原有路径目标理论的基础上提出了魅力型领导理论。该理论的关注点为领导者通过自身独特的人格魅力对追随者施加影响,通过改变他们的信念态度、行为方式来实现领导效能。②

在原有理论中,豪斯关注的重点在于领导者通过不同的路径方式来激励追随者完成预设的目标,他强调在不同的情境中需要选择不同的达成路径。而在新理论中,他更为关注领导者自身的魅力对追随者和领导效能的影响作用,并试图对领导者的魅力进行科学的界定与测量来弄清其本质。他提出了魅力型领导的具体领导模型。首先,领导者需要为组织制定一个愿景规划,同时表现出对追随者的期望和信心。其次,领导者需要通过各种行动向追随者传递组织目标内含的价值观念、自身所具有的实现组织目标的坚定信念和自我牺牲的感召精神,为追随者树立榜样,使得追随者能够认同并内化组织目标,为实现组织目标而努力奋斗。③

(五)分布式领导理论

20 世纪 90 年代,分布式领导理论应运而生,并且研究增速明显。莱柯姆斯基认为,领导者及其影响分布于有结构的组织关系之中,最终会以组织中各种联合力量的形式表现出来。④ 他强调领导者与被领导者之间、学校部门与部门之间的合作,认为领导是领导者作为组织中的一个要素与其他要素交互作用的结果。斯皮兰斯指出在特定的组织实践情境中,组织自身是

---

① 邢以群.管理学[M].2 版.北京:高等教育出版社,2011:310.

② House, R. J. A 1976 Theory of Charismatic Leadership[C]. Carbondale: Southern Illinois University Press, 1977: 72-86.

③ Sharmir, B., House, R. J. &Arthur, M. B. The Motivational Effects of Charismatic Leadership: A Self-Concept Based Theory[J]. Organization in Science, 1993(4): 577-594.

④ Lakomski, G. Distributed Leadership: An Idea Whose Time has Come? [EB/OL]. (2002-10-25)[2021-03-14]. http://www. shuac. uk/bemas.

分成多个层面的,每个层面的领导者、领导实践都是相互影响的,以此不断吸收组织成员的智慧,不断增加组织的领导氛围的浓度。[1] 哈里斯将分布式领导看作一种观察分析领导实践的新的概念透镜,而不是一种理论。他认为正因为领导是发生在组织层面的活动,所以分析领导活动的研究单位是整个组织,而不是从个体或小群体层面去分析领导活动,不能将研究的目光只聚焦在占据领导职位的个人或占据领导层的少数人身上。因此,分布式领导可理解为一个组织的领导角色由组织中的多数成员承担,并且会随着工作任务、个人特点和能力、组织情境的不同而动态变化。

分布式领导是对以校长为中心、科层制为秩序的领导观念的批判与反思,尤其是针对理论与实践层面盛行的个人英雄主义、单一领导观念的有力反驳。它提出组织成员参与领导的观念,有力冲击了只关注领导者而忽略其他主体的现象。它将研究视域拓展至更广阔的组织情境之中,被认为是21 世纪初领导理论领域的一项重要进展。[2] 霍伊等特别指出,校长个体式领导理论与学校分布式领导理论并不是相互否定的,而是相互补充的关系。[3]

二、教育领导理论

20 世纪 50 年代,教育管理"理论运动"出现,教育领导力成为运动中的重点问题。根据教育组织的自身特点,借鉴企业管理的领导力理论,采用实证主义研究取向的教育领导力研究,成为主流研究趋势。20 世纪 70 年代,学者们通过对教育管理"理论运动"的反思批判,进入了重新认识教育管理理论的新视角阶段。20 世纪 90 年代,教育领导力理论呈现出多样化的研究格局,并出现了一些具有重大影响的理论成果。

(一)道德领导理论

20 世纪 70 年代,学校教育发展的本体价值论成为一种应然追求。在学

---

① Spillance,J. P. Investigating School Leadership Practice:A Distributed Perspective[J]. Education Researcher,2001(3):23-28.

② Crowther,F.,et al. Leadership[EB/OL]. (2001-12-04)[2021-03-14]. www. dest. gov/school/publications/200/index. htm.

③ 霍伊,米斯克尔. 教育管理学:理论·研究·实践[M]. 范国睿,主译. 7 版. 北京:教育科学出版社,2007:405.

校教育更为关注教育领导的价值诉求的背景下,道德领导理论开始从哲学、伦理学的角度关注学校教育领域,强调教育领导的人文价值和伦理取向。

托马斯·J.萨乔万尼在道德领导理论领域最具代表性。他对"学校的本质是什么""校长的角色定位是怎样的""校长的首要工作是什么""校长的领导权威有哪些"等问题进行了探讨。他认为学校的本质是一个开放的学习共同体组织。校长的基本角色定位是"领导者的领导者",其领导权威有科层权威、心理权威、技术理性权威、专业权威、道德权威五种来源。道德领导强调运用责任感、义务感来激励组织内的成员,"向善的"道德性是其内在动机,因此,道德领导是核心的权威来源。当校长形成学校领导是一种共同利益的意识,并且这种意识都能分享到学校成员个体的承诺、职责、愿望之中,他的领导就从普通意义层面上升为道德意义层面。因此,校长需要树立全校师生发展的共同目标,关注学校的文化建设,以愿景文化共同体的形式将全校师生联系起来,用信仰、价值、理想等引领实现师生的自我领导与成长。[①]

迈克尔·富兰提出"学校领导的道德使命",强调校长领导的价值使命和时代背景。他认为校长的领导行为应该具有人文关怀和伦理道德取向。校长既是教育者的角色,即作为一名教师需要承担教书育人、言传身教的职责;同时也是领导者的角色,即需要去创建一种新的校园文化,这种文化以相互信任的人际关系为基础,建立在有素养的研究和行动的基础之上。[②]

(二)教学领导理论

伴随学校效能理论的出现,教学领导成为教育领导领域的研究热点。教学领导以校长对学校教师教学能力的提升为研究核心,体现了从如何教到如何学的领导重心的转变,突出了对"学"的关注和强调。教学领导的内容突破了配置教学资源、检查教案、监督教师授课等简单的管理范畴,增添了教师专业发展、学习共同体建设、学校愿景构建与共享等人文主义内涵。教学领导的研究主体经历了从领导者个人素质到领导者职位要求的转变。

---

① 萨乔万尼.道德领导:抵及学校改善的核心[M].冯大鸣,译.上海:上海教育出版社,2002:126-178.

② 富兰.学校领导的道德使命[M].中央教育科学研究所,加拿大多伦多国际学院,组织翻译.北京:教育科学出版社,2005:48.

研究的注意力从开始阶段集中在校长的职位权威和个体自身,希望造就"英雄领导者"形象,逐渐转换到教工和学生在教学领导活动中具有的主体性地位,以及对于学校效能提升的重要作用等方面。

海林格和埃克提出的教学型领导模式较具有代表性。[①] 他们认为以往的研究弊端在于内容上只重视"教"的领导,不重视"学"的领导;对象上只重视对校长的研究,忽视对组织中其他成员的研究。因此,他们强调教学型领导需要对学校使命、教学管理、学习气氛等进行具体设定;强调校长需要对课堂教学、课程设置等进行直接调控。通过将具体行为指标落实到实践层面的方式,譬如采用标准化、可操作的教学领导量表,对校长的教学领导力进行改善。[②] 但这种将校长作为主角的教学领导模式研究,仍具有一定的局限性和狭隘性。

后期的教学领导研究相应减少了校长对于课堂教学的直接指导和对教师教学的直接评估行为,开始侧重于校长对"学"的领导。校长被称为"学习的领导者""首席学习者""首席学习官""以学习为中心的领导者"。研究内容强调愿景目标等价值观的建立、环境氛围等文化内容的建设、对教师教学工作的支持、对学生学业结果的监控、利益相关者的参与,以及领导的双向性与互动性因素。[③] 譬如,金提出以学习共同体建设为核心,将学校组织愿景的共享、教师专业的精神建设、文化内容的发展构建等都纳入组织建设,进一步丰富教学领导理论的内涵。[④]

三、校长领导力结构、评估与性别

校长是"学校行政的最高负责人。对外代表学校,对内主持全面校务。由国家教育行政部门、有关办学团体、个人任命或委派,或通过一定程序推

①　Hallinger, P. &.Heck, R. Reassessing the Principal's Role in School Effectiveness: A Review of Empirical Research,1980-1995[J]. Educational Administration Quarterly,1996(1): 5-44.

②　Hallinger, P. &.Heck, R. Can Leadership Enhance School Effectiveness? [M]. London: Paul Chapman, 1999:178-190.

③　Lashway, L. Developing Instructional Leaders [EB/OL]. (2002-04-16) [2021-03-14]. http://www. eric. uoregon. edu/publications/digest160. html.

④　King, D. The Changing Shape of Leadership[J]. Educational Leadership, 2002(8): 61-63.

举产生"①。2017 年,《中小学校领导人员管理暂行办法》指出:"选拔中小学校领导人员,一般采取学校内部推选、外部选派、竞争(聘)上岗、公开选拔(聘)等方式进行……中小学校领导人员一般应当实行任期制。"②

（一）校长领导力结构

校长领导力结构是指校长在领导学校实现组织目标,统筹兼顾各类教育资源的过程中,个体所需具备的相应的能力体系。校长领导力结构研究主要从校长的知能结构出发,以校长的特质作用为分类标准,从校长领导力的实施效果来分析校长的行为特征与能力差异,从而归纳出校长有效领导的具体特征。

汉菲尔等的实证研究发现,担当的品质、充沛的精力、果断和自信、乐观和友好、包容和开放等因素对于校长领导力都有着直接影响。③ 哈尔平以美国中西部教育局局长为研究对象,以"领导行为描述问卷"(LBDQ)进行测试,得出领导者如果在结构和关怀方面水平较高,那么追随者的满意度和取得的工作绩效也较高的研究结论。由此,他提出了关心、组织两维层面理论。④ 帕金斯研究发现,教师的工作动机水平与校长的结构建立和关心体谅行为有着密切相关性,即关心体谅行为可以产生内在驱动和外在激励作用,是校长理想的领导行为之一。⑤ 韦恩验证了帕金斯的研究结论,并进一步指出校长的关心体谅行为是影响教师工作压力水平的最重要的因素。⑥上述领导行为的实证研究表明,校长领导力与学校的氛围、教师工作的满意度等变量之间存在着相关性。

托马斯·J.萨乔万尼从技术、人际、教育、象征、文化等层面对不同类型的校长领导行为进行深入分析,首次提出"领导力五力模式"。他认为校长

①　《教育大辞典》编纂委员会.教育大辞典·第一卷:教育学、课程和各科教学、中小学校[M].上海:上海教育出版社,1990:235.

②　教育部基础教育司.普通中小学校长工作手册[M].北京:教育科学出版社,2018:247-248.

③　Hemphill, J. K. ,Griffiths, D. E. & Frederiksen, N. Administrative Performance and Personality[M]. New York: Bureau of Publications,Columbia University,1962:34.

④　崔杨.团队情境下差异化授权型领导对创新绩效的影响机制研究[D].长春:吉林大学,2020.

⑤　Perkins, S. Relationships between Teachers' Perceptions of Principals' Leadership Behavior and Level of Work Motivation[D]. Edinburg: The University of Texas-Pan American, 2006.

⑥　诺思豪斯.领导学:理论与实践[M].吴荣先,等译.2 版.南京:江苏教育出版社,2002:23.

的领导力水平与学校效能之间有着直接关系,尤其是象征和文化领导力对学校效能有着显著影响。校长如果注重学校文化的养成,合理使用道德和专业权威,而不仅仅是停留在技术和人际领导力等日常管理活动所具有的能力层面,那么其领导行为是高效的,学校就能成为高效能的学校,就能更好地满足时代与社会的变革需求。当然,校长的技术、教育、人际领导力也非常重要,高层次的校长领导力必须建立在全面扎实地运用所有的领导力维度的基础之上。[①]

2007 年,欧洲多个国家推进实施"改进校长工作,提高学生学业成就"(Leadership Improvement for Student Achievement,简称 LISA)项目。英国伦敦大学领导力学习中心教授凯伦·埃奇认为,校长领导力开发的最大价值在于能够促进学校快速发展。并且,他认为校长的领导力可以通过教育培训等途径进行培养,这使得项目实施具有了前提条件。此项研究在实践领域中丰富了校长领导力的结构理论,也给教育政策制定者提供了借鉴和参考依据。[②]

郑燕祥提出校长领导力的五向度结构理论:一是结构领导力,强调校长能够构建清晰的工作结构和程序措施,明确组织内成员的职责,并通过组织规划、提供支援、协调统一等来保证程序措施的实施。二是人际领导力,强调校长能够关注并促进师生的工作投入感和满意度,并努力在学校中创建积极的人际关系。三是政治领导力,校长能够在学校中建立起广泛的联盟,在解决学校组织成员间的矛盾冲突时具有较强的说服力和影响力。四是文化领导力,校长具有鼓舞人心的力量,能帮助组织成员形成价值观和使命感,最终形成学校自身的文化。五是教育领导力,校长能够促进教师的专业发展,在学校的教学工作中提供专业的意见咨询,带动学校整体的教育改革与创新。[③]

目前此领域的研究出现了对校长领导力进行分解与细化的趋势,即将

---

①　萨乔万尼.道德领导:抵及学校改善的核心[M].冯大鸣,译.上海:上海教育出版社,2002:145.

②　埃奇,郭婧.解读国际化大都市校长领导力发展模式——英国伦敦大学学院教育研究院"全球城市年轻领导者"项目负责人凯伦·埃奇专访[J].外国中小学教育,2015(6):1-6.

③　参见郑燕祥.教育领导与改革新范式[M].上海:上海教育出版社,2005:197-198.

校长领导力细分至不同的实施领域内进行研究,譬如价值领导力、道德领导力、课程领导力、教学领导力、文化领导力、信息技术领导力等,其中,道德领导力、课程领导力、教学领导力的研究频率较高。但校长领导力作为相互融合、互为支撑的一种综合能力,实际上较难对各个研究要素进行明确区分,在研究中更需要对各维度进行整合。

校长领导力结构研究呈现出从校长自身品质能力角度和对组织的作用角度来分析的两种不同路径。从校长个人品质能力出发的研究,遵循传统的领导特质理论,着重探讨校长个体所具有的决策力、沟通力、凝聚力等个性品质,主要是针对校长领导活动的实施和构建过程中的不同能力要求的领导力结构维度。譬如,邱心玫认为校长的领导力是一种综合性的能力素质,具体包括领悟力、前瞻力、决断力、感召力和执行力等。[①]从校长对学校组织所产生的效能出发的研究,则随着组织理论的发展,强调校长作为领导者对其所在的组织所起的影响。具体到校长领导力结构中,表现为校长的文化、教学、人性、政治等不同的领导力分析向度。

(二)校长领导力评估

从评价学角度看,评价的目的不在于证明,而在于改进。校长领导力评估是对校长任职学校的领导工作的各环节进行量化分析和定性评价。设立的初衷是为校长工作效能的评价提供客观依据,开发改善校长的领导效能,提升校长的综合素质和专业发展水平。

2002 年,美国教师教育认证委员会(National Council for Accreditation of Teacher Education,简称 NCATE)制定《学校领导标准》,建立美国校长领导力评估机制。它的六个标准涵盖学校目标、学校文化与课程发展、学校组织管理、学校与社区关系、学校领导的道德要求、学校与其他因素的关系,提出校长作为学校领导者应具备的特征:"第一,校长应该推动为整个学校人员所共享和支撑的一种学习愿景的形成、表述、实施和服务。第二,校长应倡导、培育和支持有益于学生学习和教师专业成长的学校文化和教学计划。第三,校长应创设一种安全、高效、有效的学习环境以确保组织的运作和资源的管理。第四,校长与教职工和社区成员合作,对各种社区利益和需求做

① 邱心玫.中小学校长领导力研究[D].福州:福建师范大学,2008.

出回应，并能动员社区资源。第五，校长的行为正直、公正，遵循道德要求。第六，校长应充分理解政治、社会、经济、法律和文化背景环境，并对其做出回应和施加影响。"①它的七个原则包括学生学习的中心地位，学校领导角色的变迁，学校领导的合作性质，提升学校领导的质量，学校领导绩效为本的评估体系，内在一致性，引导所有成员参与。它将学生的成功作为对学校领导者评价的目标指向，并对学校领导者做什么、如何做提出了具体要求："第一，通过制定、表达、执行、保持整个学校团队共享和支持的学习愿景来促使所有学生成功。第二，通过倡导、培育和保持有助于学生学习和教职工专业发展的学校文化和教学计划来促使所有学生成功。第三，通过对学校组织的运作、资源的有效管理保证一种安全、有效的学习环境，来促使所有学生成功。第四，通过与家庭和社区成员的合作，对社区多样化的利益与需要做出有效反应，调动社区资源来促使所有学生成功。第五，通过正直、公正的行为，并以符合伦理的态度来促使所有学生成功。第六，通过了解、回应并影响政治、经济、社会、法律、文化环境来促使所有学生成功。第七，通过由高校和学区等共同计划和指导下的学校情境，帮助学生获得真正的、持续的、高标准的体验，取得毕业证书，促使所有学生成功。"②

"范德比尔特领导教育评估"（Vanderbilt Assessment of Leadership in Education，简称 VAL-ED）是由美国范德比尔特大学开发的一种领导力评价体系。它采用"美国州际学校领导者资格认证委员会"（Interstate School Leaders Licensure Consortium，简称 ISLLC）标准，将校长的领导力行为分解成关键职能和核心绩效两个层面，提出校长专业标准应包含创建学习愿景、领导教学、学校组织管理、学校公共关系、校长个体行为规范和校长与社会环境等方面。每一项又分为知识、态度、绩效三部分，每部分还下设具体指标。VAL-ED核心要素为以下六方面："（1）为学生学习设立的高标准。包括学业成绩方面的标准，也包括有关社会学习方面的标准。这些标准既可以是有关学生个体的，也可以是有关团体或整个学校的。（2）严格的课

---

① ISLLC. Standards of School Leaders(2000)[EB/OL]. (2009-06-22)[2021-03-14]. http://www.ccsso.org/projects/education_leadership_initiatives/ISLLC_Standards/.

② ISLLC. Standards of School Leaders(2000)[EB/OL]. (2009-06-22)[2021-03-14]. http://www.ccsso.org/projects/education_leadership_initiatives/ISLLC_Standards/.

程。在核心学科方面,要向所有的学生提供丰富且富有深度的课程内容。(3)高质量的教学。在推动学生学习方面,教学实践成效卓著。这里的学习既包括学生学术性科目的学习,也包括社会性学习。(4)学习的文化和专业行为。在学术性科目学习和社会性学习方面,形成内部协调的专业实践团体,为学生的学习服务。同时,学校形成良好的学风,学生的学习是学校的中心目标。(5)与外部社区的联系。为增进学生学术性科目的学习和社会性学习,与家庭、社区中的个人或机构建立密切的联系。(6)绩效问责制。在实现科目学习和社会性学习目标方面,教育管理者不仅承担个人责任,而且还负有领导责任,包括督促教师和学生负起个人及集体的责任。"[1]该方案以领导力行为表现为主要依据,通过对各项标准的量化分析,关注各维度间的交互作用。它不再将校长个人的知识能力素质作为评价的重点,而着重关注学校和学生的发展,充分体现以领导力实践为导向的现实指向性特征。

2011年,澳大利亚教学与学校领导协会协同其他各方利益相关者,颁布《澳大利亚校长专业标准》(Australian Professional Standard for Principals),将其作为全国统一的校长专业标准。同时,为配合该标准的实施,又推出《360度评估框架》(360° Reflection Tool)。该评估框架以内嵌融合的方式,将《澳大利亚校长专业标准》各维度能力指标转化为可测量、可观察的具体行为要求,最大限度确保在真实环境中评估的有效性、反馈性和改进性。它由15个模块构成,横纵坐标分别为"领导力要求""专业实践",每一模块又从行为特质、行为内涵、行为表现的维度进行区分。框架围绕"领导力"这一核心概念,从学校、社区、国家三个维度对校长和其所处的工作环境进行分析,循序渐进地指向《澳大利亚校长专业标准》。[2]此框架以直观化、体系化的方式呈现校长领导力的具体行为和形成过程,较为符合人们对校长领导力的通常理解,因此成为中小学校长日常可操作的、信效度较高的评测模式。它参考借鉴管理领域较为成熟的量化评价指标,如授权、问责、绩效等内容要求,通过量化与质性相结合的方式,对校长进行多角度的自评和

① 钟建国,洪明.教育管理评估理念的新变革——美国"范德比尔特教育领导评估"述评[J].外国中小学教育,2010(12):40-45.
② 张欣亮,童玲红,夏广兴.澳大利亚中小学校长领导力评价方法透析[J].外国教育研究,2014(12):77-87.

他评,以便全面了解校长领导力,获取领导力改进提高的方向和路径,最终达到提升学校效能、促进校长职业发展的目的。

(三)女性校长领导力

传统领导力研究中,研究者倾向于将领导者看作中性的概念,不去区分男性与女性领导者之间的差别。在这样的背景下,女性领导者的经验不被关注,同时她们也是隐形的,她们的困境、优势和特有经验在理论建构上被遗漏。男性思维与经验被当成普遍适用的规范。譬如,费德勒的权变理论研究中所选取的研究对象全部为男性。

20世纪初,随着全球女性主义意识觉醒和女权主义运动兴起,领导力领域开始出现对女性性别的探讨和女性领导力的专门研究。譬如,男权文化对女性性别的压抑、女性玻璃天花板现象、女性在管理中的人文关怀、女性的人本主义管理等。① 其中,对于女性与男性领导风格的差异研究尤为丰富和深入。巴托认为,相较于男性,在女性领导之下,被领导者的工作满意度和工作绩效表现更高。② 彼得·诺思豪斯对"女性能成为领导者吗""女性和男性领导者的行为和效率有差异吗""为什么达到顶层的女性如此之少""怎样才能有更多的妇女进入顶层"等问题进行探讨和案例研究,并设计了女性领导者领导行为的测量工具(性别意识问卷)。③ 罗宾斯认为,女性更倾向于采用民主、参与的方式进行领导,更为包容和开放。这种方式能够较好地激励下属,激发员工的主动参与和共享意识,使得下属能够将自身利益转化为组织目标,提升自我价值,从而影响他人和组织。④ 罗森娜指出,以往研究中与女性特质联系在一起的直觉、共识、鼓励等品质,被认为是无效能的,但近来的研究却表明它们是可取的、有效的。⑤ 伊格雷和约翰逊认为,领导力风格具有一定的性别定势的影响。女性在领导风格上倾向于民主参与型的人

① 蒋莱.女性领导力研究综述[J].中华女子学院学报,2011(2):66-72.

② Bartol, K. M. The Effect of Male Versus Female Leaders on Follower Satisfaction and Performance[J]. Journal of Business Research, 1975(4):33-42.

③ 诺思豪斯.领导学:理论与实践[M].吴荣先,等译.2版.南京:江苏教育出版社,2002:112.

④ 罗宾斯.管理学[M].黄卫伟,孙健敏,闻洁,等译.北京:中国人民大学出版社,1997:429.

⑤ Rosener, J.B. Ways Women Lead[J]. Harvard Business Review, 1990(6):119-125.

际关系,男性则倾向于以任务为导向的决断型人际关系。^① 上述研究可分为两种途径:一种是从女性特质出发,呈现和分析女校长在学校领导过程中的特殊经验;另一种是以女性主义为基调,从男性为主导的社会结构视角去审视女校长领导的社会现实,从而提倡女性领导者重新审视、反思、改变立场,去质疑和打破这种结构,进一步解构以男权为主导的社会结构,进行以性别为主体的社会结构的重构。它强调女性个体因面对的社会情境不同而建构出的不同的性别角色。

教育领导领域对于女校长群体的关注伴随着女性领导力研究而出现。19世纪80年代开始,全球女性主义思潮逐渐转变为社会运动之后,女性主义研究全面涵盖到社会科学研究的各个领域。研究者开始去了解女校长的特殊经验以及她们在不同情境中构建的性别角色。斯奈德等从后现代主义理论出发,对学校中的女性领导者进行研究,认为女性更乐于开展共治型的权力关系,男性则利用权威来建立统治型的权力关系。女性使用的话语体系,例如"有权使用""被允许""被给予"等,体现了男性对她们的统治与控制,男性使用的话语体系则体现了他们拥有控制的权力。^②

从发文量来看,仅有9篇(知网以"女校长"为关键词搜索,时间设定为2010年1月1日—2021年6月10日)对女校长进行研究的论文,这表明性别视角的教育管理领域的研究仍有待拓展深入。并且在现有研究中,对女校长领导的应然、实然状态虽有所展示,但缺少较为深入严谨的理论探索与实践分析。

四、乡村小学校长领导力

(一)文献数量分析

本研究认为,可以将我国义务教育学校校长专业标准视为我国小学校长领导力研究的开端。2013年,教育部颁布《义务教育学校校长专业标准》。该标准要求校长将教育管理相关理论与学校自身实践相结合,需要具有学

---

① Eagly, A. H. &Johnson, B. T. Gender and Leadership Style: A Meta-analysis [J]. Psychological Bulletin, 1990(2):233-256.

② 斯奈德,阿克-霍切瓦尔,斯奈德.生活在混沌边缘:引领学校步入全球化时代[M].郑旭东,丁煜,李曙华,译.2版.北京:教育科学出版社,2011:137.

校管理的实践和创新能力。其从学校的发展规划、育人文化、课程教学、教师成长、内部管理、外部环境等维度出发，对校长的工作进行完善优化和引领提升。①虽然校长专业标准并不完全等同于校长领导力，但《义务教育学校校长专业标准》中校长专业发展和能力提升的六个维度与校长领导力结构维度较为相似，因此可以将校长专业标准看作校长领导力的结构维度。近年来，世界各国普遍强调校长需要具有引导学校发展、优化教育资源、调动学校各种因素来完成学校发展目标的专业能力。这种趋势与上文中关于校长领导力的定义也大致吻合。因此，本研究中，校长专业能力也被认为是校长领导力。

笔者在中国知网（CNKI）以"小学校长领导力"或"乡村（农村）校长领导力"为主题词，以"2000年1月1日—2021年10月23日"为检索时间范围进行高级检索，共获得183篇检索结果。删除报纸评论、会议报道等非学术性文献、相关性较弱的研究性文献62篇，共获得有效文献121篇。

笔者对上述有效文献进行分析后发现，发文数量呈明显的阶段性（见图0-1）。2020年（20篇）为顶峰，与2018年（17篇）、2019年（18篇）、2021年（14篇）构成了峰值最高的平台期；次高峰分别出现在2015年（9篇）和2011年（9篇）；再次为2017年（5篇）。2000年至2007年均处于1篇的最低值；2008年（3篇）开始小幅上升，2012年（3篇）至2014年（3篇）又陷入低谷期。总体而言，21年间，文献的数量呈现出在波动中逐步上升的发展趋势。其中，2000—2017年发文量虽有起伏，但整体仍呈上升的趋势，2018—2021年则持续呈现出高峰值状态，并且在2020年达到最高值。由此可见，对小学校长/乡村（农村）校长领导力的研究，在近3年开始受到学者们的关注。

（二）高频关键词共现分析

对上述121篇有效文献，笔者进行了高频关键词的共现分析。共词分析法作为内容分析法中的主要方法，在20世纪80年代提出后，广泛应用于科学研究。它通过对某一学科领域或研究方向的文献中出现的主题词、专业术语的频次进行统计和分析，来判断该研究领域中主题间的关系、研究热

---

① 中华人民共和国教育部. 义务教育学校校长专业标准［EB/OL］. （2013-02-04）［2021-03-14］. http://www. moe. gov. cn/srcsite/A10/s7151/201302/t20130216_147899. html.

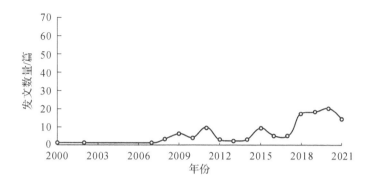

图 0-1 2000—2021 年小学校长/乡村(农村)校长领导力相关发文数量

点、结构布局等,即关键词共现的次数越多,说明主题内容间的联系越紧密,该区块也越趋向于热点。① 本研究中对于统计出来的高频关键词进行聚类分析,以共词出现的频率为标准,对于关联密切的主题进行聚集和分析。②

从图 0-2 可以看到,乡村小学校长领导力研究领域表现出以下特点。

其一,校长的个人素养对领导力水平有着重要影响。关键词共现显示,部分研究认为校长的个人素质对其领导力水平有着较大的影响。校长专业知识的不足、个人能力的欠缺、道德意识的淡薄、专业追求的迷失等都会成为重要的影响因素,尤其是校长教育理论的缺乏、教育观念的保守、科研意识的淡漠、改革意愿的缺乏等个体观念上的问题,都会成为校长专业发展影响的重要因素。而校长的上述观念又受其自我发展的需要、福利待遇、社会地位、自主权、入职动机等多种因素的影响。从校长领导行为的动机角度分析,在对某一地区小学校长行为动机的研究中发现,小学校长的领导行为属于目标达成与团体维护两者结合的动机类型的占比高达 35%。③ 有研究认为,在乡村小学校长中,自身专业结构、职业信仰对其领导力水平起到重要作用。④ 有研究通过个案研究的方法发现,持续的学习力是乡村小学校长专

① 钟伟金,李佳.共词分析法研究(一)——共词分析的过程与方式[J].情报杂志,2008(5):70-72.

② 钟伟金,李佳,杨兴菊.共词分析法研究(三)——共词聚类分析法的原理与特点[J].情报杂志,2008(7):118-120.

③ 池红梅.小学校长领导行为研究——运用 PM 问卷对济南市小学校长的调查分析[D].济南:山东师范大学,2007.

④ 张凌云.一位农村小学校长专业发展的个案研究[D].曲阜:曲阜师范大学,2012.

图 0-2　关键词突现图

业快速成长、领导力水平快速提升的首要因素。① 也有研究从校长对知识的管理意识和统筹，对学校文化变革的引导意识的角度，强调小学校长的知识管理意识和变革能力的重要性。②

其二，通过校长专业标准的设置和相应的培训能够提升校长领导力的整体水平。目前学界普遍认为校长是"学校管理的专业人士"，并将提升校长专业素质和领导能力作为研究重点。《学校领导者标准》(Standards for School Leaders)从学习愿景的创造、课堂教学的领导、学校组织的管理、公共关系的处理、个人的行为准则、社会影响力扩大等方面对美国中小学校长提出了角色标准和规范要求。③《中小学校长国家标准》(National Standards

①　董洪宝.学习力：校长走向成功的不竭动力——一位农村小学成功校长的个案研究[D].南京：南京师范大学，2004.

②　赵银生.中小学校长的知识管理能力评析[J].当代教育论坛(校长教育研究)，2008(3)：38-39.

③　王健良，阎平.美国中小学校长标准介绍及特点分析[J].基础教育改革动态，2002(5)：23-28.

for Headmasters)则主要从未来的规划、教与学的领导、自我发展、与他人合作、组织的管理、责任的明确、与社区的联系等领域对英国中小学校长领导力做出较为明确的规定。① 有研究从校长培训与校长专业发展的关系探讨出发,认为目前乡村小学校长培训存在不接地气、忽视实际情况、效率不高等问题,直接滞缓了乡村小学校长的专业发展。②

其三,校长普遍重视教学管理,其中的课程管理又成为重中之重。从上述文献中,笔者发现教学管理工作是校长在主观和客观层面都较为关注并付诸实践的领导行为。并且,笔者进一步提炼出校长在教学管理中的重点——教师的教和学生的学。譬如,有研究从校长领导行为和学校组织氛围的关系中,得出校长与教师间的关系是一种重要变量,通过直接作用于校长的领导行为、教师的工作动机、教师对学校组织的效能感等中介因素,最终间接影响学校组织的氛围和效能。③ 有研究从乡村小学校长教学管理的现状入手,发现纯以分数为导向的评价体系占主导、教师素质与课程理念不匹配等现实问题。④ 英国小学校长在日常的教学管理工作中,主要从教学科目的确定、教师教学的监督、教学质量的分析等模块进行领导。⑤

校长对课程的管理是教学管理的重点内容。教学管理又被称为课程管理、课程控制、课程领导等。有研究从课程体系、课程的组织与实施以及校本课程等角度对课程管理进行论述。⑥ 有研究从自然生态、文化氛围、组织系统等方面对小学课程现状进行研究,发现现实和理念中存在着两种不同的课程管理运作系统,由此提出系统专业、赋权承责、制度伦理等方面的重建构想。⑦ 也有研究从课程结构创建、课堂教学研究、研究平台提供等角度阐

---

① 陈永明,许苏.中小学校长专业标准亟待建立[J].人民教育,2010(2):22-25.
② 高葵芬,吴朱燕.农村小学校长培训调查分析及解决对策[J].教育理论与实践,2010(12):6-8.
③ 程正方,唐京,等.校长领导与学校组织气氛:一个相关研究[J].心理发展与教育,1997(2):41-45.
④ 陆晔.小学校长教学管理的困境与思考——基于新课程改革的背景[D].南京:南京师范大学,2008.
⑤ 张晓琳.中美两国小学校长角色的个案比较研究——基于角色理论的分析[D].西安:陕西师范大学,2013.
⑥ 范国睿.学校管理的理论与实务[M].上海:华东师范大学出版社,2003:89.
⑦ 周海银.学校课程管理运作过程研究[D].济南:山东师范大学,2008.

述课程的管理。① 更有学者从校长作为管理者的角度对课程的计划、实施、评价、教材及校本课程开发等方面进行研究。②

其四,学校信息化教学和校长信息化管理能力成为新近研究的热点。随着科学技术的快速发展和信息时代的急速降临,教育技术不仅作为手段,也作为过程,正在与现代学校教育的方方面面紧密结合,成为教育发展的未来与趋势。校长作为学校的领导者,其信息化领导力就成为学校信息化建设发展的重要动因和核心因素。因此,与学校信息化相关的校长相应的领导力研究也就成为校长领导力研究领域的热点话题。在学术文献中体现为出现了一系列与信息化相关的高频词组群,如"学校信息化""信息技术""信息化教学"等。但作为一个较为新兴的研究领域,目前的研究中,对此种能力仍缺少相对统一的称呼,在论文中会出现"信息技术领导力""信息化教学领导力""信息化领导力""教育信息化领导力"等各种不同的概念名称。有研究以 28 位校长为对象,通过与《中小学校长信息化领导力标准》做比对的实证研究,尝试建构出校长的信息化领导力模型,并提出切实可行的建议策略。③ 有研究对某市的中小学校长的信息化领导力进行现状调查和实证分析,进而提出相应的提升策略。④ 也有研究以甘肃省陇南市下属乡镇的 60 所小学的校长为研究对象,通过问卷调查和访谈等,探索校长信息化教学领导力的实际情形,并对小学校长的信息化教学领导力提出改进策略。⑤

(三)重点维度分析

对乡村小学校长领导力的研究,国外文献数量不多,关注维度与国内研究相比也有着较大差异。笔者从文献的内容领域进行维度划分,大致将其分为学校综合管理和单一维度管理两方面。

在学校综合管理层面,拜耶从监督师生、制定决策、组织预算、财务问题、管理课程、建立校际关系、指导教师专业发展等方面对校长的工作进行

---

① 季苹.学校如何进行课程管理?[J].中小学管理,2003(1):4-8.

② 张相学.学校如何管理课程——主体论视野下学校课程管理的思考[D].南京:南京师范大学,2006.

③ 王莹.小学校长信息化领导力项目建模与策略研究[J].课程教育研究,2019(29):5.

④ 张彦.汉中市中小学校长信息化领导力现状及提升策略的研究[D].汉中:陕西理工大学,2019.

⑤ 杨鑫.小学校长信息化教学领导力提升策略研究[D].曲阜:曲阜师范大学,2016.

了研究。他认为小学校长应该认识到时代发展需要,转变自身角色。① 科沃斯基从个人行为、教学领导、关系建立、财务设施、人事管理、学生服务和安全维护等方面阐述校长的管理工作,认为校长应该平衡好领导和管理间的关系。②

在单一维度管理层面,盖特布斯认为,教育知识管理是运用技术工具对知识进行数字化加工、处理、存储、传播和应用的过程。知识和智慧的创新贯穿于教育活动的整个过程,并且有其自身的特殊方式。③ 斯特朗认为,如果校长只偏重教学管理,而忽视其他广泛的管理职责,学生的学习效果就会下降,所以校长的管理必须是全局的,而不仅仅是教学管理。④ 斯爱认为,校长在学校管理中应该坚持以人为本的管理理念。⑤ 哈林格指出,21 世纪的学校教育领导的核心和教育管理的本质是以学习为中心的领导。⑥

所有单一维度管理内容中,课程管理又是被提及频率最高的重点维度。布莱德雷从校长促使教师寻求课程领导者帮助的主动程度,促使教师参与课程委员会的程度,主动与相关人员进行沟通,建立明确的工作模式,组织工作小组快速完成任务,保证课程内容品质的一致性,转换课程所有权,有效解决课程问题,充分运用知能和多元的领导形态等方面,提出有效能的课程领导方针。⑦格拉索恩提出既强调领导课程革新的理性过程,也注重课程政治学意义的课程领导理论。他将课程变革划分为策略规划、倡导、实施、制度化四个阶段,并提出各阶段具体的可实施的有效行为。⑧ 葛罗斯从课程

---

① Balyer, A. Changing Roles of Contemporary School Principals[J]. Journal of Kirsehir Education Faculty,2012(2):3-8.

② Kowalski, T. J. The School Principal : Visionary Leadership and Competent Management [M]. Routledge,2010.

③ Galbreath, J. Knowledge Management Technology in Education: An Overview[J]. Educational Technology,2000,40(5):28-33.

④ Stronge, J. H. Managing for Productive Schools: The Principal's Role in Contemporary Education[J]. NASSP Bulletin,1990,74(524):1-5.

⑤ Zhe, N. A. Brief Discussion on the Idea of "People-Oriented" School Management from the Perspective of the Headmaster's Responsibilities[J]. Science Education Article Collects,2013,11 (5):7-18.

⑥ 王磊,胡中锋.教育管理:三个聚焦点——"改革开放以来教育管理发展的回顾与展望国际学术研讨会"综述[J].中小学管理,2010(5):27-29.

⑦ 周海银.学校课程管理运作过程研究[D].济南:山东师范大学,2008.

⑧ Glatthorn. 校长的课程领导[M].单文经,等译.上海:华东师范大学出版社,2003:25.

的规划设计、实施过程与方法、问题解决策略角度探讨了 10 所美国公立中小学的课程领导过程。他认为:"课程领导是一个复杂的历程,成功的课程领导必须具有扎实的知识基础,会认真考虑成员的安全感、需求与满足、士气,并能选择可供依据的方向,能设计完善的课程计划,选择适切的课程内容,同时也必须促进行政人员、教师与社区家长共同合作参与,不断学习发展,同时克服各种可能的混乱与问题。"①

五、已有研究评述

通过对上述国内外相关研究的回顾分析,笔者做出以下总结。

(一)纵向理论的重心转移

从上述研究对纵向理论的回顾看,随着社会经济的发展和思潮的转变,尤其是社会组织转型和新形态的出现,领导学理论研究重心从领导者个人特质转向领导行为,再到领导个体与组织情境的交互作用,尤其是领导者与追随者间的互动发展。由于领导情境日趋复杂,对领导有效性的研究也在现实中不断调整方向。研究脉络走向呈现为:关注领导者个体—关注领导者的领导行为—关注领导者与追随者—关注领导者、追随者以及其他相关情境因素。从特质理论、行为理论、权变理论可以看出传统领导理论研究的核心要素的三个阶段的变迁历程。变革型领导理论、魅力型领导理论等新型领导理论更为强调领导者、追随者、组织情境间的互动关系对领导有效性的影响。尽管从研究对象看,它们仍旧以领导者个体为切入点,但其实质是对多方关系的动态考量,是在传统领导理论基础上的纵向深化。当然,传统领导理论中的部分观点虽已被证明存在着显著缺陷,但其核心观点对后续理论的发展仍起着重要作用。

如果从对象数量的角度划分,领导特质理论属于单个对象理论,领导行为和权变理论属于双向对象理论,新型领导理论属于整体对象理论。如果从要素数量的角度划分,领导特质理论和行为理论属于单要素理论,领导权变理论属于双要素理论,新型领导理论属于多要素理论。如果从因果关系是否呈线性的角度划分,传统领导理论属于线性因果关系理论,新型领导理

---

① 周海银.学校课程管理运作过程研究[D].济南:山东师范大学,2008.

论属于非线性多重因果关系理论。如果从受哲学思潮影响的角度划分,传统领导理论受到逻辑实证主义哲学思潮的影响,新型领导理论受到后实证主义、后现代主义哲学思潮的影响。

（二）横向切面的内容转换

上述研究内容的横切面主要分为校长领导力的概念结构、风格素质、效能评估等方面。教育领导作为教育学与领导学的交叉研究领域,其核心研究问题在于如何在各类教育组织中（以学校为代表）实现有效领导。鉴于领导理论是此领域的理论基础和上位指导,对教育领导理论的研究具有重要意义。从研究内容看,早期研究受传统领导理论影响较大,普遍倾向于将学校组织看作是封闭的独立系统,因此较为关注校长领导力概念、构成要素、个性风格、素质特征、品德特质等内容,较为重视校长作为领导者的角色地位和作用影响。后期研究以现代组织理论为基础,受后现代人文主义思潮影响,普遍认为学校组织是开放交互的生态系统,研究内容聚焦领导过程,尤其是对愿景、道德、价值等因素的挖掘使得研究横切面更为具体细致。

对校长领导力的研究既指向其所领导的学校的效能,又指向其作为学校领导者的能力,两者互为因素,相互影响。体现在研究内容上,笔者较为关注校长领导力的概念内涵与结构特征,个体风格和素质特点,评估框架,以及校长领导力对学校效能的影响。本研究中,笔者以校长领导力为切入口,研究校长作为学校组织的领导者,与组织中的追随者和其他组织内外部相关因素间的相互作用,研究校长如何在与其互动过程中实现学校的领导效能。

（三）实践聚焦方向的不同

从上述研究的实践内容角度看,学者们对城镇学校、校长角色与专业发展普遍较为关注,但对乡村学校、校长的管理与学校效能间的关系却关注较少。并且,国内外实践研究的关注焦点差异较大。国外实践研究较为注重校长角色的专业定位、校长专业标准及评估、校长领导力与学校效能间的关系等内容。对校长角色和专业发展的研究,学者们侧重校长的任职资格、选拔方式、角色特征等方面的实践内容,强调标准化模型和应用性的评估体系的建立,具有较强的操作性和实用性。国内的实践研究则主要从校长的个人素质、专业发展、领导行为与管理方面入手,聚焦与挖掘校长领导力、专业发展等理论层面内容,尤其关注校长对教学、课程、现代教育技术等具体层面的管理,研究的理论性和反思性较强。

以校长为对象的研究中,学者们主要聚焦于具有一定规模的城镇学校,而对乡村学校和乡村校长的研究却较少。在我国,乡村学校数量占比较大。乡村校长作为教育一线的实施者,肩负着所在乡村地区教育发展的重任,他们所在的乡村学校的效能会直接影响国家教育的整体发展水平。基于乡村学校和乡村校长总体关注度较低的研究现状,基于乡村教育质量迫切需要提升的社会现状,本研究以乡村小学校长为研究对象,以校长领导力提升为主要内容,从理论和实践层面充实丰富校长领导力研究的内涵。

（四）研究范式的层级转变

从上述研究所采用的研究范式看,研究呈现出以简单性科学为主导到以复杂性科学为主导的变化趋势。教育领导实践领域的研究范式（研究的理论基础与基本规范）经历了从单一维度向多元维度转化的过程。对校长领导力的研究,在早期的研究范式中,以单项维度为研究视角较为常见,譬如价值领导力、道德领导力、课程领导力、教学领导力、文化领导力、信息技术领导力等。但校长领导力从本质上看是一种综合能力,各个单一维度间有着复杂的交错关系,因此很难对其进行简单切分,并且也很难判断领导力中的某一维度的能力提升与领导力整体水平提升之间是否具有因果关系。后期的研究范式应用开始向多元维度转变,即便是从单一维度切入,也注重将其放入整体的系统中考量,并且尝试在多重的因果关系中区分和鉴别。基于此,本研究选择从整体组织观的角度对校长的领导力进行探讨。本研究中的领导力具有整体性,其维度具有综合性,并且将可能的子维度都包含在内。

（五）研究方法的单一采用

从上述研究所采用的研究方法看,目前研究仍较多采用单一的研究方法,混合研究则较少被采用。从已有的研究文献发现,目前国内对校长领导力的研究已改变以思辨为主的研究方式,开始向实证研究方向探索。目前的实证研究中,一种是量化研究方法,即采取理论演绎的思路,首先提出研究问题的理论假设,然后通过问卷调查等收集资料,最后以统计数据加以验证。量化研究方法有其自身优势,但其缺点也较为明显,即对深层次的和内在关系错综复杂的问题缺乏较强的说服力。在对校长领导力进行研究时，只通过量化研究很难将校长内隐性的情感内容挖掘出来，校长个体对问题深层次的原因解读也很难呈现。另一种是质的研究方法，主要通过人类学（民族志）、现象学、扎根理论、叙事研究、个案研究等研究范式，以归纳总结的思路，对个体进行研究。质的研究能够较好地突破量化研究的局限，但在研究结论的推广性方面缺乏说服力。因此，如果将质的研究与量化研究结合，对校长领导力进行实证研究，就能够较好克服上述两种研究方法的缺陷，实现互补。但国内的研究实际中，采用混合设计的研究较为稀少。

　　混合研究是目前国际教育领域较为流行的研究方法。它是一种融合定量和定性研究方法的技术路径，适应了科学研究理念和方法不断更新的需求以及多学科研究的发展趋势。作为第三种研究方法，将两种研究方法有机结合，能够同时具有两种研究方法的长处，解决单用定性或定量方法无法完整或合理解释的问题，较好地弥补单种研究方法自身存在的不足。因此，本研究采用调查问卷、数据统计的量化研究和访谈、扎根理论的质性研究同时进行的混合研究模式，对乡村小学校长的领导力问题进行解释分析和论证探讨，以达到提升乡村小学校长领导力的研究目的。

第二节　本书的研究价值与方法

一、研究价值

　　教育部网站截至 2020 年 12 月 14 日的数据显示，全国小学学校数（所）为 160148，其中城区为 28461，城乡接合区为 7964，镇区为 43056，镇乡结合区为 16949，乡村为 88631，[①]乡村小学（仅指纯农村地区，不包含乡镇）约占全国小学数的 55％，在数量上占据较大优势。浙江省教育厅网站截至 2020 年 12 月 14 日的数据显示，浙江省义务教育阶段共有小学 3308 所，乡村小学

---

　　① 中华人民共和国教育部. 2020 年教育统计数据［EB/OL］. （2021-05-24）［2021-11-23］. http://www.moe.gov.cn/s78/A03/moe_560/jytjsj_2019/qg/index_3.html.

1025 所,占比约为 31%。① 数量庞大的乡村小学的校长,他们的领导力水平自然就成为制约我国乡村小学乃至乡村教育发展水平的关键性因素。

本研究主要有两方面的实践意义:首先,本研究关注乡村小学校长的专业发展水平,致力于推动乡村小学校长个体的专业成长。目前对于校长专业发展的研究大多以城市学校校长为研究对象,对于乡村小学校长群体的特殊性、差异性考量不足。本研究以乡村小学校长群体为研究对象,可以使校长的领导力研究更具有实践针对性。其次,本研究的实践价值还在于通过提升乡村小学校长的领导力水平来真正作用于乡村学校的效能提升,进而提高乡村地区基础教育质量,最终促进乡村地区的教育振兴。

从理论意义层面而言,笔者以"校长领导力"为主题词在 CNKI 进行检索,发现文献(学术期刊与学位论文)1315 篇(截止时间为 2021 年 6 月 14 日,以下时间同);以"小学校长领导力"为主题词,发现文献(学术期刊与学位论文)81 篇;以"乡村(农村)小学校长领导力"为主题词进行检索,发现文献(学术期刊与学位论文)13 篇。从文献的发表数量和内容来看,首先,笔者认为目前国内的研究对于乡村小学校长领导力问题的关注度较低。因此本研究试图通过丰富上述研究领域的内容来拓宽校长领导力研究的边界。其次,笔者发现以乡村校长专业发展为中心的相关研究,不论是理论维度还是实践维度都不够成熟,尤其是与数量和成果都较为庞大的教师专业发展研究相比,就更显得代表性研究数量稀少,研究的完整体系也尚未形成。以乡村小学校长为研究对象的领导力研究不仅数量较少,并且部分研究的时间较为久远,所用的研究方法较为单一,因此关于乡村小学校长的专业发展理论亟须进一步完善与深化。最终,本研究选择以乡村小学校长为研究对象,运用"质性研究+量化研究"的融合性方式去丰富校长的专业发展理论。同时,本研究从领导力的结构层面出发,对领导力的研究维度进行细化,搭建出领导力构成的实质理论模型,从实证层面完善和深化教育管理领导领域的相关研究。

---

① 浙江省教育厅.2020 年浙江省教育事业发展统计公报[EB/OL].(2021-07-24)[2021-11-23].http://jyt.zj.gov.cn/art/2021/6/21/art_1229266680_4667519.html.

二、研究方法

(一)问卷调查与量化统计

本研究采用问卷调查法,问卷发放的对象为浙江省所辖的 34 个县(含 1 个自治县)范围内的乡村小学校长及教师。研究拟通过问卷编制、预测修改、量化检验等环节保证问卷的信效度。正式问卷形成后,通过发放测试、数据回收统计等环节保证量化统计部分研究的完成。笔者对研究中的调查对象的确定、抽样的方法也都进行了相应的考量。

量化评价方法是一种以数字和度量来描述、说明教育现象、课程实践,进而从数量的分析、比较中推断出评价对象成效的方法。它易于控制和操作,结果较为精确,便于对评价对象做等级区分,评价具有客观性。本研究运用因子分析、信度、效度、拟合度、假设检验等手段,对研究变量和维度进行建立、预测、检验的量化分析。

(二)质性访谈与扎根理论

访谈作为一种质性研究的重要方法,其目的是揭示样本本身,通过对这一特定对象(通常是比较小的样本)的深入研究获得比较深刻的理解。[①] 通过访谈等质性研究的具体方法,笔者可以从较为主位的立场和观点理解教育,把教育的理论视野扩大到民间生活,去体验和反思个人的日常生活,用个体的生命故事"温暖"和补充冰冷的统计数据和抽象的宏大理论。访谈的目的在于对被访谈者的个人经验和意义建构作"解释性理解",从他们的角度去理解他们的行为和进行意义解释。

访谈法是通过与研究对象进行面对面的、有目的的会谈,直接从他们那里获取研究所需的资料。由于质性研究与量化研究不同,因此抽样方法采用的是"非概率抽样"中的"目的性抽样",即抽取的样本在全部样本中具有充分的代表性,能够呈现最大限度的信息量。美国人类学家米德认为,"在人类学的抽样逻辑中,研究结果的效度不在于样本数量的多少,而在于样本的限定是否合适,即该样本是否能够作为一个典型的、能够代表文化完整经验的个案进行准确的研究"。因此,目的性抽样是为了回答研究中的"究竟

---

① 陈向明.质的研究方法与社会科学研究[M].北京:教育科学出版社,2000:4.

发生了什么事情""事情是如何发生的"等问题,而并不关注"有多少"或者
"有多频繁"的问题。①

　　本研究选取 14 位乡村小学校长作为访谈对象,通过编制适合本研究的
访谈提纲,采用半结构化的方式进行。在以访谈提纲为基本导引的前提下,
对访谈时间的长短、被访谈者回答问题的方式等不作具体的要求,由访谈者
根据实际情况灵活处理。在访谈过程中,访谈者可以根据被访谈者的实际
回答情况,在保证被访谈者充分自由阐述的前提下,在访谈提纲的范围内,
对访谈内容和重点进行调整。访谈者也可以自由地发展、深入问题,可追问
或添加相关新的问题。访谈者通过深入访谈了解校长在学校领导过程中的
具体行为及其行为依据,对自身和他人的领导力评价及其依据等内容,从而
产生领导力的构成及影响其提升的因素等研究所需的内容材料。

　　扎根理论是本研究对于访谈法所获得的资料进行处理的主要路径。它
主要通过对资料的编码、画图等方式建立类属,寻找类属间的关系,逐步形
成假设,并最终整合出研究的实质理论。笔者对所获得的访谈实录资料进
行编码,通过资料间的反复连续的比较、分析和概括,从低级到高级逐步地
概念化、类属化,最终建构完成实质理论。本研究采用斯特劳斯的三级编码
方式逐级展开。一级编码又称开放编码,即分析、判断、比较所获得的原始
资料,并对它们进行概念化和类属化。编码时笔者尽量保持开放,不带主观
价值判断,即所谓的悬置状态。二级编码又称轴心编码,在一级编码的基础
上,形成类属、属性(类属的性质和特点)、维度,并且检验类属间的关系,主
要是寻找它们之间的相互关系,以此形成关联。三级编码又称选择编码,在
二级编码的基础上进行系统的分析,选择出核心类属。它可以概括其他所
有的类属。最后,根据所获得的核心类属及其属性进行实质理论的建构,即
在上述所有编码工作的基础上,笔者提出自身的实质理论,对于资料所呈现
的现象进行较为合理有效的解释。

　　扎根理论作为一种能够建构实质理论的质性研究方法论,1967 年由格

---

　　①　陈向明.质的研究方法与社会科学研究[M].北京:教育科学出版社,2000:103-104.

拉斯和斯特劳斯提出。[①] 它采用自下而上的路线,通过对原始资料的归纳分析,最终建构出实质理论。之所以称这些理论为"实质理论",是因为它们扎根于原始资料,适用于解释特定情境中的特定社会现象和社会实践,可以有效作用于探究特定现象本身及其内在的联系,挖掘人的实践理性和实践知识。

本研究将访谈获得的语音转成实录文字,作为研究的第一手资料,根据资料特点及研究需要选择扎根理论作为分析访谈资料的方法论,并使用质性研究软件 NVivo11 进行系统分析,通过三级编码和绘制出的类属图,最终建构出实质理论。

(三)德尔菲法

德尔菲法也称专家调查法、专家问询法、专家函询法等,由美国兰德公司于 1946 年首次使用。该方法的主要流程为:制定一套系统的规定程序,采用匿名发表意见的方式,征询专家对于问题的判断、意见和看法。因此它本质上是匿名反馈函询法。实施过程中,首先强调专家团队成员间是不能互相知晓讨论的,专家之间不发生任何横向的联系,专家只能与笔者发生单向联系。其次,过程中需要进行多次反复的专家意见反馈。笔者将征询问题发放给专家后,对于专家反馈后的问卷进行整理归纳和统计;然后第二次反馈给专家,征求他们的意见,再次进行专家意见的集中整理,如若需要再重复上述过程,直到得到较为一致的意见。其三,在过程中笔者需要对专家所填写的问卷进行多次统计,以此来搜集专家的不同意见,集结成专家的共识。由此可见,德尔菲法具有集体性、匿名性、反复性的特点。本研究通过德尔菲法对乡村小学校长领导力水平的现状调查问卷进行了设置和调整。

---

① Strauss, A. Qualitative Analysis for Social Scientists [M]. Cambridge: Cambridge University Press, 1987:5.

第一章　研究的理论基础

第一节　变革型领导理论及其应用

1978 年,伯恩斯提出作为某一连续体的两个极端的"变革型领导"(transformational leadership)与"交易型领导"(transactional leadership)概念。变革型领导是指领导者具有强烈的价值感和内在系统的观念体系。他们给予追随者明确的工作角色和任务,使其意识到所承担任务的重要性,通过指导激励追随者的高层次精神追求,在互相信任的环境中,促使其向着组织的共同目标前进。并且当组织利益与个人利益发生冲突时,领导者能做某种程度的自我牺牲。交易型领导则通过奖赏、承诺来实现组织的高绩效。领导者和追随者之间是一种互利关系,能满足双方的需要。两者的不同之处在于变革型领导者主要依靠自身的领袖魅力,通过关注追随者的需求,影响和改变他们对组织目标、组织自身的信念和价值观的认同,鼓励追随者为组织利益而工作,强调双方共同参与并充分理解对方动机,从而形成具有约束力的、相互促进的长期关系。^① 交易型领导者与追随者之间则是一种短期的利益行为关系,不存在上述过程。

巴斯进一步认为变革型领导者和交易型领导者的行为方式有着本质区别。前者侧重于将以自我为中心的追随者转变为以组织为中心,激发追随者取得更高的绩效。后者的领导行为则更倾向于领导的管理方面,譬如,业

---

① Burns, J. M. Leadership[M]. New York: Harper & Row, 1978: 237.

绩监控、纠正错误和奖赏等管理行为。[①] 他设计的《多因素领导问卷》（Multifactor Leadership Questionnaire，简称 MLQ），对变革型、交易型和不作为领导进行研究测量。由此，他提出变革型和交易型领导并非处于对立的两极，可以是彼此独立却不对立的两个方面。[②] 通过 MLQ 的实证研究，他构建了全范围领导模型，对两种领导模式和影响因素进行较为全面的分析，强调变革型领导者对追随者在理想、激励、关怀等方面的人性化影响因素。

变革型领导理论关注领导者激励追随者完成伟业的过程，强调领导者必须理解并迎合追随者的各种需要和动机。变革型领导者被认为是变革的代表和榜样型人物。他们能够提出并清晰表达组织愿景，能够授权追随者实现更高目标，使追随者产生信任，使组织生活富有意义。

一、"四力"领导框架与"五力"领导模型

变革型领导理论内部包含较多分支。针对本书研究的重点，博尔曼和迪尔提出的"四力"领导框架与托马斯·J.萨乔万尼的"五力"领导模型有较强的对应影响关系。因此，本书对变革型理论的其他分支应用理论不再进行介绍，只选取上述两者进行阐述。

博尔曼和迪尔综合政治学、社会学、心理学和人类学等社会科学研究成果，从组织运行的角度把组织看作工厂、家庭、竞技场和庙宇四类场景，以帮助领导者更好地理解组织运作的过程。不同的场景分别对应着组织领导的四种框架结构，即结构领导力框架、人力资源领导力框架、政治领导力框架和象征领导力框架。[③]

结构领导力框架从社会学、管理学视角出发，认为组织需要一种与环境、技术相适应的维护组织正常运行的结构。该框架强调组织目标、组织中的参与者（具体角色）、分配的任务等结构性因素。组织的领导者必须将任

---

① Bass，B. M. Leadership and Performance Beyond Expectations[M]. New York：Free Press，1985：157-192.

② Bass，B. M. Transformational Leadership：Industrial，Military and Educational Impact[M]. Mahwah，NJ：Lawrence Erlbaum，1997：37-89.

③ 伦恩伯格，奥斯坦.教育管理学：理论与实践[M].孙志军，金平，曹淑江，等译.北京：中国轻工业出版社，2003：37.

务分配给组织内的成员,并创建一系列的规则程序和等级制度,使得组织内的各项活动能够协调开展与顺利进行。一旦组织所建立的结构与目前状况不相适应而产生问题时,领导者就必须对这种不适应组织运行的结构进行修正和重构,以保证结构与组织的适配。

人力资源领导力框架从心理学视角出发,将组织比喻成一个大家庭,组织内的成员即为家庭成员。他们各具技能,有强烈情感需要,彼此之间有成见、有个人局限性,尤其是每个成员具有不同的个性特征和信仰需求。他们的学习能力不同,有的对新生事物和改革创新持抵触的保守态度,有的却相反。因此,组织的领导者作为大家庭的家长,既需要帮助组织内的成员找到适合并使他们感觉良好的工作,又需要帮助组织找到能使其正常运作且适应不同岗位的成员,以保证组织成员与组织之间的适配。

政治领导力框架从政治学的视角出发,将组织视为竞技场或野生丛林。在组织内,为了争夺资源和权力,不同的个体和因利益集合的群体经常性地展开竞争,冲突无处不在。讨价还价、强迫妥协等丛林法则自然就成为解决冲突的日常。因利益集结的群体也会随利益的产生和消亡而时常变化。当权力争夺导致组织运行出现问题时,组织内的领导者、成员个体、利益集合体就会以权力重构的方式来维护组织运行。

象征领导力框架从文化人类学的视角出发,把组织当成具有象征意义的神殿庙宇和剧院。组织中处处具有文化要素。组织通过庆典仪式、神话故事、英雄传说等形式传播自身精神层面的隐性影响。组织文化并不是通过规则程序、领导权力等显性的结构内容来体现。同时,组织也是一个剧院,组织成员化身为演员,在剧院上演的戏剧中扮演着不同的角色。当典礼仪式等形式没有取得应有的效力时,当演员们的表演并不成功时,当表演的内容失去象征意义时,组织的领导者就必须运用神话奇迹等其他手段来重构组织的神圣性和象征性。

因此,组织领导力的结构、人力资源、政治、象征取向成为博尔曼和迪尔的领导力构成的"四力"框架。[①]

20世纪80年代,变革型领导理论在教育领域有所应用,校长的领导力

---

① 郑燕祥.教育领导与改革新范式[M].上海:上海教育出版社,2005:255.

成为教育领导力研究的重要内容。佛斯特认为变革型领导的"相互协商和共享领导角色"使校长角色得以升华,它运用于学校组织时,使得学校也具有了教育性、批判性、道德性、变革性等特点。[①] 肯尼斯·雷斯伍德等先后进行了数项变革型学校领导模式的实证研究。[②] 其中,萨乔万尼的"五力"领导模型较具代表性。

托马斯·J.萨乔万尼在博尔曼和迪尔的组织领导力"四力"框架的基础上,提出领导力"五力"模型,并进一步探讨了校长领导力与学校效能间的关联问题。[③] 此种模型中,教育领导力、技术领导力、人际领导力、象征领导力和文化领导力分别为校长领导力的五种模式。

教育领导力是指在教学领域中,校长作为教育教学专家指导管理教育教学的具体活动,作为教育教学的实践者,在解决教育教学具体问题时发挥主要的角色作用。在教育现代化和教育改革不断推进和深化的背景下,学校组织中的教育教学工作成为提升学校教育质量、提高学校整体效能的关键。校长必须具备指导教师改进教学的能力并付诸实践,譬如研究诊断教与学的问题,讨论并提出解决问题的办法,指导开发课程,以此帮助教师提升知识与技能,促进教师的专业化发展。校长必须具备指导学生学习的能力,譬如帮助学生养成良好的学习习惯,形成适合自身的个性化的学习方法,具有相应的解决问题的知识和能力,养成终身学习的观念,最终实现学校教育改革的任务。

技术领导力是指校长需要有相应的管理学校组织的技术能力。校长通过对学校规划、时间进程、组织结构、制度执行等的管理,保证学校组织正常有序地运作。校长关注学校的整体规划发展,重视学校日常工作制度的完善,运用策略及时应对协调各种管理情境,创设科学规范、合理高效的制度环境,确保组织呈现出最适当的有效状态。

人际领导力是指校长能够充分运用学校组织内外的各种社会资源、人力资源的能力。教师与学生是学校组织内部的主要成员。组织外部的主要

---

① 厄本恩,休斯,诺里斯.校长论:有效学校的创新型领导[M].黄崴,龙君伟,主译.重庆:重庆大学出版社,2004:13.

② 冯大鸣.美、英、澳教育管理前沿图景[M].北京:教育科学出版社,2004:55.

③ 萨乔万尼.校长学:一种反思性实践观[M].张虹,译.上海:上海教育出版社,2004:119-125.

成员包括学生家长、社区、上级教育主管部门等各种利益相关者。校长的所有工作都必须与上述各方成员发生人际交往,产生人际关系。因此,妥善处理、合理利用学校组织内外的各种资源,成为校长领导力必不可少的重要内容。

象征领导力是指校长能够根据学校实际情况来建构组织愿景,选择重大事件进行行为示范,确保学校未来发展方向,传递学校核心价值与信念的能力。组织愿景是校长自身教育理念的体现,也是校长鼓励全体师生参与决策、共同探讨的成果。组织内的教工和学生需要以共同目标为未来发展方向,在校长的带领鼓励下前进。校长的象征领导力具体体现在提出愿景、主持仪式典礼、与学生谈心等方面,通过激发组织成员的内在动力,达到确保学校发展方向的目的。

文化领导力主要是指校长在学校文化的建设创造、培育传播方面的能力。校长通过界定与强化学校组织特有的价值观,将学校塑造成拥有个性品格的独特的文化实体。校长的文化领导主要体现在对学校价值观、基本信念的确立,对学校文化的建设与宣传等工作中,它以内化的形式,激发师生的情感共鸣,形成良好的人际氛围,实现组织的道德共同体的改造。

萨乔万尼认为,校长领导力是指校长具有的保障学校组织正常运行、提高学校效能水平的必备能力,主要通过下述工作内容来实现。校长从学校日常教育教学工作的管理来实现教育改革任务;从学校组织结构的建构和程序管理来保障常规工作的顺利进行;从师生心理层面的建设来营造学校内和谐的人际关系氛围;从学校愿景建立和认同来强化师生对学校未来发展的信念和期望;从体现学校价值观的仪式活动等的宣传工作来构建学校的文化内涵。在"五力"模型假设中,他认为教育领导力、技术领导力、人际领导力是校长领导力结构中的基本要素,是保证学校组织正常运作所必需的力量。而象征领导力和文化领导力则是领导力延伸、提高学校效能的力量,属于学校组织的变革型领导的范畴。因此,后两者在结构宽松、文化紧密的学校组织环境中能够发挥较好的作用,这种变革型领导也与学校组织的环境更为匹配。①

二、理论的具体应用

变革型领导理论对本研究的适切性,主要体现在下述三方面。

其一,变革型领导理论突出了领导现象的人文性。领导作为一种复杂的社会现象,它不仅是领导者自身的行为结果,也不仅是与领导情境的结合,还包含着丰富的人文因素。以往的研究,譬如领导者特质、领导行为研究都是以领导者为出发点,探究其内在素质或行为,权变理论强调领导情境的重要性,它们都忽略了追随者的作用,尤其是追随者的主观能动性在过程中的作用。领导作为一种在组织内发生的动态的群体性活动过程,领导者与追随者的交互影响是活动中的核心因素。在领导过程中,通常只强调领导者的主体地位,追随者被认为是被动的客体。但如果忽略对客体的研究,就会抹杀客体的地位,尤其是其强烈的主观能动性。在领导关系中,客体的这种主观能动性能够产生反作用力,并且从某种意义上说,主体的影响作用和存在依据也是建立在客体的主观能动性之上的。因此,变革型领导理论不仅将领导者的个人特质、行为及情境等因素相互联系,并且注意到了追随者的内在心理要求,从建立追随者的信任信仰的角度激发其持续地推动组织发展的内驱力,从而丰富和完善了领导理论的研究内涵。

其二,变革型领导理论具有较强的实践操作性。领导者特质理论关注研究领导者应具备的特有品质,并试图以此作为领导者选拔的依据,但对于特质的评判和如何在实践中选拔领导者却缺少较为客观的标准和尺度。领导者行为研究则试图从成功的领导者的行为中概括出固定不变的、放之四海皆准的领导行为方式。尽管它有具体的测量方法,但其结果与实际并不相符合。变革型领导理论在结合领导者个人特质、领导者行为、领导情境等理论的基础上,否认了固定不变、普遍适用的领导方式的存在。它通过《多因素领导问卷》对领导力进行实证研究,并在不断的实践中确认影响因素,完善领导模型,从而使得领导力成为可测量可修正的模型。运用变革型领

---

① 萨乔万尼.道德领导:抵及学校改善的核心[M].冯大鸣,译.上海:上海教育出版社,2002:53.

导理论和相应的测评工具已成为当下研究教育领导力的较为普遍的选择。

其三,变革型领导理论更符合领导者的现实需求。领导作为人文社科研究中较为复杂的一种社会现象,学者们对其具有各自不同的观点立场,会采取不同的研究方法,使得领导问题的研究结果具有较大争议性。有时,即便是在同一种研究理论范畴中,所得出的研究结果也可能是矛盾、对立的,这使得研究结果的实际适用性受到较大影响。由于变革型领导理论强调实证的方法和结合人文、心理的观点来解释领导现象的复杂性,能够整合提炼吸收特质理论、行为理论、权变理论等理论的长处,所以它成为研究领导现象的一种新途径、提高领导效能的一种新方法,使得领导理论贴合领导实际,满足领导者的现实需求。

基于上述优势,本研究采用变革型领导理论作为乡村小学校长领导力的维度构成、影响其提升的因素分析时的重要理论参考依据。本研究的核心观点认为领导效能是由领导者与追随者的双向互动行为以及与情境相适应的程度决定的,与领导者的风格、追随者的主观能动性、环境、文化等多种因素有关。本研究中的校长领导力强调根据追随者、领导情境等因素选择领导方式和路径。领导效能取决于领导者、追随者、领导情境间的相互作用。本研究所采用的分支应用理论主要为萨乔万尼的"五力"领导模型,这与本研究中的乡村小学校长所处的实际情境较为吻合,因此也成为乡村小学校长领导力构成的主要理论依据。根据变革型领导理论,本研究预设乡村小学校长的领导效能取决于校长与教师、学生、学校、外部等多方因素的互动关系。研究重点以校长领导力的构成为切入口,厘清校长在实施领导行为的过程中各要素间的互动关系,在乡村小学校长领导力的实然与应然状态的不断比对中,探求校长领导力提升的影响因素,最终提出缩小领导力差距的对策建议。变革型领导理论在本书的后续章节都有具体体现,尤其体现在乡村小学校长领导力问卷的维度构成部分。

第二节　学校效能理论及其应用

效能作为一个多层次、多元化的概念,定义各有不同。有研究将效能定义为:有效的反应,是人们在有目的、有组织的社会活动中所表现出来的效率,是衡量工作实施预期成果的依据①。本书将它理解为在一个系统的运行中所有成员获得的满足感,系统自身对于外在环境的适应能力,以及经过一段时间后,产出的结果和目标的符合程度。如果把系统目标设置成系统运行过程中成员的满足感、系统的适应力、产出成果的数量和品质,那么效能又可以定义为系统发挥其应有的功能和达到预定的目标的程度。

效能起先作为经济学、管理学领域的术语,后被引用到教育领域。研究起源于美国詹姆斯·科尔曼团队 1966 年所做的《关于教育机会平等性》调研报告。报告以学校数据为分析基础,发现学生学业成就的差异和学校因素并无多大关联,而与家庭因素之间却呈现出较强的关联性。这一研究结果将学校推到了大众关注的焦点位置,引发学校在学生发展中所起作用的思考,最终催生了围绕着学校效能问题而展开的学校改进和高效能学校建设的一系列实践活动。

学校效能(school effectiveness)的定义从最初的"学校对学生所产生的教学影响的程度"②到舍伦斯将学校效能描述为"以寻找或发现对学校的产出有积极影响的学校特征或其他因素为目的的研究"③,从中体现出学者们观念的重大转变。他们认为学校对学生的影响不应仅限于教学活动,而是应使"学生能取得的进步比学生从其本身已有特性出发所期望的进步更大"④。国内对于学校效能的定义,有侧重于学校在教书育人方面所产生的影响的"作用功能说"和"影响说";有从学生的能力达成层面出发的"能力说";有将上述两种结合起来的"能力作用说";有强调以目标达成为结果的"目的说"。⑤ 不同的学科视角造成上述的不同定义。如果从经济学视角出发,那么学校效能通常会被理解为学校的行为与学生学业成绩提升之间的

---

① 杨小微,金哲.效能:学校现代化评价的工具理性标准[J].苏州大学学报(教育科学版),2020(3):1-11.

② 张煜.学校效能评价——一种对学校进行综合评价与质量监控的理论与方法[J].中小学管理,1997(Z1):62-63.

③ 张煜,孟鸿伟.学校效能研究与教育过程评价[J].教育研究,1996(7):59-64.

④ Mortimore, P. School Effectiveness and the Management of Effective Learning and Teaching [J]. School Effectiveness and School Improvement, 1993(4): 290-310.

⑤ 黄明亮,孙河川.学校效能的内涵述评[J].辽宁教育,2017(6):19-23.

关联程度。这一视角为西方学者所普遍采用,他们往往以增值性评价的方式,从在校期间学生所取得的进步程度来衡量学校效能的高低。如果从政治学视角出发,那么学校效能大多就会被界定为学校实现国家规定的教育目标的能力程度。譬如,认为"学校效能是教师等教育主体通过开展教育教学活动来达成特定目标,并不断提升绩效水平的能力"[①]。如果从社会学视角出发,那么学校效能就可以定义为学校能够满足社会群体对学校的期望的程度。譬如,认为"学校的效能可通过评价学校满足这些关键人群合理要求的程度来体现"[②]。

目前,对学校效能的研究并没有达成共识。但该领域的研究成果至少具有以下意义:首先,拥有了解释变量间关系的理论,这对于相对成熟的学术领域是不可或缺的。其次,运用理论统领整合了研究发现,有助于后继研究者加深理解,也为决策者和实践者提供了可采用的解释依据。学校效能的科学属性包括效能大小、一致性、稳定性、差异性、组合变量等方面,通常是通过应用横截面多层统计分析模型来测量。随着研究的深入,笔者认识到学校效能是由多种因素交互作用而产生的一种复杂结果,分析模型不能简单地设置为投入—产出模式,而应转变为复杂的多层次评价模型。[③]

泰德利和雷诺兹将学校效能的研究划分为四个阶段:第一,投入—产出阶段。20世纪60年代中期到70年代初,是以强调经济因素驱动为主的学校效能研究时期。研究主要关注学校的资源变量、学生的背景特征等,以学校投入因素的多少来预测学校的产出。第二,有效学校描述阶段。20世纪70年代中期,对于有效学校的研究开始成为主流。研究者将学生的态度、行为等维度纳入学校的产出范畴,而且还增设一系列的过程变量,拓宽对于投入—产出的定义。第三,有效学校创建阶段。20世纪70年代末到80年代中期,研究者将研究重心从第二阶段的对于有效学校的描述,转向更为实际的如何创建的问题,学校改进计划和具体措施的制定成为这一时期的主流研究内容。第四,更好学校创建阶段。20世纪80年代末到现今,学校效能

---

① 温恒福.学校效能的基本理论问题探究[J].教育研究,2007(2):56-60.
② 李永生.学校效能评价:一种评估中小学工作绩效的工具[J].教育研究,2013(7):105-115.
③ 汤林春.试论学校效能评价的发展[J].教育发展研究,2005(22):64-69.

研究的理论导向从公平转为效率,学校的改进运动也聚焦于如何为学生创造更好的学校。①

　　从上述阶段演变可看到以下发展特点:在初期阶段,研究聚焦于有效学校所具有的特征和重要的影响因素。譬如,埃德蒙兹"五因素模式"强调"如何将贫困学校转变为有效学校的研究",认为校长个人能力、校长教学领导、学校学习氛围、对学生的高期望、评价学生学习成果是关键因素。校长个人能力即校长聚合各种要素以实现强有力的学校领导的能力。学校学习氛围是指高效能学校应该具备有序的、积极的学习气氛。对学生的高期望是指校长给予学生较高的期望,相信他们能完成学业目标。评价学生学习成果是指通过考察学生的基本技能,评估学生的进步情况。布鲁克弗的"有效学校的基本过程"则是在对若干所低效能城市学校的质性研究的基础上提出的。② 随着对学校效能内涵理解的加深,有效学校的研究逐渐运用于学校改进运动中。研究者开始进行理论和实践模型的建构,进一步聚焦教育效能领域,并挖掘出校长领导对学校效能的影响问题。埃德蒙兹特别强调校长的教学领导对学校效能的作用。他认为校长领导并不局限于行政上的领导,还包括象征领导和教学领导的内容。校长只有全面了解学校教学目标与教学任务,发挥好教学领导力,才能改进教学效果和提高学校效能。③ 此外,以公平为导向的研究也成为有效学校研究的一种趋势。克拉克的纽约市学校改善研究,泰勒的有效学校案例研究等都致力于探索弱势学生群体如何在学校取得更好的成就。随着研究范围的拓宽,研究的综合化趋势也日益显现,学校组织文化、校长领导行为等都被纳入学校效能的研究范畴之中。譬如,马尔扎诺从学校领导者的角度出发,提出肯定、沟通、聚焦、参与等领导行为会影响学生的学业成绩。④ 通过不断汲取新的研究视角、范式和方法,学校效能研究逐渐演变为涵盖政治、经济、社会、心理等多学科知识的

---

　　① Teddlie, C., Reynolds, D. The International Handbook of School Effectiveness Research [M]. London: Falmer Press, 2000:4-13.

　　② 杨道宇,温恒福.西方学校效能研究40年[J].比较教育研究,2009(3):76-80.

　　③ Edmonds, R.R. Effective Schools for the Urban Poor[J]. Educational Leadership,1979,37 (1):15-18,20-24.

　　④ 马扎诺,沃特斯,麦克那提.学校领导与学生成就:从研究到效果[M].邱志辉,等译.北京:中国轻工业出版社,2007:46.

研究领域,极大拓展了研究的理论价值和实践价值。

一、学校效能与校长领导力

在对学校效能理论发展阶段的分析中,可以看到随着研究者对学校效能内涵理解的深入,研究内容扩展并聚焦于学校改进的实践应用。学校的组织文化、对学生的高期望、师生间的互动关系、家校间的合作、课堂教学的氛围、对学生的评价、校长的领导形态等因素都开始进入研究者的视野。这些因素中,领导效能又被认为是一个极为重要的影响因素。在领导效能的次级量表中,校长对于教学的管理、情感的投入都与学校效能水平显著相关。① 因此,校长的领导力也成为提高学校效能的重要因素。早期的学校效能研究中,校长的有效领导已受到一定的关注。随着研究深入,研究者更是将校长的领导力概念引入,凸显出校长的领导力与学校组织改进间的相互影响关系。

布拉斯研究发现,校长对教师的关切程度、帮助教师的专业成长、促进教师的反思的领导行为,与教师的教学质量和学生的学业成绩之间呈正相关。② 赛尔乔瓦尼的研究表明,一个团结高效的学校领导团队,能够创建出一所高效能的学校。学校的领导者必须能够与他人一起分享领导责任,能够鼓励教师参与决策。③ 可见,校长领导力水平的高低,直接影响着学校效能。

埃德蒙兹认为,学校取得成功的关键在于校长正确并有效的领导。"如果没有坚强的领导,一个好的学校的各种因素既不能结合在一起,也不能保持下去。"他认为在学校层面有五个相关的效能因素:强有力的学校领导力,强调基本技能的获得,促进学习的有序氛围,对学生取得成就的高期望,以及经常监测学生的进步。④ 泰德利和雷诺兹又将他的五因素扩大为九大因

---

① 孟繁华.构建现代学校的学习型组织[J].比较教育研究,2002(1):53-56.

② Blase, J. Principals' Instructional Leadership and Teacher Development: Teachers' Perspectives[J]. Educational Administration Quarterly, 1999, 35(3): 349-378.

③ Sergiovanni, T. J. The Principalship: A Reflective Practice Perspective[M]. Massachusetts: Allyn and Bacon, Inc, 1987:84.

④ Edmonds, R. R. Effective Schools for the Urban Poor[J]. Educational Leadership, 1979, 37(1):15-18,20-24.

素,包括领导力效能,聚焦学习,正向的学校文化,对学生和教职工的高期望,监督学校层面、课堂层面和学生层面的进展,让家长参与,有效教学,教职工的专业发展,让学生参与教育全过程。以学校效能水平结果来分析,有效学校需要采取更"合作"的办法来提升绩效,而低效能学校则需要更多坚定自信的领导。[①] 瓦伦斯和霍克曼从文化与政治相结合的角度去分析校长的领导权分配与提高学校效能间的关系问题。具体途径为通过改变学校管理团队的设置参数,来重新构建团队成员的互动模型。[②] 利斯伍德等认为校长的领导力与学校的教学质量之间存在正相关。[③]

郑燕祥从领导者、教职工、学生等人力资源层面和组织教学、课程学习、文化活动等物质资源层面对学校效能进行划分。他认为学校效能是上述两个层面的效能综合后的整体效应,并且人力资源层面的效能决定物质资源层面的效能。在人力资源层面中,校长作为主要的领导者成为学校效能实现的核心因素。郑燕祥将学校效能区分为内部、外部、未来三个维度,并分别阐述了校长在实现三个维度的效能时所需的工作职责、角色定位和作用影响。三个维度的效能具体体现为:学校内部效能是指学校教学环境、校园文化建设等学校内部的直接影响学校目标效能实现的因素。它具有较强的无形性,校长在实现过程中,需要给予学生所需的教学内容,保证教学过程的顺利,及时排除与解决潜在的干扰与问题。学校外部效能是指学校教育作为一种公众服务所体现出来的表征程度。校长通过争取更多的外部有利因素来实现学校效能的整体提升。譬如,校长能够使学校利益相关者获得最大化的利益,最大限度地获得外部资源的支持,尽可能地提高学校的社会声誉,尽量适应外部环境的变化等。学校未来效能是指学校的愿景规划等发展目标的实现程度。校长需要开展愿景的规划设计、具体实施等相应的领导工作。[④]

---

① 雷诺兹,萨蒙斯,达姆.教育效能研究:过去、现在和未来[J].教育研究,2020(10):116-133.

② 万恒.英国中小学校分权领导对我国学校管理者的启示[J].教育发展研究,2010(24):76-80.

③ Leithwood,K.,Harris,A. & Hopkins,D. Seven Strong Claims about Successful School Leadership[J]. School Leadership and Management,2008,28(1):27-42.

④ 郑燕祥.学校效能与校本管理:一种发展的机制[M].陈国萍,译.上海:上海教育出版社,2002:156.

有研究从校长的学校文化观和核心价值观的角度来探讨与学校效能的关系问题。研究认为具有统一性、参与性、适应性、使命感等特质的学校文化和核心价值观,以及学校的整体愿景、具体的工作目标、学校的创新变革、领导的授权、教师的能力发展等因素都会对学校效能产生显著影响。其中,校长的办学理念和核心价值观这两种因素会显著影响学校效能提升。①

在对学校效能评价指标进行观测的研究中,一级、二级维度的观测点都有校长领导力因素的直接或间接参与。譬如,行政效能中的学校愿景与规划的教育性、前瞻性,组织变革、制度创新的实现度;主体效能中的教师的职业认同感及工作满意度、教师的团结协作和凝聚力、学生对学校的认同度、校长领导者素养、校长组织领导能力、校长教学领导与管理能力、校长内外部沟通协调能力;资源/技术效能中的人力资源利用效力、物力资源利用效力;社会效能中的家长协助并参与学校活动、社区为学校提供资源和帮助、社会关键群体的满意度、主管部门及社会舆论的称许度。②

对东北地区部分农村学校的实证研究发现,农村学校校长的不同维度的领导实践对学校效能的增强有独立且显著的影响。校长的有效领导可以提升学校效能。在不同的学校特征下,不同维度的校长领导实践对学校效能的增强力度存在着差异。学校文化作为一种中介因素,在校长的领导实践与学校效能的力度之间起着正向作用。③

二、理论的具体应用

从上述研究中可以总结出当下学者们对学校效能理论的一般性共识,即学校效能通过校长所实施的行为,对实现特定的教育目标、提升学生的学业成绩、满足社会群体对学校的期望等方面可起到直接作用。本研究中,笔者将学校效能定义为学校发挥积极作用的能力以及学校能力发挥的实际结果。这一定义涵盖两方面内容:一是强调学校组织自身所具有的能力。二

---

① 徐志勇.学校文化对学校效能影响的多元回归模型研究[J].教育科学,2011(5):29-35.

② 杨小微,金哲.效能:学校现代化评价的工具理性标准[J].苏州大学学报(教育科学版),2020(3):1-11.

③ 于海英,向辉,盖莉莉.农村学校校长的哪些领导实践能增强学校效能?——基于黑龙江、辽宁、山东三省的实证调查[J].未来与发展,2020(10):77-81.

是能够对能力发挥后所达成的现实结果和预期结果进行比较。因此,它能够较好地区分学校效能和教学质量、学校效率等其他概念,也能够以更为具体化和更具操作性的方式对学校效能进行评价。

本书认为校长的领导力与学校效能之间有直接的作用关系。校长是学校效能提升的主要影响因素。他们作为学校日常教育管理工作和改革创新实践的掌舵者和引领者,不论是在公立学校还是私立学校,无论是在大学还是中小学,在与学校组织中的教师、学生,以及学校组织外的相关政府部门、社区、家长的交互影响中,都深刻影响着学校的发展方向和教育成效。社会公众对于教育的关注,最终都会聚焦到校长身上,对于学校、校长的评价也与效能直接相关。作为校长,追求学校效能提升是其工作职责中的重要目标。因此,本研究认为学校效能理论与乡村小学的校长领导力之间有着较大的耦合度。校长在人力资源层面和物质资源层面的效能是学校可存在、可持续、可快速发展的重要保证。对于乡村小学而言,校长需要投入更多精力以保证学校人力和物质资源效能的实现。并且,由于学校的内外部条件与城市小学相比有着较大差别,如何通过教学环节、学校内部环境、校园文化建设等增强学校的内部效能,如何通过自身沟通能力、与外部环境的联系等增强学校的外部效能,如何为学校寻找到资金、人力、社区等方面的支持,都对乡村小学校长提出了更高要求。

从现实层面看,社会公众对基础教育质量的需求日渐强烈,这使得小学校长承载着提高学校效能的更大压力。2010 年,《国家中长期教育改革和发展规划纲要(2010—2020 年)》指出:"创造有利条件,鼓励教师和校长在实践中大胆探索,创新教育思想、教育模式和教育方法,形成教学特色和办学风格,造就一批教育家,倡导教育家办学。"[①]从理论层面看,校长领导力是如何体现出来的? 如何对校长领导力进行评价? 要解决上述问题,研究者需要运用学校效能理论,通过维度指标的创设去进行实证研究,从而给出一个能够论证的答案。学校效能理论在本书的后续章节中都有具体体现。

---

① 中华人民共和国教育部.国家中长期教育改革和发展规划纲要(2010-2020 年)[EB/OL].(2010-07-29)[2021-03-14]. http://www. moe. gov. cn/srcsite/A01/s7048/201007/t20100729_171904. html.

　　需要指出的是,也有研究显示,校长领导行为与能力对学校效能中的重要评价指标——学生的学业成绩并没有直接影响。[①] 可能的原因为:在校长的领导力与学生学业成绩这种关系中,存在着多种的调节变量。譬如,受到学校的组织目标、结构、文化等内部因素的影响,受到社区等外部的利益相关者的影响,受到家长家庭经济文化状况等因素的影响。因此,本文采纳的解释为,校长的领导力是以一种间接的方式影响学生的学业成绩。

[①] Leithwood, K., Harris, A. & Hopkins, D. Seven Strong Claims about Successful School Leadership[J]. School Leadership & Management, 2008, 28(1): 27-42.

第二章　乡村小学校长领导力现状

对乡村小学校长的领导力现状的研究,笔者主要通过乡村小学校长领导力现状的调查问卷的设计与运用来完成。

第一节　乡村小学校长领导力现状的调查问卷设计

本次问卷调查的目的主要为:首先,通过对乡村小学校长领导力水平现状的问卷调查,着重考察校长领导力水平的总体状况、领导力一级和二级维度的发展状况,比较领导力各个维度间的发展水平差异。根据量化数据的分析结果,重点考察比较领导力的各个维度间的均值差距。其次,分析讨论乡村小学校长的人口学背景差异和领导力水平间的相关关系,包括乡村小学校长的年龄、性别、任职年限、学历程度等变量。讨论上述变量与校长领导力水平之间是否具有相关性以及相关程度。根据量化数据,分析各个变量内部是否存在显著差异以及均值间的差异关系。

问卷设计的基本步骤为:第一,运用文献分析法设计《乡村小学校长领导力调查问卷》初始卷。第二,运用德尔菲法对初始卷进行修改。德尔菲法运用的主要目的为厘清问卷维度的测量指标及其相互间的相关性,以及问卷的内在结构。根据德尔菲法的运用结果进行修改,制定出问卷的维度模型。第三,对于修改后的问卷进行小规模预测。第四,对修改卷进行信度和效度检验。具体步骤为:采用临界比率值法和皮尔逊相关系数法对题目进行区分度检验,测试其效度。然后,对题目进行科隆巴赫系数检验以测试其信度。上述检验完成后,形成最终问卷。第五,采用最终问卷进行正式测试。对测试数据进行分析与讨论。

一、初始调查问卷的编制

调查问卷由两部分构成。第一部分是校长的背景资料,目的是了解校长的基本情况,为研究校长的人口学变量与领导力间的关系提供数据支持。第二部分是围绕校长领导力五大维度编制的测试题目。为提高问卷测试的信效度,笔者不仅设置了正向题目,还设置了反向题目。

(一)人口学变量部分的题目设计

调查问卷的第一部分共包含10道题目,涉及人口学变量因素,包括校长的性别、年龄、户籍所在地、任职年限、专业、最高学历、任职学校的性质、所属区域等情况。

其中,初始调查问卷的第7题对校长的"任职年限"的划分依据主要为以下文献关于教师专业成长阶段的研究:傅乐编制的《教师关注问卷》;卡茨提出教师发展四阶段论(求生存期、巩固期、更新期和成熟期);伯顿提出教师专业成长的三段论,把教师的成长划分为求生存、调整和成熟阶段[①];伯利纳提出教师专业成长的五段论,认为教师专业成长会经历新手教师、熟练新手教师、胜任型教师、业务精干型教师和专家型教师五个阶段[②];吴康宁将教师专业成长分为预期专业社会化与继续专业社会化两个阶段[③];傅道春将教师专业发展阶段分为转变期、适应期和成长期[④];顾泠沅认为教师专业成长会经历职初教师、有经验教师和专家教师三大阶段[⑤]。综合上述研究,笔者在问卷中将校长的任职年限分为五个阶段:0~5年(入职初期)、6~10年(巩固时期)、11~15年(成熟一期)、16~20年(成熟二期)、20年以上(延续时期)。

问卷第9题将校长的"最高学历"划分为"高中及以下、中专、大专、本科、硕士及以上"五个层次。起始学历的设置依据为国家教育委员会(今教育

---

① 杨秀玉.教师发展阶段论综述[J].外国教育研究,1999(6):36-41.

② Berliner, D. C. The Development of Expertise in Pedagogy[M]. New Orleans: American Association of College for Teacher Education, 1988: 69-81.

③ 吴康宁.教育社会学[M].北京:人民教育出版社,1998:215-221.

④ 傅道春.教师行为访谈(一)[M].哈尔滨:黑龙江教育出版社,1996:116-117.

⑤ 顾泠沅.教学改革的行动与诠释[M].北京:人民教育出版社,2003:366.

部)对小学校长的职称要求,其颁发的《全国中小学校长任职条件和岗位要求(试行)》规定:"乡(镇)完全小学以上的小学校长应有不低于中师毕业的文化程度……中小学校长应分别具有中学一级、小学高级以上的教师职务;都应有从事相当年限教育教学工作的经历;都应接受岗位培训,并获得'岗位培训合格证书'。"①

(二)领导力水平部分的题目设计

由于领导力概念(内涵与外延)自身的复杂性,问卷设计编制的难度较大。为尽可能保证数据的真实性和研究结果的信效度,笔者在设计调查问卷时主要以收集校长的实际领导行为为主,将校长的领导行为放在领导力维度的理论基础框架中,尽可能地涵盖校长领导力的内涵要素和结构层次。调查问卷的编制以博尔曼与迪尔的组织领导力的"四力"框架结构为理论基础,以萨乔万尼的领导力"五力"模型和郑燕祥的领导力"五向度"(结构领导、人性领导、政治领导、文化领导、教育领导)模型②为重点参考对象。郑燕祥在博尔曼与迪尔的"四力"框架结构和萨乔万尼的"五力"模型的基础上提出"五向度"模型。他以模型为基础设计调查问卷,对香港中小学校长的领导力状况进行实证研究。该问卷也被其他研究者,譬如程正方③、孙锦明④等借鉴实施,具有一定的实践基础。基于此,本研究中问卷的编制也主要参考上述理论框架、模型结构和调查问卷。笔者对本问卷的领导力基本维度进行了调整修改,具体如下。

首先,郑燕祥的"政治领导力"突出强调校长通过构建良好的组织氛围来化解教师间的利益冲突,此维度的主要内容与萨乔万尼的"人际领导力"的内容基本一致。因此,笔者将两者合并,统称为"人际领导力",并增加校长通过正直、公正的行为并以符合伦理的态度来促使教工和学生成功的道德领导的内容。

---

① 国家教育委员会.全国中小学校长任职条件和岗位要求(试行)[J].中小学管理,1991(5):12-13.

② 郑燕祥.学校效能与校本管理:一种发展的机制[M].陈国萍,译.上海:上海教育出版社,2002:156.

③ 程正方,应小萍,丁红晖,等.校长领导行为类型问卷及类型状况的初步分析[J].心理发展与教育,1996(2):33-37.

④ 孙锦明.中学校长领导力研究[D].上海:华东师范大学,2009.

其次,本问卷将郑燕祥模型中的"人性领导力"与"文化领导力"进行合并,使用"文化领导力"的名称。原因在于:从定义看,"人性领导力"强调校长与教师间建构良性互动的人性化关系。譬如,校长注重学校的教师队伍发展,努力提升教师职业生涯的体验感,促进教师间良好关系的形成。"文化领导力"则强调校长需要构建具有学校特色的文化环境与氛围,具体包括校长具有能够鼓舞人心的能力,尤其是对教师的教育观念、组织信仰的影响能力,能够构建学校特有的文化氛围等。从定义看,两者有所重合。从内容看,豪斯的目标路径理论认为,领导者和追随者之间的关系建立在共同的价值观基础上。领导者需要提炼出组织的价值观,这种价值观能使追随者产生共鸣,使得组织观念内化到追随者个人,最终形成所在组织的整体文化。①因此,"文化领导力"还可以包含校长领导全体师生建立和实现组织共同愿景的能力。从名称看,"人性"这一概念本身也较为复杂。它可以指在一定的社会制度和历史条件下形成的人的品性,也可以指人所具有的正常的感情和理智。人性还需要区分人与其他动物相区别的属性和人与其他动物所共有的那部分心理属性。因此,笔者认为使用"人性领导力"这一名称容易引起理解上的歧义。从内容与名称的匹配度来看,笔者认为将"人性领导力"取消,合并至"文化领导力"更为合适。

再次,本问卷将郑燕祥模型中的"教育领导力"改换为"教学领导力"。从定义看,"教育领导"强调校长在学校教育教学工作方面的领导活动。具体表现为校长引领学校的教育革新,保证国家的教育目的取向,促进教师的专业发展,保障教学工作的有序进行等。该维度的内容实质和中心是教学领导,强调校长对学校教学工作的全方位的指导与管理,尤其是校长对学校的课程设置、教学理念等的指导。因此,"教育领导力"的表述从语言学层面看显得过于宽泛。另外,从我国教育领导力研究的实际来看,因教学是学校的基本使命,是学校所有活动中的核心活动,所以教学领导力具有实际的核心地位。本研究将其改换为"教学领导力",既可以突出原"教育领导力"的概念重点,又可以与当下教育领导力研究领域已有的提法保持一致。因此,笔者将"教育领导力"改换为"教学领导力"。

---

① 邢以群.管理学[M].2版.北京:高等教育出版社,2011:310.

最后,为凸显研究对象——乡村小学校长的特性,本研究参照 VAL-ED 校长领导力评估中的核心要素,增设"外部领导"维度。此维度强调校长与外部社区的联系。校长为促进学生的学习,与学生家庭、乡镇、社会机构等建立密切的联系。另外,在问卷设计的前期调研访谈中,部分乡村小学校长和教师认为,对乡村小学而言,其所属的乡镇等外部资源对学校发展具有重要影响。譬如,学校所属的上级教育行政部门、乡镇、学生家长等都是支持学校发展的重要力量。

对调查问卷进行上述调整后,本问卷保留"结构领导"(校长从统筹角度出发对学校工作进行整体化、程序化管理,主要体现为制定并落实严谨清晰的工作结构和具体程序,能够提供相应的技术支持,使得学校管理工作的效率最大化)维度。最终,领导力水平维度呈现为结构领导力、人际领导力、文化领导力、教学领导力和外部领导力五大维度。为保证问卷题目涉及维度的全面性和深入性,根据校长领导力维度的内涵和校长领导力的实践体现,本问卷对一级维度进行细化,下设二级维度,由此形成本问卷中校长领导力水平构成维度图(见图 2-1)。在对人口学变量和领导力水平两部分内容进行整合、增添、删减后,形成《乡村小学校长领导力调查问卷(校长卷)》的初稿。

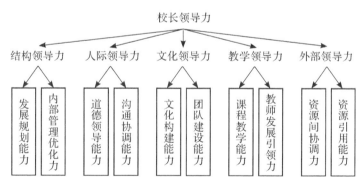

图 2-1 校长领导力水平构成维度

二、初始调查问卷的呈现

在调查问卷的设计过程中,起初,笔者将乡村小学校长作为直接的调查对象。通过查看文献,笔者发现部分的实证研究会选择教师作为调查对象来反映校长的领导力情况。为何研究对象与调查对象两者会不一致?为何选择从教师的间接角度来取代校长的直接角度?为解决上述疑问,笔者采用《乡村小学校长领导力调查问卷(校长卷)》初始卷,对浙江省乡村校长工作室的 30 名小学校长进行小规模的预测试。预测试统计结果的信度分析显示问卷的信度良好,但统计结果的效度不佳,主要体现为统计结果不具有区分性。笔者认为把校长作为问卷调查的直接对象,较难保证数据的真实性。可能原因为:问卷受访者在回答此类问题时,会有较明显的趋利避害倾向。校长在对自身进行评价时不够客观,容易出现刻意拔高的现象。为保证测试效度和结论的严谨性,笔者将问卷调查对象从乡村小学校长群体转变为乡村小学校长和其所在学校的教师两个群体。因此,本问卷在设计时,针对这两个不同的群体,在第一部分"调研对象的基本信息"特意做了区分。

问卷由两部分构成。第一部分是调研对象的基本信息,目的在于获取样本(校长/教师)的人口学信息,共由 10 道题目构成。主要包括校长/教师个人信息(性别、年龄、任职年限、工作经历、所学专业、最高学历等)和校长/教师所任职学校的情况(学校历史、类型、规模、所在地等)。第二部分是针对乡村小学校长领导力五大维度所展开的题目。此部分又分为正向和反向题目。正向评价题目共 59 道,分别是:结构领导力 13 道,包括发展规划能力6 道、内部管理优化力 7 道;人际领导力 9 道,包括道德领导能力 5 道、沟通协调能力 4 道;文化领导力 9 道,包括文化构建能力 4 道、团队建设能力 5道;教学领导力 16 道,包括课程教学能力 9 道、教师发展引领力 7 道;外部领导力 12 道,包括资源间协调力 6 道、资源引用能力 6 道。反向评价题目的设计维度沿用乡村小学校长领导力五大维度的设计思路,共 26 道题目,分别是:结构领导力 7 道,包括发展规划能力 3 道、内部管理优化力 4 道;人际领导力 4 道,包括道德领导能力 2 道、沟通协调能力 2 道;文化领导力 4 道,包括文化构建能力 2 道、团队建设能力 2 道;教学领导力 7 道,包括课程教学能力 5 道、教师发展引领力 2 道;外部领导力 4 道,包括资源间协调力 2 道、资源引用能力 2 道。两项合计 85 题,正向题目题号为 1~59,反向题目题号为60~85。[《乡村小学校长领导力调查问卷(校长/教师卷)》初始卷详见附录 1。]

需要指出,本问卷中的领导力各维度指标之间并没有绝对的分类界限。

因为领导力水平实际呈现时的综合性,所以一级、二级维度分类时,笔者尽量避免维度内容之间的交叉。问卷中不同领导力维度的题目采用随机分布的方式进行排列,以提高问卷效度。各维度与题号的对应关系详见表 2-1。调查问卷的题目计分采用李克特(Likert)五点计分制。计分标准为:5=完全符合,4=大多符合,3=基本符合,2=大多不符合,1=完全不符合。得分越高,表明校长领导力水平越高。

表 2-1 各领导力维度题目与题号的对应关系

维度(一级)	维度(二级)	题号
结构领导力	发展规划能力	1、8、10、28、41、50、*65*、*68*、*74*
	内部管理优化力	5、7、18、19、31、44、52、*61*、*62*、*77*、*80*
人际领导力	道德领导能力	12、22、27、34、38、*63*、*83*
	沟通协调能力	6、13、25、57、*70*、*85*
文化领导力	文化构建能力	3、11、21、32、*66*、*78*
	团队建设能力	26、29、36、43、59、*75*、*82*
教学领导力	课程教学能力	2、15、17、24、40、42、45、47、56、*60*、*64*、*69*、*73*、*79*
	教师发展引领力	4、9、30、37、39、48、51、*72*、*76*
外部领导力	资源间协调力	16、33、46、53、54、58、*71*、*81*
	资源引用能力	14、20、23、35、49、55、*67*、*84*

注:斜体数字题号对应的是反向题目。

三、调查问卷的调整

上文呈现的初始问卷需要进行专家意见的效度检验,采用德尔菲法来检测确定问卷题目中的校长领导力维度。此法所依据的程序为:专家不见面讨论,彼此不联系,完全独立地发表意见。通过多次反复函询的方式,由专家填写问卷。笔者汇集问卷内容,最终达成共识。专家一般为 10～50 人,15 人以上即具有较好的可信度。

(一)专家构成与咨询内容

本研究邀请专家 18 人,分为两类:一是高校、研究机构中从事教育领导与管理领域研究的教授、研究员。二是长期在基础教育领域工作的中小学校长、专家型教师。在采用文献分析法提炼出校长领导力水平一级、二级维度指标的基础上,本研究依据上述指标体系,以《乡村小学校长领导力调查问卷》初始卷为蓝本,编制《乡村小学校长领导力调查问卷专家咨询问卷》。咨询问卷的内容包括:专家基本情况、题目的重要性判断、题目的划分归类、题目的筛选与补充。专家需要对每道题的重要性做出独立的判断,即根据李克特7级量表来区分设计每道题的重要性(1=非常不重要;7=非常重要,各等级分别赋值为1分到7分)。专家需要对题目进行语义分析和划分归类,根据领导力维度的定义将题目划分到相应的维度中,删除维度归属模糊的题目。同时,咨询问卷还设置意见栏,方便专家补充和提供修改意见。(《乡村小学校长领导力调查问卷专家咨询问卷》详见附件2。)

(二)专家咨询法的运用

本研究进行了两轮专家函询。第一轮函询时,笔者确定以电子邮件的形式邀请专家进行问卷咨询。第一轮问卷结果返回后,笔者将回收的问卷进行汇总、筛选和整理。笔者将第一轮的专家意见进行综合后,形成第二轮的专家函询问卷,再次发送给上述专家进行问卷咨询(尽可能保持每轮中的专家相同)。笔者对第二轮的问卷评分结果进行回收后,再次对指标题目进行整理筛选、汇总分析。

本研究采用SPSS22.0软件对上述数据进行统计分析,即使用德尔菲法的信效度指标分别进行计算。信效度指标主要包括专家积极性(通过问卷回收率来体现,回收率越高说明专家积极性越高)、专家可靠性(通过专家权威系数来体现,主要表现为专家的自我判断、实践经验、理论分析、对国内外研究的了解、直觉选择、熟悉程度等方面[①])、题目重要性、专家对题目归类判断的一致性。

第一轮专家函询中,发放专家问卷18份,回收有效问卷18份,问卷有效率为100%。第二轮专家函询中,第一轮参加的专家中有两位出于个人、工作等原因退出了咨询。为尽可能减少对研究的干扰,笔者替换了各方面条件相当的其他两位专家。本轮的问卷有效率为89%。

---

① 杜占江,王金娜,肖丹.构建基于德尔菲法与层次分析法的文献信息资源评价指标体系[J].现代情报,2011(10):9-14.

专家可靠性由专家判断依据和熟悉程度两部分组成。两轮结果均为：专家判断系数均介于 0.8 和 0.9 之间，说明专家判断依据在中等及以上；专家熟悉程度介于 0.7（熟悉）和 0.8（很熟悉）之间。最终，专家权威程度都大于 0.8。由此说明，两轮函询专家的权威程度均较高，即两轮函询的预测精度较高。

题目的重要性主要通过对每道题的算数平均数、标准差、满分频率和中位数的计算来判断。由统计结果可见，结构、人际、文化、教学、外部领导力五个一级维度和十个二级维度的重要性均值均大于 5（最高分为 7）。并且，80 道题的中位数均大于或等于 5。因此，整体上看，题目所设置的维度指标较为重要，也较为合理。

专家对题目归类判断的一致性通过专家对题目进行归类调整来体现。因各维度之间存在语义交叉和重合，题目数量又较多，为尽可能减少偏差和减少专家工作量，此部分调整为直接呈现给专家已有的题目归类表。专家如对具体题目归类有不同意见，就在表格修改栏进行填写，如没有意见就不填写。

（三）实施专家咨询法后的题目调整

笔者在完成上述两轮专家咨询法的实施后，根据专家反馈的结果，对题目进行了删除、增加与修改。具体操作时，基于题目重要性，基于第一轮专家建议修改的题目的接纳程度，基于维度指标的可操作性，对《乡村小学校长领导力调查问卷》初始卷做了以下调整。

修改和增加题目的具体原因如下：

其一，题目描述过于笼统，核心概念缺乏明确界定。如题 5"学校设立的部门机构较为合理，各部门职责明确、分工协作"删除"分工协作"，将"较为合理"明确为"部门机构职责明确"，并将"工作效率高"单独增设为独立题目。又如题 21"校园环境建设较好，发挥环境育人的作用"中的"环境建设"和"环境育人"的概念界定会因测试者的不同理解产生较大偏差，所以对其进行了具体限定，修改为"校园的自然环境较为整洁美观，在走廊、墙壁等公共空间有布置"。增加"校长以身作则，以自己的道德模范作用感染教师"一题，目的为明确和细化校长道德示范的维度。

其二，题目表述不够明确，容易产生歧义。如题 13"校长能够较为公正地处理学生、教职工之间的矛盾"可能会被理解为学生与教职工之间的矛盾。因此,将其拆分为"校长能够较为公正地处理学生之间的矛盾"和"校长能够较为公正地处理教职工之间的矛盾"两道题目。

其三,题目描述的主观倾向性过于明显,会直接影响统计结果。如题12"校长会询问教职工的工作、生活情况,给予力所能及的帮助"中的"力所能及的帮助",被测人就较难进行判断,因此修改为"相应的反馈"。增加"校长的日常工作不需要接受教职工的监督"这一反向题目,目的为细化校长的人际领导力中的道德领导维度。

其四,题目的某些局部语义与其他题目有所重复或冲突。如题50"校长能够组织教职工、家长等一同商议学校发展规划"与题1"教师能够参与学校规划的制定"相重复,所以修改为"校长能够组织学生、家长、社区等一同商议学校发展规划"。

删除题目的主要原因为:其一,题15、题30和已有的题目内容基本相同或有所重复。其二,题6、题7、题13、题41、题74所测试的维度针对性不强,无法有效测出所需的维度。

专家对于题目的修改和增删详见表2-2。专家对于题目的归类调整详见表2-3。最终的修改卷中正向评价题目有57道,分别是:结构领导力12道,包括发展规划能力5道、内部管理优化力7道;人际领导力10道,包括道德领导能力7道、沟通协调能力3道;文化领导力10道,包括文化构建能力5道、团队建设能力5道;教学领导力15道,包括课程教学能力9道、教师发展引领力6道;外部领导力10道,包括资源间协调力5道、资源引用能力5道。反向评价题目有26道,分别是:结构领导力3道,含发展规划能力2道、内部管理优化力1道;人际领导力6道,包括道德领导能力4道、沟通协调能力2道;文化领导力6道,包括文化构建能力3道、团队建设能力3道;教学领导力7道,包括课程教学能力4道、教师发展引领力3道;外部领导力4道,包括资源间协调力2道、资源引用能力2道。两项合计83道,正向题目题号为1~57,反向题目题号为58~83。由此,形成了《乡村小学校长领导力调查问卷(校长/教师卷)》修改卷(详见附录3)。

表 2-2　专家修改和增删的题目

标记	序号	题目描述
修改的题目	5	"学校设立的部门机构较为合理,各部门职责明确、分工协作"修改为"学校设立的部门机构职责明确,工作效率高"
	8	"学校规划的制定是基于学校、教职工、学生的特点与需要"修改为"学校规划的制定是基于学校师生的实际情形和需求"
	12	"校长会询问教职工的工作、生活情况,给予力所能及的帮助"修改为"校长会主动询问教职工的工作、生活情况,并有相应的反馈"
	21	"校园环境建设较好,发挥环境育人的作用"修改为"校园的自然环境较为整洁美观,在走廊、墙壁等公共空间有布置"
	48	"学校能制定出适合教师不同层次的专业发展规划"修改为"学校能够帮助教师制定出个性化的专业发展规划"
	50	"校长能够组织教职工、家长等一同商议学校发展规划"修改为"校长能够组织学生、家长、社区等一同商议学校发展规划"
增加的题目	86	学校部门机构之间能够分工协作
	87	校长能够较为公正地处理学生之间的矛盾
	88	校长能够较为公正地处理教职工之间的矛盾
	89	校长以身作则,以自己的道德模范作用感染教师
	90	校长的日常工作不需要接受教职工的监督
删减的题目	6	校长能较好地处理校内发生的各种冲突
	7	学校的人员强弱搭配,较为平衡
	13	校长能够较为公正地处理学生、教职工之间的矛盾
	15	校长制定适合本校实际的教育教学改革方案
	30	校长能为教师外出参加专业培训、进修学习创造条件
	41	校长能为学校发展去开拓新的机会
	74	校长没有给学校开拓出新的发展机会

表 2-3　专家咨询后的维度与题号对应关系

维度(一级)	维度(二级)	题号
结构领导力	发展规划能力	1、8、10、27、47、63、66
	内部管理优化力	5、6、17、18、29、34、49、74
人际领导力	道德领导能力	7、13、21、32、36、40、57、59、68、77、83
	沟通协调能力	12、24、51、72、80
文化领导力	文化构建能力	3、11、20、30、55、64、75、82
	团队建设能力	25、26、28、54、56、60、61、79
教学领导力	课程教学能力	2、16、23、37、39、41、42、44、53、58、62、67、76
	教师发展引领力	4、9、35、38、45、48、70、71、73
外部领导力	资源间协调力	15、31、43、46、50、65、81
	资源引用能力	14、19、22、33、52、69、78

注:斜体数字标注的题为反向题目。

第二节　乡村小学校长领导力现状调查问卷的信效度测试

本研究通过德尔菲法完成对初始问卷的修改。笔者对《乡村小学校长领导力调查问卷(校长/教师卷)》修改卷进行问卷信效度的测试,并依据测试结果对问卷进行最终修改。

一、问卷的效度分析

问卷题目的区分度检验通过临界比率值法和皮尔逊相关系数法来进行。具体步骤为:首先,采用临界比率值法进行题目区分度检验。计算出问卷题目的平均分,按照由高到低的顺序排列数据。将前 27% 的数据作为高分组,后 27% 的数据作为低分组,对这两组数据分别进行独立样本 t 检验。计算临界比率值,即 CR 值,查看问卷中这两项与领导力总分的相关系数是否大于 0.05。其次,采用皮尔逊相关系数法进行题目区分度检验。逐个计算题目得分与总得分之间的相关系数。如果相关系数大于等于 0.5,那么该题目与总得分就显著相关,表明该题目可以有效区分不同水平的被试。显著性程度越高,就越表明该题目测试出的内容真实有效。[①]

　　笔者对《乡村小学校长领导力调查问卷(校长/教师卷)》(共 83 题)进行题目的区分度检验,主要参考指标是题目与二级维度、一级维度、领导力总分之间的相关性程度。如果题目与上述维度的相关关系显著,说明该题目能够有效区分不同水平的被试,能够有效测量出领导力维度水平等欲测的内容。在对问卷的所有题目进行相关性分析后发现,题 5、6、13、31、36、44、50、61、64、72 和所归属的二级维度、一级维度、领导力总水平的相关系数均小于 0.5。因此,笔者将上述题目删除。删除后的维度与题号对应关系及题目数量见表 2-4。

表 2-4　删除后的维度与题号对应关系

维度(一级)	维度(二级)	题号	题目数量
结构领导力	发展规划能力	1、6、8、24、41、55、57	7(5+2)
	内部管理优化力	14、15、26、30、43、64	6(5+1)
人际领导力	道德领导能力	5、18、28、35、50、52、59、67、73	9(5+4)
	沟通协调能力	10、21、44、70	4(3+1)
文化领导力	文化构建能力	3、9、17、27、48、65、72	7(5+2)
	团队建设能力	22、23、25、47、49、53、69	7(5+2)
教学领导力	课程教学能力	2、13、20、32、34、36、37、46、51、54、58、66	12(8+4)
	教师发展引领力	4、7、31、33、39、42、61、62、63	9(6+3)
外部领导力	资源间协调力	12、38、40、56、71	5(3+2)
	资源引用能力	11、16、19、29、45、60、68	7(5+2)

　　注:斜体数字标注的题为反向题目。

二、问卷的信度分析

　　问卷的信度分析通过对保留后的 73 道题目进行科隆巴赫系数检验来完

　　[①]　皮尔逊相关系数 r 的主要参考值:$r>0$,变量间正相关;$r<0$,变量间负相关;$r \geqslant 0.8$,变量间高相关;$0.5 \leqslant r < 0.8$,变量间中相关;$0.3 \leqslant r < 0.5$,变量间低相关;$r < 0.3$,变量间基本不相关。

成。依据上述两种方法对题目进行删减后,对问卷保留的题目采用科隆巴赫系数检验法进行信度分析。如果各分项维度的科隆巴赫 α 系数均高于0.8,说明问卷具有较高的内部一致性。检测后发现,校长领导力总水平及五个维度的科隆巴赫 α 系数均高于0.8,因此,本研究认为测试问卷的信度较好。问卷的领导力维度科隆巴赫 α 系数见表2-5。

表 2-5　各领导力维度的科隆巴赫 α 系数

领导力维度	项目数	科隆巴赫 α 系数
结构领导力	13	0.915
人际领导力	13	0.854
文化领导力	14	0.893
教学领导力	21	0.927
外部领导力	12	0.881
领导力总和	73	0.942

至此,在采取了专家咨询、因子分析、聚类分析等研究方法后,形成《乡村小学校长领导力调查问卷(校长/教师卷)》最终卷(见附录4)。

第三节　乡村小学校长领导力现状调查问卷的测试和量化分析

一、正式问卷的测试

正式问卷完成后,笔者以浙江省所辖的34个县为发放范围,按照区域分布比例,分别在2021年5月29日"乡村振兴与美好教育共同体建设学术会议"期间,采用线下方式投放并回收问卷153份。因受新冠疫情影响,线下会议频频取消,所以在2021年9月,以线上问卷星的形式,投放在"浙派名师"公众号,以及乡村小学校长聚集较多的浙派名师群、名校长工作室、象山浙派名师高研班、玉环浙派名师研修班、杭州淳安县乡村校长群等微信群,回收1251份。本次问卷投放采用线上问卷星与线下现场填写相结合的方式,总计回收问卷 1404 份,其中有效问卷为 1267 份,有效率为 90%。

随后,笔者通过 Pandas 软件对所获取的问卷数据进行整理分析。基于此次调查的目的和特点,笔者采用描述性分析对样本的人口学信息、领导力五大维度进行总体和分项的分析,以获得对样本的了解。具体做法为:首先,从人口学变量的角度对获取的数据进行分析。为保证数据的准确性,首先对来自教师和校长的领导力评分进行 t 检验,确定两个群体在评分上是否具有显著差异。对性别、年龄、任职年限、学历这四个测量维度与乡村小学校长的领导力水平进行独立样本的 t 检验、单因素方差分析来检测它们是否具有相关性。并且为方便维度间进行比较,对数据都进行了归一化处理。其次,对乡村小学校长领导力水平进行量化分析,具体包括乡村小学校长领导力总体水平分析,乡村小学校长领导力的一级维度、二级维度的具体项目水平的分析两部分。最后,通过对上述数据结果的分析,得出乡村小学校长的领导力水平现有状况的结论。

二、数据的量化分析

对问卷数据的量化分析,主要采用相关分析、平均数差异、显著性检验和方差分析等统计方法。以 Pandas 软件对数据进行全部处理。

(一)教师和校长在量化结果上的差异

问卷设计时,为保证取得数据的准确性,特意将问卷分为教师卷和校长卷两种类型。问卷最终所采集的样本中包括教师 1167 人,校长 100 人。为确定数据的取舍,本研究需要探讨来自教师的问卷和来自校长的问卷在统计上是否具有差异性,从而确定在后续研究中应使用全部数据,还是舍弃来自教师的数据而仅保留来自校长的数据。笔者对来自教师和校长的各项领导力上的评分进行 t 检验(详见表 2-6),从而确定两个群体在这些评分上是否具有显著差异。

表 2-6　教师卷与校长卷的量化结果差异[①]

维度	教师		校长		P
	M	SD	M	SD	
结构领导力	0.69	0.16	0.67	0.16	0.32
发展规划能力	0.64	0.15	0.60	0.15	0.01
内部管理优化力	0.74	0.18	0.75	0.17	0.59
人际领导力	0.58	0.12	0.57	0.12	0.47
道德领导能力	0.55	0.12	0.53	0.11	0.14
沟通协调能力	0.67	0.16	0.68	0.15	0.56
文化领导力	0.64	0.14	0.63	0.13	0.65
文化构建能力	0.64	0.14	0.62	0.14	0.29
团队建设能力	0.64	0.15	0.64	0.14	0.88
教学领导力	0.60	0.14	0.59	0.13	0.30
课程教学能力	0.60	0.14	0.59	0.13	0.35
教师发展引领力	0.60	0.14	0.59	0.14	0.27
外部领导力	0.61	0.14	0.60	0.14	0.48
资源间协调力	0.56	0.12	0.55	0.13	0.26
资源引用能力	0.63	0.15	0.63	0.15	0.67
总体	0.62	0.14	0.61	0.13	0.41

　　通过比较 t 检验中得出的 P 值和一个预先设定的阈值(例如 0.05),可以得出两个样本集在统计上是否具有显著差异。只有当 P 值小于阈值的时候,可以推定两个样本集有统计上的显著差异。

　　表 2-6 中列出了教师和校长的各项领导力维度在运行 t 检验后得出的 P 值。由表可知,在所有领导力项目中,仅在一项领导力项目(发展规划能力)上,教师样本集和校长样本集具有统计上的显著差异(P 值为 0.01)。即教师对其所在学校的校长的发展规划能力的评价高于校长对自身的发展规划能力的评价。在除去发展规划能力这一项目后,通过比较两个样本集得

---

　　① 表中 M 指平均值,SD 指标准差,下文不再另行说明。

出的 P 值都大于阈值 0.05，说明两个样本集之间在领导力维度的调查上不具备统计上的显著差异。因此，在后续的分析中，笔者将教师对校长领导力的感知和校长自身的领导力水平测评的数据都纳入领导力水平的统计研究。

（二）人口学变量上的领导力水平分析

人口学变量主要包括年龄、性别、学历背景、任职年限。分析讨论的焦点为上述因素是否会导致校长领导力水平的差异。

被测校长的基本情况见表 2-7。

表 2-7　校长基本情况统计

自变量		数量（人）	百分比（%）
年龄	30～39	16	16
	40～49	71	71
	50 及以上	13	13
学历	大专	6	6
	本科	93	93
	研究生	1	1
任职年限	5 年及以下	16	16
	6～10 年	13	13
	11～15 年	6	6
	16～20 年	15	15
	20 年以上	50	50
性别	男	74	74
	女	26	26

（三）年龄结构分析

笔者以年龄为自变量，采用单因素方差分析（ANOVA）呈现处于不同年龄结构层次的校长的领导力水平差异，结果见表 2-8。问卷数据显示，没有 30 岁以下的校长，所以笔者将这一选项在列表中删去，并对此项不进行统计描述。

表 2-8　校长领导力水平的年龄差异分析

维度	30～39		40～49		50 及以上		P
	M	SD	M	SD	M	SD	
结构领导力	0.70	0.12	0.68	0.14	0.57	0.24	0.04
发展规划能力	0.63	0.13	0.61	0.14	0.51	0.21	0.07
内部管理优化力	0.78	0.12	0.77	0.15	0.64	0.29	0.04
人际领导力	0.59	0.09	0.58	0.11	0.51	0.19	0.14
道德领导能力	0.54	0.09	0.53	0.10	0.49	0.17	0.31
沟通协调能力	0.71	0.10	0.69	0.14	0.58	0.24	0.05
文化领导力	0.66	0.10	0.64	0.12	0.56	0.22	0.09
文化构建能力	0.65	0.11	0.63	0.12	0.56	0.21	0.20
团队建设能力	0.68	0.09	0.65	0.12	0.56	0.23	0.05
教学领导力	0.61	0.12	0.60	0.12	0.52	0.19	0.12
课程教学能力	0.62	0.11	0.60	0.12	0.52	0.19	0.09
教师发展引领力	0.60	0.13	0.60	0.12	0.52	0.19	0.18
外部领导力	0.62	0.11	0.60	0.13	0.53	0.20	0.18
资源间协调力	0.55	0.12	0.56	0.12	0.51	0.18	0.44
资源引用能力	0.67	0.11	0.63	0.14	0.55	0.22	0.09
总体	0.64	0.11	0.62	0.12	0.54	0.20	0.09

上表结果显示,总体来看,不同年龄段的乡村小学校长在领导力的总体水平上不存在显著差异($P>0.05$)。从五个一级维度来看,不同年龄段的乡村小学校长的结构领导力($P<0.05$)存在着显著差异,文化领导力($P>0.05$)、人际领导力($P>0.05$)、教学领导力($P>0.05$)、外部领导力($P>0.05$)则均不存在显著差异。从十个二级子维度来看,不同年龄段的校长在内部管理优化能力($P<0.05$)、沟通协调能力($P=0.05$)、团队建设能力($P=0.05$)上存在显著差异,在发展规划能力($P>0.05$)、道德领导能力($P>0.05$)、文化构建能力($P>0.05$)、课程教学能力($P>0.05$)、教师发展引领能力($P>0.05$)、资源间协调能力($P>0.05$)、资源引用能力($P>0.05$)上则不存在显著差异。

　　从年龄段来看,三个不同年龄段的校长,在五个一级维度的领导力水平,按照高低排列均为:结构领导力>文化领导力>外部领导力≥教学领导力>人际领导力。这说明校长的领导力水平在一级维度中呈现出高度的一致性。再将十个二级维度领导力水平,按高低排列,30~39 岁和 40~49 岁年龄段均是:内部管理优化力>沟通协调能力>团队建设能力>资源引用能力≥文化构建能力>发展规划能力>课程教学能力>教师发展引领力>资源间协调力>道德领导能力。在 50 岁及以上年龄段为:内部管理优化力>沟通协调能力>团队建设能力=文化构建能力>资源引用能力>课程教学能力=教师发展引领力>发展规划能力=资源间协调力>道德领导能力。这表明校长领导力水平在二级维度中呈现出一定的差异性,但差异程度较小。本研究采用图 2-2 和图 2-3 展示不同年龄段校长的不同维度的领导力水平状况。

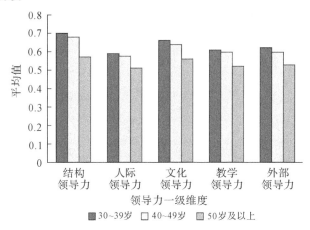

图 2-2　校长领导力水平一级维度的年龄差异

　　从领导力水平的五个一级维度来看,在各个维度中按照校长年龄来排列,从高到低依次都为:30~39 岁>40~49 岁>50 岁及以上。由此说明,不论从各维度还是总体水平来看,30~39 岁年龄段的校长领导力水平最高,40~49 岁次之,50 岁及以上年龄段的校长领导力水平最低。即校长的领导力水平随年龄的增长而下降,呈现出递减的趋势。整体趋势见图 2-4。并且笔者发现,三个年龄段在五个维度中均值的最高值与最低值的差距,分别为:结构领导力(0.13)、人际领导力(0.08)、文化领导力(0.10)、教学领导力

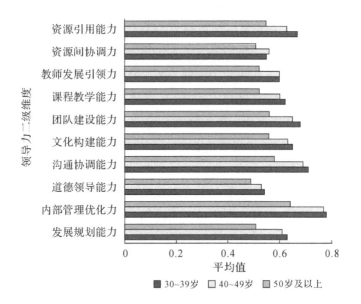

图 2-3　校长领导力水平二级维度的年龄差异

(0.09)、外部领导力(0.09);领导力总值的差异为 0.10。这说明 30～39 岁校长的领导力水平明显高于 50 岁及以上的校长。

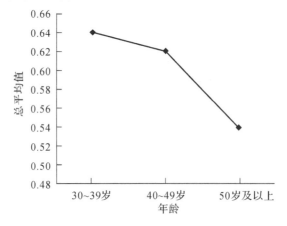

图 2-4　校长领导力水平的年龄差异总体趋势

(四)学历结构分析

问卷数据显示,100 位校长中具有硕士研究生及以上学历的只有 1 位。此数值在统计学中不具有统计意义,因此,笔者不对硕士研究生及以上学历这一变量进行统计描述。删除此变量选项后,对学历为大专和本科的两个样本采用 t 检验,来呈现具有不同学历层次的校长的领导力水平差异,结果见表 2-9。

表 2-9　校长领导力水平的学历差异分析

维度	大专		本科		硕士及以上		P(大专/本科)
	M	SD	M	SD	M	SD	
结构领导力	0.73	0.07	0.67	0.16	0.77	—	0.36
发展规划能力	0.66	0.11	0.60	0.16	0.71	—	0.32
内部管理优化力	0.81	0.05	0.75	0.18	0.83	—	0.45
人际领导力	0.63	0.03	0.57	0.12	0.62	—	0.25
道德领导能力	0.59	0.05	0.52	0.11	0.56	—	0.18
沟通协调能力	0.72	0.03	0.67	0.16	0.75	—	0.48
文化领导力	0.67	0.07	0.63	0.14	0.71	—	0.53
文化构建能力	0.65	0.08	0.62	0.14	0.71	—	0.57
团队建设能力	0.68	0.07	0.64	0.14	0.71	—	0.52
教学领导力	0.62	0.06	0.59	0.14	0.67	—	0.60
课程教学能力	0.62	0.06	0.59	0.14	0.67	—	0.52
教师发展引领力	0.61	0.07	0.59	0.14	0.67	—	0.73
外部领导力	0.65	0.05	0.59	0.14	0.67	—	0.31
资源间协调力	0.61	0.04	0.55	0.13	0.60	—	0.25
资源引用能力	0.68	0.07	0.62	0.15	0.71	—	0.38
总体	0.65	0.05	0.61	0.14	0.68	—	0.41

从上表数值可见,乡村小学校长的学历与其领导力总体水平之间不存在显著差异($P>0.05$)。具体从五个一级维度的领导力水平看,结构领导力($P>0.05$)、人际领导力($P>0.05$)、文化领导力($P>0.05$)、教学领导力($P>0.05$)、外部领导力($P>0.05$)全都不具有显著差异。更进一步从十个二级子维度的领导力水平看,发展规划能力($P>0.05$)、内部管理优化力($P>0.05$)、道德领导能力($P>0.05$)、沟通协调能力($P>0.05$)、文化建构能力($P>0.05$)、团队建设能力($P>0.05$)、课程教学能力($P>0.05$)、教师发展引领力($P>0.05$)、资源间协调力($P>0.05$)、资源引用能力($P>0.05$)也均不具有显著差异。

大专学历的校长五个维度的领导力水平按照高低排列,依次为:结构领导力＞文化领导力＞外部领导力＞人际领导力＞教学领导力。本科学历的校长为:结构领导力＞文化领导力＞外部领导力＝教学领导力＞人际领导力。这表明校长领导力水平在一级维度中呈现出一定的差异。十个二级维度的领导力水平按照高低排列,大专学历的校长为:内部管理优化力＞沟通协调能力＞资源引用能力＝团队建设能力＞发展规划能力＞文化构建能力＞课程教学能力＞教师发展引领力＝资源间协调力＞道德领导能力。本科学历的校长为:内部管理优化力＞沟通协调能力＞团队建设能力＞资源引用能力＝文化构建能力＞发展规划能力＞课程教学能力＝教师发展引领力＞资源间协调力＞道德领导能力。这表明校长领导力水平在二级维度中呈现出头尾部相同,中间部分先后顺序不同的状态。

从领导力水平的五个一级维度看,在各个维度中,大专学历校长的平均值均高于本科学历校长的平均值。即大专学历校长的领导力水平不论是总体还是分项均高于本科学历校长的领导力水平。并且从五个维度平均值得分的差异来看,分别为结构领导力(0.06)、人际领导力(0.06)、文化领导力(0.04)、教学领导力(0.03)、外部领导力(0.06),两者间领导力总值的差异为 0.04。上述数据说明当校长的最高学历是大专时,其领导力水平处于最高值,但大专与本科学历校长的领导力水平之间的差距并不大。据图 2-5 可直观感受到不同学历的校长领导力水平的差异。

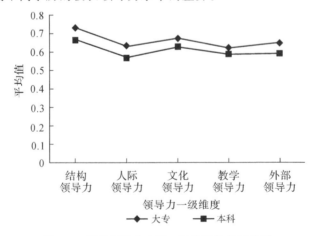

图 2-5　校长领导力水平一级维度的学历差异

（五）任职年限分析

本研究采用单因素方差分析呈现任职年限不同的校长的领导力水平差异，结果见表2-10。

表2-10 校长领导力水平的任职年限差异分析

维度	5年及以下		6~10年		11~15年		16~20年		20年以上		P
	M	SD	M	SD	M	SD	M	SD	M	SD	
结构领导力	0.71	0.08	0.71	0.06	0.70	0.08	0.63	0.22	0.66	0.17	0.57
发展规划能力	0.64	0.10	0.64	0.08	0.60	0.12	0.55	0.22	0.59	0.17	0.50
内部管理优化力	0.78	0.08	0.79	0.06	0.81	0.04	0.72	0.24	0.74	0.20	0.65
人际领导力	0.59	0.06	0.61	0.04	0.61	0.02	0.53	0.17	0.57	0.13	0.38
道德领导能力	0.53	0.04	0.57	0.05	0.55	0.01	0.48	0.16	0.53	0.12	0.26
沟通协调能力	0.70	0.10	0.71	0.07	0.74	0.03	0.64	0.20	0.66	0.17	0.56
文化领导力	0.67	0.06	0.67	0.05	0.65	0.06	0.60	0.19	0.62	0.15	0.47
文化构建能力	0.66	0.09	0.65	0.07	0.64	0.06	0.61	0.19	0.61	0.15	0.59
团队建设能力	0.68	0.06	0.68	0.04	0.67	0.06	0.60	0.19	0.63	0.16	0.39
教学领导力	0.62	0.07	0.63	0.03	0.61	0.08	0.54	0.19	0.58	0.14	0.44
课程教学能力	0.62	0.08	0.63	0.04	0.61	0.09	0.55	0.19	0.58	0.14	0.48
教师发展引领力	0.61	0.07	0.63	0.04	0.60	0.08	0.54	0.20	0.59	0.15	0.41
外部领导力	0.62	0.07	0.62	0.06	0.61	0.06	0.56	0.19	0.59	0.15	0.73
资源间协调力	0.57	0.05	0.59	0.07	0.53	0.09	0.50	0.19	0.55	0.14	0.42
资源引用能力	0.66	0.08	0.64	0.07	0.68	0.04	0.60	0.21	0.62	0.17	0.70
总体	0.64	0.06	0.64	0.04	0.63	0.06	0.57	0.19	0.60	0.14	0.51

从上表数值可见，乡村小学校长的任职年限与其领导力总体水平之间不存在显著差异（$P>0.05$）。具体从五个一级维度的领导力水平看，结构领导力（$P>0.05$）、人际领导力（$P>0.05$）、文化领导力（$P>0.05$）、教学领导力（$P>0.05$）、外部领导力（$P>0.05$）均不具有显著差异。从十个二级子维度的领导力水平看，发展规划能力（$P>0.05$）、内部管理优化力（$P>0.05$）、道德领导能力（$P>0.05$）、沟通协调能力（$P>0.05$）、文化构建能力（$P>0.05$）、团队建设能力（$P>0.05$）、课程教学能力（$P>0.05$）、教师发展引领力（$P>0.05$）、资源间协调力（$P>0.05$）、资源引用能力（$P>0.05$）全都不具有

显著差异。

从每个任职年段看,5 年及以下、6～10 年、11～15 年任职年段的校长,其五个维度的领导力水平按照高低排列,依次均为:结构领导力＞文化领导力＞教学领导力≥外部领导力≥人际领导力。16～20 年和 20 年以上任职年段的校长为:结构领导力＞文化领导力＞外部领导力＞教学领导力＞人际领导力。这表明校长领导力水平在一级维度中呈现出较高的一致性。十个二级维度的领导力水平按照高低排列,任职 5 年及以下、6～10 年的校长为:内部管理优化力＞沟通协调能力＞团队建设能力＞文化构建能力≥资源引用能力＞发展规划能力＞课程教学能力≥教师发展引领力＞资源间协调力＞道德领导能力。任职 11～15 年的校长为:内部管理优化力＞沟通协调能力＞资源引用能力＞团队建设能力＞文化构建能力＞课程教学能力＞发展规划能力＝教师发展引领力＞道德领导能力＞资源间协调力。任职 16～20 年的校长为:内部管理优化力＞沟通协调能力＞资源引用能力＝团队建设能力＝文化构建能力＞课程教学能力＝发展规划能力＞教师发展引领力＞资源间协调力＞道德领导能力。任职 20 年以上的校长为:内部管理优化力＞沟通协调能力＞团队建设能力＞资源引用能力＞文化构建能力＞发展规划能力＝教师发展引领力＞课程教学能力＞资源间协调力＞道德领导能力。这表明校长领导力水平在二级维度中呈现出头尾部相同,中间部分先后顺序不同的状态。笔者用图 2-6 展示任职年限不同的校长不同维度的领导力水平状况。

从领导力水平的五个一级维度看,在结构领导力维度中按照校长的不同任职年限来排列,从高到低依次为:6～10 年＝5 年及以下＞11～15 年＞20 年以上＞16～20 年。在人际领导力维度中为:6～10 年＝11～15 年＞5 年及以下＞20 年以上＞16～20 年。在文化领导力维度中为:6～10 年＞5 年及以下＞11～15 年＞20 年以上＞16～20 年。在教学领导力维度中为:6～10 年＞5 年及以下＞11～15 年＞20 年以上＞16～20 年。在外部领导力维度中为:6～10 年＝5 年及以下＞11～15 年＞20 年以上＞16～20 年。由此可见,当校长的任职年限为 6～10 年时,其领导力水平处于最高值。当校长的任职年限为 5 年及以下、11～15 年时,其领导力水平次之。任职 20 年及以上的校长的领导力水平处于较低的位置。任职 16～20 年的校长的领导

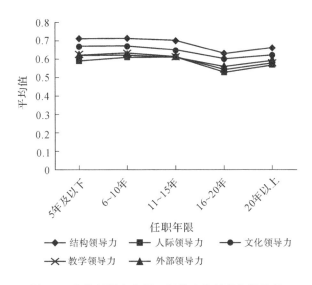

图 2-6　校长领导力水平一级维度的任职年限差异

力水平不论从哪一维度来看均处于最低值。并且任职 6～10 年与 16～20 年的校长从五个维度平均值得分的差距来看,分别为结构领导力(0.08)、人际领导力(0.08)、文化领导力(0.07)、教学领导力(0.09)、外部领导力(0.06),两者间的差异较大(0.07)。从图 2-7 可以较为直观地看到,校长领导力水平在任职 10 年后呈下降趋势,但到任职 20 年以后又有所反弹。

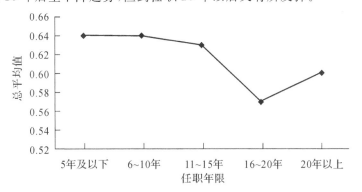

图 2-7　校长领导力水平的任职年限总体趋势

（六）性别结构分析

在此部分,研究采用 t 检验对性别因素与校长的领导力水平之间的关系进行分析。结果见表 2-11。

表 2-11　校长领导力水平的性别差异分析

维度	男校长		女校长		P
	M	SD	M	SD	
结构领导力	0.67	0.17	0.68	0.12	0.82
发展规划能力	0.60	0.16	0.61	0.12	0.81
内部管理优化力	0.75	0.19	0.76	0.12	0.85
人际领导力	0.57	0.13	0.58	0.08	0.83
道德领导能力	0.53	0.12	0.53	0.08	0.77
沟通协调能力	0.68	0.17	0.68	0.10	0.95
文化领导力	0.63	0.15	0.65	0.09	0.56
文化构建能力	0.62	0.15	0.64	0.10	0.63
团队建设能力	0.64	0.15	0.66	0.09	0.51
教学领导力	0.59	0.14	0.59	0.10	0.90
课程教学能力	0.59	0.14	0.59	0.10	0.98
教师发展引领力	0.59	0.14	0.60	0.11	0.74
外部领导力	0.59	0.15	0.60	0.10	0.81
资源间协调力	0.55	0.14	0.54	0.10	0.66
资源引用能力	0.62	0.16	0.64	0.11	0.51
总体	0.61	0.14	0.62	0.09	0.78

从上表检验结果看,在男女性别自变量上,乡村小学校长的领导力总水平($P>0.05$)不存在显著差异。结构领导力($P>0.05$)、人际领导力($P>0.05$)、文化领导力($P>0.05$)、教学领导力($P>0.05$)、外部领导力($P>0.05$)这五个领导力一级维度上也都不存在显著差异。由此表明,乡村小学校长男女性别因素对于其领导力水平并没有显著影响。

为尽可能保证结果的准确性,笔者又以被测教师的性别作为自变量进行同样的 t 检验分析,即分析不同性别的教师对校长的领导力水平感知是否具有差异性。研究发现,不论是对校长自身群体还是对教师群体的数据进行检验,所显示的结果都一致。即校长的男女性别差异对其领导力并不具有显著性影响,教师的男女性别差异对校长领导力水平的感知也不具有显著影响。

在乡村小学男校长与女校长群体中,五个一级维度的领导力水平按照高低排列均为:结构领导力>文化领导力>外部领导力≥教学领导力>人际领导力。男女校长在十个二级维度的领导力水平按照高低排列均为:内部管理优化力>沟通协调能力>团队建设能力>资源引用能力=文化构建能力>发展规划能力>教师发展引领力≥课程教学能力>资源间协调力>道德领导能力。

无论从校长领导力水平的五个一级维度还是从十个二级维度的平均值来比较,女校长在各项中的平均值基本高于男校长,但总均值的差距小于0.01。这说明男女校长无论在领导力总体水平还是子项目水平上都呈现出高度的一致性。为形象直观地展示不同性别校长不同维度的领导力水平状况,笔者用图 2-8 表示。

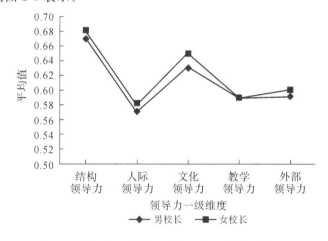

图 2-8　校长领导力水平一级维度的男女性别差异

(七)对数据的解释说明

在量化统计过程中,为最大限度地使用所搜集的信息,本研究不仅对校长的人口学基本信息进行了上述的统计描述,还对教师的人口学基本信息进行了同样的统计测算。统计结果发现,在学历、任职年限、性别因素的自变量检验中,上述变量对于教师所感知的校长领导力水平都不具有显著影响。但在年龄因素这一自变量的测算中,研究发现被测教师的年龄对校长领导力水平的感知有显著影响,详见表 2-12。

表 2-12　教师对校长领导力水平感知的年龄差异分析

维度	30 岁以下		30～39 岁		40～49 岁		50 岁及以上		P
	M	SD	M	SD	M	SD	M	SD	
结构领导力	0.72	0.14	0.69	0.17	0.67	0.17	0.69	0.13	0.00
发展规划能力	0.67	0.13	0.64	0.16	0.62	0.16	0.64	0.13	0.00
内部管理优化力	0.77	0.15	0.75	0.18	0.73	0.19	0.74	0.16	0.01
人际领导力	0.60	0.11	0.58	0.14	0.57	0.13	0.59	0.10	0.05
道德领导能力	0.56	0.11	0.54	0.13	0.54	0.12	0.56	0.09	0.10
沟通协调能力	0.70	0.14	0.67	0.17	0.65	0.18	0.66	0.14	0.00
文化领导力	0.67	0.13	0.64	0.16	0.63	0.17	0.64	0.12	0.01
文化构建能力	0.66	0.13	0.64	0.16	0.63	0.15	0.64	0.12	0.06
团队建设能力	0.67	0.13	0.65	0.16	0.62	0.16	0.64	0.13	0.00
教学领导力	0.63	0.12	0.61	0.15	0.59	0.14	0.61	0.12	0.01
课程教学能力	0.63	0.12	0.61	0.15	0.59	0.15	0.61	0.12	0.00
教师发展引领力	0.63	0.13	0.60	0.15	0.59	0.14	0.60	0.12	0.04
外部领导力	0.63	0.12	0.61	0.15	0.59	0.14	0.61	0.11	0.01
资源间协调力	0.58	0.12	0.56	0.13	0.56	0.13	0.57	0.10	0.14
资源引用能力	0.67	0.14	0.64	0.16	0.62	0.16	0.63	0.13	0.00
总体	0.65	0.12	0.62	0.15	0.61	0.14	0.62	0.11	0.01

　　上表结果显示,总体来看,不同年龄段教师对校长领导力总体水平的感知存在着非常显著的差异($P < 0.05$)。人际领导力维度($P < 0.05$)存在着显著差异。文化领导力、教学领导力、外部领导力维度($P < 0.05$)存在非常显著的差异。结构领导力维度($P < 0.05$)存在极其显著的差异。这说明教师的年龄因素直接影响其对校长领导力水平的感知。

　　从上表可见,不同年龄段教师所感知的校长领导力五个一级维度水平的高低依次均为:结构领导力＞文化领导力＞教学领导力＝外部领导力＞人际领导力。从领导力二级维度来看,30 岁以下和 30～39 岁年龄段的教师按照由高到低的顺序排列均为:内部管理优化力＞沟通协调能力＞团队建设能力≥资源引用能力＝发展规划能力＞文化构建能力＞课程教学能力≥

教师发展引领力＞资源间协调力＞道德领导能力。40～49 岁教师和 50 岁及以上教师在前 2 项和后 4 项的排列顺序均和上述一致，只是在中间 4 项的先后顺序上略有不同，分别为"文化构建能力＞资源引用能力＝团队建设能力＝发展规划能力"和"文化构建能力＝团队建设能力＝发展规划能力＞资源引用能力"。由此说明，不同年龄段的教师所感知的校长领导力不论是一级维度还是二级维度的前后顺序都较为一致。

从领导力一级维度看，在结构领导力中，按得分高低依次排列教师的年龄段为：30 岁以下＞30～39 岁＝50 岁及以上＞40～49 岁。在人际领导力中为：30 岁以下＞50 岁及以上＞30～39 岁＞40～49 岁。在文化领导力中为：30 岁以下＞30～39 岁 ＝50 岁及以上＞40～49 岁。在教学领导力中为：30 岁以下＞30～39 岁＝50 岁及以上＞40～49 岁。在外部领导力中为：30 岁以下＞30～39 岁＝50 岁及以上＞40～49 岁。由此可知，30 岁以下的教师所感知的校长领导力水平最高，30～39 岁和 50 岁及以上的教师次之，40～49 岁年龄段的教师所感知的校长领导力水平处于最低值。即教师对于校长的领导力水平的感知随年龄增长整体呈下降趋势，并且最低峰值出现在40～49 岁。整体趋势见图 2-9。

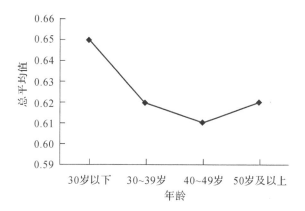

图 2-9　不同年龄教师感知校长领导力水平的总体趋势

三、乡村小学校长的领导力水平分析

以下主要通过对校长领导力的总体水平状况和各个维度的发展状况的分析，从整体上把握目前我国乡村小学校长的领导力水平的实际状况；比较

分析乡村小学校长领导力的一级维度和二级维度之间发展水平的差异状况
与高低分布，并且对上述结果的统计描述进行简单直观的呈现。

（一）乡村小学校长领导力总体水平分析

为了解乡村小学校长领导力的总体水平状况，笔者对所获得的数据进
行统计描述，结果详见下表 2-13。

表 2-13　校长领导力总体水平状况

一级维度	M	SD
结构领导力	0.69	0.16
人际领导力	0.58	0.12
文化领导力	0.64	0.14
教学领导力	0.60	0.14
外部领导力	0.60	0.14
总体	0.62	0.14

从上表可见，乡村小学校长的领导力总体水平的平均值为 0.62，已高于
理论中值 0.5，其下属的五个一级维度的平均值也均高于理论中值。结构领
导力（0.69）和文化领导力（0.64）显著高于理论中值。教学领导力（0.60）和
外部领导力（0.60）处于相同水平，并且也高于理论中值。外部领导力
（0.58）与上述四项相比，显得相对较弱，但也已超过理论中值。由此表明，
在本次问卷测试中，乡村小学校长的领导力不论是总体还是各一级维度，均
已超过中等水平。并且结构领导力处于较高的水平，文化领导力、教学领导
力、外部领导力水平较为接近，人际领导力水平相对较低。

在上表中，乡村小学校长领导力的五个一级维度，按照平均值由高到低
的顺序排列依次为：结构领导力＞文化领导力＞教学领导力＝外部领导
力＞人际领导力。平均值最高项结构领导力维度与平均值最低项人际领导
力的差值为 0.11。这表明乡村小学校长的领导力水平一级维度之间仍具有
一定差异，尤其是结构领导力水平显著较高，人际领导力水平则显得相对较
低。具体见图 2-10。

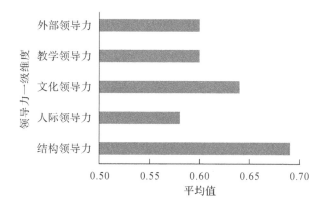

图 2-10 校长领导力一级维度的总体水平分析

（二）乡村小学校长领导力二级维度的水平分析

为更细致地分析乡村小学校长领导力二级维度的水平状况,笔者对所获得的数据进行了统计描述,结果详见表2-14。

表 2-14 校长领导力水平二级维度状况

一级维度	二级维度	M	SD
结构领导力	发展规划能力	0.64	0.15
	内部管理优化力	0.75	0.18
人际领导力	道德领导能力	0.54	0.12
	沟通协调能力	0.67	0.16
文化领导力	文化构建能力	0.64	0.14
	团队建设能力	0.64	0.15
教学领导力	课程教学能力	0.60	0.14
	教师发展引领力	0.60	0.14
外部领导力	资源间协调力	0.56	0.12
	资源引用能力	0.63	0.15

从上表可见,乡村小学校长领导力的十个二级维度均已超过理论中值0.5。其中,内部管理优化力(0.75)平均值最高,沟通协调能力(0.67)紧随其后。发展规划能力、文化构建能力、团队建设能力均值相同(0.64),资源引用能力(0.63)、课程教学能力(0.60)、教师发展引领力(0.60)也均达到或

超过 0.6。资源间协调力（0.56）、道德领导能力（0.54）则处于末两位。按照平均值由高到低的顺序排列依次为：内部管理优化力＞沟通协调能力＞发展规划能力＝团队建设能力＝文化构建能力＞资源引用能力＞课程教学能力＝教师发展引领力＞资源间协调力＞道德领导能力。平均值最高项内部管理优化力维度与平均值最低项道德领导能力的差值为 0.21，说明乡村小学校长领导力二级维度水平间仍具有一定的差距。

综上，本次问卷测试中的乡村小学校长的领导力水平的所有二级维度均已超过中等水平。并且乡村小学校长的内部管理优化力水平显著较高，沟通协调、发展规划、文化构建、团队建设、资源引用、课程教学、教师发展引领能力水平都较为均衡。相对而言，资源间协调力和道德领导能力水平显得较低。具体见图 2-11。

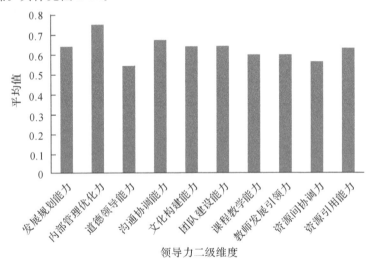

图 2-11　校长领导力二级维度水平

第四节　乡村小学校长领导力水平现状讨论

一、乡村小学校长领导力整体水平达到中等且基本均衡

通过本次问卷测试，笔者认为乡村小学校长领导力的整体水平已处于

中等态势。以本次测试的浙江省为例,数据表明,目前我国乡村小学校长的领导力整体水平已达到并超过合格线,并且不论是领导力一级还是二级维度也均超出中等水平线。上述结论与低于平均水平的研究预设并不符合,这表明仅以浙江省为例,乡村学校的发展和校长的领导力水平已进入快速发展的提升期。从实测的状态看,乡村小学校长不论是在学校的规章制度、愿景规划的制定实施方面,还是在课堂教学、内部团队的日常管理方面,不论是在对师生关系、外部关系的处理方面,还是在自身素养、模范作用、文化建设等方面,都有较为明确的意识和实际的做法,从而使得领导力各项水平达到中等状态。

此外,研究发现,乡村小学校长领导力水平的各维度间差距并不大。文化领导力、教学领导力和外部领导力这三个维度得分都较为接近,尤其是文化领导力和教学领导力不论是一级还是二级维度各项得分都很相近。这表明乡村小学校长在领导工作的实务中,对于教学领导力和文化领导力都较为重视。乡村小学校长将教学作为学校中心工作,高度重视,积极落实,体现了学校效能理论对校长领导力的直接影响。校长自发自觉地将追求学校效能提升作为其工作职责中的重要目标,并且将自身的领导行为与能力和学生的学业成绩(学校效能的重要评价指标)联系起来。从二级维度看,课程教学能力和教师发展引领力的均值得分也非常均衡。因此,笔者认为乡村小学校长无论是主观上还是客观上,对于学校的教学工作,尤其是学校课程管理和提高教师教学科研能力都相当重视。在学校管理的实践中,校长普遍注重提升教师的课堂教学水平,通过创设一系列的教学科研条件来提高学校的整体教学水平。同样,文化领导力维度下的团队建设能力和文化构建能力两个二级维度,也是均值得分相同。这表明乡村小学校长普遍重视对学校的文化领导。乡村小学校长在学校管理中能够有意识地加强学校中层、教师群体的团队建设,重视构建学校文化建设的外部环境(整体与局部)和内在文化氛围(显性与隐性)。

二、乡村小学校长结构领导力水平显著高于其他维度

本次测试中,结构领导力得分居于首位。笔者认为这表明乡村小学校长对于结构领导力较为关注,并在领导工作中已取得较好的实效。从二级

维度得分来看,内部管理优化力在所有二级维度中得分最高。这说明校长们注重学校内部的日常管理工作。具体体现在校长能够制定与实施合理的规章制度,包括安全管理规范、应急预防机制、财务管理制度等;能够合理分配、使用和有效监管学校资金;能够建立教学与管理骨干队伍。另一项发展规划能力也在所有二级维度中处于中位。这说明校长重视学校愿景的制定与实施;愿景制定能够基于师生的实际情形和需求,教师能够参与制定,学生、家长、社区也有机会一同商议;愿景执行时有进度和时限的保障;会对执行情况进行定期评估和调整。因此,上述两项子维度结合后,乡村小学校长的结构领导力水平相较其他维度呈现出较高的水平状态。

乡村小学校长对于学校内部管理流程,尤其是学校各项规章制度的制定和落实以及学校整体发展规划的高度重视,体现了校长以学校整体发展水平来衡量学校效能和领导力水平的教育领导观念。这种观念较为普遍地体现在校长对于领导力的理解之中。在访谈中,所有校长都提到他如何重视学校愿景的制定,如何注重学校的内部管理。

三、乡村小学校长人际和外部领导力内部出现两极分化

本次测试中,得分相对较低的人际领导力是今后乡村小学校长领导力亟须改进的重要维度。值得注意的是,道德领导能力子维度居于各项末位,沟通协调能力则处于第二的前位。这种两极分化现象表明乡村小学校长在公正性、尊重感、廉洁性等方面有待提高。校长需要更好地以身作则,用自己的道德模范行为感染激励师生。同时,也需要给予教职工参与学校管理决策的机会,并接受教职工对其工作的日常监督。

子维度两极分化的情形也同样存在于外部领导力之中。资源间协调力处于倒数第二位,资源引用能力则处于中间位置。一方面,资源间协调力的低得分表明,乡村小学校长在校长领导力评估和学校效能考核的指标中均有提升的空间。譬如,校长在内外部沟通协调能力、人力物力资源的利用效力、促使家长协助参与学校活动、促使社区为学校提供资源和帮助、社会关键群体的满意度、主管部门及社会舆论的称许度等方面的得分都有待提高。尤其在当下,乡村小学对外部资源的需求更为强烈,如何充分利用和挖掘现有的外部资源是乡村小学校长领导力提升的突破口。另一方面,这也表明

校长们认为在学校外部资源之间、学校外部与内部资源之间存在着矛盾冲突。这对校长的领导实务产生了摩擦阻力,并牵扯占用校长较多的时间和精力。访谈中,半数以上校长都提到此方面的烦恼与困惑。

校长领导力的整体构成多维复杂,各维度间既有所侧重又有所交织。本次研究中,乡村小学校长领导力整体水平呈现中等以上状态,说明浙江省内的乡村小学校长的领导力水平已具有较好的基础。有些维度间的两极分化状态则表明在整体提升乡村小学校长领导力水平时,也必须重点关注处于劣势的维度,从而实现领导力各维度的全面均衡发展。

四、乡村小学校长领导力水平随着年龄增长而明显下降

本章第三节的研究发现,乡村小学校长随着年龄的增长其领导力水平明显下降。处于30～39岁的校长的领导力水平达到最高峰,50岁及以上校长的领导力水平则处于最低值,并且两者间的差距较为明显。

上述趋势产生的原因,在本研究的访谈环节中有所体现。在对校长访谈记录进行归纳提炼后,笔者认为可能的原因为:首先,处于30～39岁年龄段的乡村小学校长主观上对自身职业的后续发展有较大的期待。因此,体现在实际中,校长更愿意在领导工作中做出主动投入。譬如,校长更乐于承担校长岗位培训等任务;更能积极主动地对学校发展做较为长远的规划;更为注重对学校外部资源的争取和利用;更愿意花时间投入学校课程建设和校园文化环境的改善工作。其次,30～39岁年龄段的校长客观上精力和体力更为充沛,能够更好地胜任日常烦琐的常规工作和突如其来的非常规工作。与年长的校长相比,此年龄段的校长更容易接受新信息、新观念;更具有对学校领导工作的改革创新意识;有更强的意愿参加考察培训交流等活动;更愿意将自身的想法付诸行动。最后,与此相反,50岁及以上的校长因对个人发展与职业前景的信心已逐渐消退,精力体力也不如以前充沛,并且随着长期工作中的职业倦怠情绪的累积,在上述多种因素叠加后,对其领导力水平会产生直接的负面影响。

五、大专学历的乡村小学校长领导力水平高于本科学历的校长

本章第三节的研究发现,最高学历为大专学历的乡村小学校长,其领导

力不论是总体水平还是各个子维度均高于具有本科学历的校长。

大专学历的校长的领导力水平高于本科学历的校长的结论,与研究预期即校长学历越高其领导力水平也越高相悖。在全面分析校长的年龄因素和其所处的时代环境、教育背景等因素后,笔者认为此项结果有其自身的合理性。乡村小学校长大多为师范院校毕业生,在其受教育的20世纪90年代和21世纪初,他们主要在浙江省内的中等师范学校(简称中师)学习。当时,因中师与高等院校处于双轨制,他们所能接受的全日制教育的最高学历以中师自身开设的大专为上限。1985年,上海、北京、广州等经济发达地区的7所中等师范学校开始尝试开设大专程度的小学教育专业师范班。1991年,国家教育委员会印发《关于进行培养专科程度小学教师试验工作的通知》。1992年,国家教育委员会批准29所院校(中师和师专)进行专科学历小学教师的培养。1993年,杭州师范学校成为浙江省内的首家开设小学教育专业大专班的院校。1999年,教育部批准东北师范大学等本科师范院校正式设立小学教育本科专业,小学教师培养进入了本科层次。2010年前后,中等师范学校陆续完成了普通高等院校的升格转型,本科学历成为小学教育专业师范毕业生的主流学历。[1]

从上述时间线分析,问卷中的校长所受职前教育的时间绝大多数都集中在2010年之前。他们所能取得的学历最高为大专,本科学历大多为工作后取得的非全日制成人教育学历。因在问卷调查中,笔者并没有对全日制和非全日制学历进行专门区分,所以无法显示两者的区别。接受访谈的10位校长中,9位都属于上述情形,只有1位全日制本科毕业的校长,这是因其原来从教于九年制学校的初中,后来才成为小学的校长。因此,笔者认为,大专或本科的最高学历,对于本次测试中的校长并不具有实质性的影响。

六、任职6～10年的乡村小学校长领导力水平处于最高值

本章第三节的研究发现,任职时间为6～10年的乡村小学校长的领导力水平处于最高值,5年及以下的次之,任职16～20年的校长其领导力水平处

---

① 唐汉琦,欧飞飞.回顾与反思:新中国小学教师培养模式的发展变迁与改革趋向[J].当代教育论坛,2021(5):48-56.

于最低值。总体而言,校长在任职的前 10 年,其领导力水平与年限呈正比;在任职的后 10 年,两者却成反比趋势。

上述量化结果,与"校长领导力水平的成熟期为任职第 5 年"的研究预设相吻合。卡茨和伯顿在教师发展阶段的划分理论中认为,教师任职第 5 年或 5 年后这一阶段是其发展成熟的高峰阶段。[①] 本次研究的量化结果也验证了上述教师发展阶段的成熟期理论,同样适用于乡村小学校长的领导力水平的发展阶段。从统计数据结果来看,乡村小学校长的领导力水平的发展是通过不断积累从而持续提升的过程。尤其是开始 5 年的积累期,对乡村小学校长职业水平的提升具有极其重要的意义。这一结论也给校长领导力水平发展最佳时期(阶段)理论提供了一定的实证证据。

任职 16～20 年的校长为何会处于领导力水平的最低值?笔者认为可能的原因与教师职业(校长职务)倦怠、职业发展预期(职业生涯已处于天花板)、精力体力水平下降等多重主客观因素有关。以司德菲的教师职业发展阶段理论为参考,笔者发现,此时的校长正好处于职业生涯持续的退缩阶段。处于这一阶段的教师行事较为消极,职业倦怠感较为严重,对变革较为抵抗,日常工作中表现出无力感。[②] 上述关于乡村小学校长任职时长与领导力水平间的结论也与校长年龄结构的分析结果相吻合。即处于30～39岁年龄段的乡村小学校长,其任职时间也处于开始的前 10 年阶段,此时他们的领导力水平处于持续上升的高位状态。

七、乡村小学校长的性别因素对其领导力水平没有影响

本章第三节的研究发现,乡村小学校长的男女性别因素对于领导力水平并不具有影响。这一结论表明,不论男女均可胜任乡村小学校长的领导工作,性别因素并不会对校长工作本身带来实质性的影响。

但上述性别变量的统计描述与笔者的"男性与女性校长的领导力水平存在差异"的研究预设相反。笔者认为可能的原因为:首先,问卷中的题目对校长领导力水平的性别差异并不具有区分度。这直接导致通过问卷结果

[①] 杨秀玉.教师发展阶段论综述[J].外国教育研究,1999(6):36-41.
[②] 杨秀玉.教师发展阶段论综述[J].外国教育研究,1999(6):36-41.

无法检测出校长的男女性别对他们领导力水平的影响。因此,今后如想要进一步了解性别因素对于校长领导力的影响,笔者需要在题目的设计中,对性别因素有更多考量和体现。其次,校长、教师作为知识分子群体普遍受教育的程度较高,男女平等的意识也会高于社会平均水平。因此,该群体在问卷填写时会有意识地体现出男女平等的观念。最后,本次测试的数据显示,女校长的领导力不论是总体水平还是各子维度水平都高于男校长,但两者差距较小。这也表明,在现实中,女校长的领导力水平不如男校长的传统观念并不成立。

八、乡村教师年龄对校长领导力水平的感知有显著影响

本章第三节的研究发现,乡村小学教师的年龄与其所感知的校长领导力水平存在显著性相关,并且不论是总体还是分项均是如此。30 岁及以下的教师感知校长的领导力水平最高;30～39 岁年龄段次之;50 岁及以上年龄段处于较低水平;40～49 岁年龄段的教师所感知的校长领导力水平处于最低值。即教师对校长领导力水平的感知随着年龄的增长整体呈现下降趋势,并且最低值出现在 40～49 岁。

对上述结果,笔者认为可能的原因是:本次研究中所有的教师都为乡村小学教师,他们日常工作生活的区域就是乡村地区,但大部分教师的户籍并不在学校所属的乡村地区。首先,39 岁及以下年龄段的教师,因受分配政策规定的工作年限的要求,尚能安心在乡村学校工作。并且,此年龄段教师正处于教学水平培养的关键期,校长对其的关注相对较多,因此他们与校长间的沟通互动也较为频繁。教师对校长的领导力水平,尤其是人际领导力评价较高。其次,在工作 15 年左右,部分教师会产生调回到县镇城市工作的想法。尤其是那些自身业务能力较强、在教学科研领域已取得一些荣誉且具备调离条件的教师,从子女受教育、家庭居住环境等因素考虑,其调离意愿更为迫切和强烈。访谈中,所有校长均提到上述现象在乡村小学中的普遍存在。虽然教师调离意愿的迫切程度不同,校长应对的策略不同,但对具有较强调离意愿的教师而言,校长是其能否调离的关键。40～49 岁的教师群体中具有较强调离意愿的教师人数最多,他们因调离问题而产生的对校长的个人好恶会直接影响校长领导力问卷的测评结果。最后,40～49 岁年龄

段教师正处于职业倦怠的高峰期。与 39 岁及以下年龄段教师相比,他们与校长间交流互动的机会较少,这也会影响其对校长领导力水平的感知。

第五节 小 结

本章主要采用问卷调查、德尔菲法、量化统计的研究方法。

其一,以博尔曼与迪尔的组织领导力"四力"框架结构为理论基础,以萨乔万尼的领导力"五力"模型和郑燕祥的领导力"五向度"模式及其调查问卷为重点参考对象,根据乡村小学校长的领导力构成维度,进行了《乡村小学校长领导力调查问卷》初始卷的设计。

其二,通过德尔菲法的使用,对所设计的初始卷进行了两轮专家咨询。依据专家咨询的结果,对初始问卷进行了相应修改。

其三,对修改后的调查问卷进行信效度的检验。依据预测问卷的统计结果,再次对问卷进行相应的调整修改,形成调查问卷的最终版本。

其四,通过线上线下两种方式发放了正式问卷,并进行了问卷回收和数据的整理统计。通过单因素方差分析、t 检验等,分别从乡村小学校长的年龄结构、学历层次、任职时间、男女性别因素等人口学基本信息的角度和校长领导力的总体水平与各个子维度状况的角度对统计结果进行描述。

其五,笔者对所获得的数据进行了分析讨论。研究聚焦乡村小学校长领导力的实然水平状态,得出"乡村小学校长领导力整体达到中等水平且基本均衡""乡村小学校长的结构领导力水平显著高于其他维度""乡村小学校长的人际和外部领导力的内部出现两极分化""乡村小学校长的领导力水平随年龄增长而明显下降""大专学历的乡村小学校长领导力水平高于本科学历的校长""任职 6~10 年的乡村小学校长的领导力水平处于最高值""乡村小学校长的性别因素对其领导力水平没有影响""乡村教师的年龄对校长领导力水平的感知有显著影响"等 8 个量化研究结论。上述研究为后续深入探讨领导力问题奠定了相应的基础。

第三章　乡村小学校长领导力的构成
及影响其提升的因素分析

　　教育作为人文社科领域的复杂现象,需要从宏观、中观、微观的不同层面去考量,有时还需要对其中的个别事物或现象进行细致描述和动态分析。从生态学角度出发,只有将研究对象置于其赖以生存的生态环境中,对个体与环境的相互联系和作用进行考察,才能全面把握研究对象的全貌和现象背后的本质。因此,采用质性研究可以更为深入地剖析乡村小学校长的领导力,也可以为乡村小学校长领导力水平的提升提供更为切实的依据。

　　在质性研究中,访谈是极其重要的资料收集方式。扎根理论则是访谈双方对资料进行共同建构和解释社会现实的过程和方法论。因此,在本章,笔者采用访谈与扎根理论结合的质性研究方式,研究乡村小学校长领导力的构成及影响其提升的因素,期望通过对所获得的数据资料进行深层次挖掘,使得外显行为获得意义上的解释。笔者在参考相关理论和问卷的基础上,编制形成适合本研究的访谈提纲,对14位乡村小学校长进行详细的访谈,并转成实录文字。笔者以扎根理论作为分析访谈资料的研究方法论,并使用质性研究软件 NVivo11 进行系统分析,通过三级编码以及绘制出的类属图,最终建构出本研究的"实质理论"。实质理论着重于脉络与条件,是与完全由普通性命题所构成的"形式理论"相区别的一种理论形式。它的建构遵循自下而上的路线,即从原始资料出发,通过归纳分析逐步产生研究结论。

第一节　访谈设计

一、访谈对象的选择

质性研究中对研究对象的选取,采取"目的性抽样"的方法。它有别于量化研究的"概率抽样",抽样目的是使抽取的样本能够为所研究的问题提供最大的信息量。按照米德的观点,"在人类学的抽样逻辑中,研究结果的效度不在于样本数量的多少,而在于样本的限定是否合适。即该样本是否能够作为一个典型的、能够代表文化完整经验的个案进行准确的研究"[①]。质性研究想要说明"究竟发生了什么事情"或者"事情是如何发生的",而并不想要回答"有多少"或者"有多频繁"之类的问题。

本研究认为访谈实施的重要基础是选取合适的访谈对象,这也是保证所获得的数据资料有效的重要前提。为避免同质化,使样本尽可能具有代表性,获得真实且丰富的访谈资料,本研究采用"非概率抽样"中的"目的性抽样"方式选取研究对象。对访谈研究样本的选择,笔者综合考虑了乡村校长所在学校的区域位置、学校性质、规模、发展水平等基本情况和个体自身性别等因素,采样时尽量做到区域均衡、性别比和实际情形相符、学校情况尽可能多样。同时,为了确保访谈对象具有不同的领导力水平,本研究以访谈对象个人及其所在学校的获奖情况对研究对象进行筛选,分别挑选获奖次数、等级高低呈现不同层级的校长。本研究共访谈14位乡村小学校长,在访谈实施过程中,有一位校长虽同意访谈,但在进行过程中对访谈内容有较多的保留和一定程度的抵触,笔者虽然也进行了干预,希望尽量消除对访谈的干扰,但效果不佳,最终访谈没能完成。因此,综合考虑上述情形后,笔者排除了这位访谈对象及其材料,同时增添了一位访谈对象,使得最终的访谈对象数量保持不变。

访谈对象的基本情况见表3-1。

---

① 陈向明.质的研究方法与社会科学研究[M].北京:教育科学出版社,2000:103-104.

表 3-1　访谈对象的基本情况

名称	A	B	C	D	E	F	G
年龄	44	42	44	49	53	45	44
性别	男	男	男	女	男	女	男
户籍与学校属地	市/县(区)一致	市/县(区)/乡(镇)一致	市/县(区)一致	市/县(区)一致	市/县(区)一致	市/县(区)一致	市/县(区)一致
最高学历	本科	本科	本科	本科	大专	本科	本科
专业方向	小学教育	小学教育	小学教育	小学教育	小学教育	小学教育	小学教育
毕业院校	浙江松阳师范学校	浙江师范大学	浙江大学	温岭师范学校	浙江教育学院	衢州师范学校	浙江教育学院
行政经历	少先队辅导员/教务主任/总务主任/办公室主任	少先队辅导员/德育主任/副校长	少先队辅导员/教科室主任/公室主任	教务处副主任/办公室主任/副校长	少先队辅导员/教导主任/副校长	教导主任/教科室主任/副校长	少先队辅导员/办公室主任/德育主任/教导主任
正校长任职年限	16	10	6	3	15	6	2
任教学科	语文/数学	语文/音乐/体育	语文	语文	数学/英语/美术	数学	语文/数学
专业技术职称	小学高级教师	小学高级教师	小学高级教师	小学高级教师	小学高级教师	小学高级教师	小学高级教师
学校性质	寄宿制公办小学	非寄宿制公办小学	寄宿制公办小学	非寄宿制公办小学	非寄宿制公办小学	非寄宿制公办小学	非寄宿制公办小学
个人获奖	县教坛新秀/市优秀教育工作者	省青蓝奖/县名校长	市教坛新秀	市优秀教师	市优秀教师	市教学名师/学科带头人	县优秀教育工作者

续表

名称	H	I	J	K	L	M	N
年龄	41	40	39	45	51	37	40
性别	男	男	男	男	男	男	男
户籍与学校属地	市/县(区)一致	市/县(区)一致	市/县(区)一致	市/县(区)一致	市/县(区)一致	市/县(区)一致	市/县(区)一致
最高学历	本科	本科	本科	本科	大专	本科	本科
专业方向	小学教育	小学教育	音乐学	小学教育	小学教育	小学教育	小学教育
毕业院校	丽水学院	浙江教育学院	湖州师范学院	嘉兴学院	浙江教育学院	杭州师范大学	绍兴文理学院
行政经历	无	教导主任	团委书记/政教主任	德育处主任/副校长	少先队辅导员/办公室主任/副校长	教科室主任/副校长	办公室主任/教导主任
正校长任职年限	14	10	3	8	13	2	12
任教学科	数学/体育/科学	数学/体育	音乐	数学/美术	语文/数学/体育	数学/科学	语文
专业技术职称	小学高级教师	小学高级教师	小学高级教师	小学高级教师	小学正高级教师	小学高级教师	小学高级教师
学校性质	寄宿制公办小学	非寄宿制公办小学	寄宿制九年一贯制公办学校	非寄宿制公办小学	非寄宿制公办小学	非寄宿制公办小学	寄宿制公办小学
个人获奖	县优秀校长/省春蚕奖	市学科带头人	县优秀教育工作者	市学科带头人	市教学名师/学科带头人	市教学名师	市教坛新秀

表 3-1 显示,从访谈对象的年龄分布看,30～39 岁的 2 人,40～49 岁的 10 人,50 岁及以上的 2 人。从访谈对象的性别差异看,男校长 12 人,女校长 2 人。从访谈对象户籍所在地与学校所属地看,两者在乡(镇)完全一致的 1 人,县(区)完全一致的 14 人,市完全一致的 14 人。从访谈对象的学历状况看,本科 12 人,专科 2 人。从访谈对象的专业方向看,小学教育方向 13 人。从访谈对象的毕业院校看,师范院校 14 人。从访谈对象的行政经历看,担任过学校中层行政职位(年级组长、教研组长、教导主任、政教主任、科研助理、科研主任等)的 13 人,担任过两个及以上学校中层行政职位的 11 人,担任过三个及以上学校中层行政职位的 7 人,担任过副校长职位的 7 人,没有任何行政经历的 1 人。从访谈对象的任职年限看,担任正校长时间 1～5 年的 4 人,6～10 年的 5 人,10 年以上的 5 人。从访谈对象的任教学科看,主要任教语文 7 人,主要任教数学 6 人,主要任教语数以外其他学科 1 人。从访谈对象的专业技术职称看,小学正高级教师 1 人,小学高级教师 13 人。从访谈对象所属学校性质看,非寄宿制公办小学 9 所,寄宿制公办小学 4 所,寄宿制九年一贯制公办学校 1 所。从访谈对象个人获奖情况看,获省级荣誉 2 人,市级荣誉 10 人,县(区)级荣誉 5 人。

二、笔者与访谈对象的关系

本研究的访谈对象——校长可能在访谈过程中不自觉地流露出领导的身份意识和口吻,为避免访谈资料失真,笔者不做任何主观评价。在访谈过程中,校长出于工作性质等原因,有时也会受到一些干扰和不可控因素的影响。诸如,突然改变意愿不愿接受访谈;受访当天的情绪状况不佳,对有的问题不愿多讲;临时要求变更访谈地点等。在这些情形下,笔者尽可能保持自身的情绪稳定,避免受到干扰。

在访谈过程中,笔者可能会因自身的身份、经历等与校长在某些共同的话题上产生共鸣,产生情感波动。校长讲述的内容可能会与笔者有着较为密切的联系,会对笔者产生一定程度的触动,引发直接或间接的思考与疑问。因此,在访谈过程中,访谈对象与笔者之间具有一定的相互影响效应。即笔者具有局内人和局外人双重的身份。

三、访谈提纲的编制

本研究中的访谈采用半结构方式。笔者在访谈进行之前,根据研究的问题和目的,设计访谈提纲,以此作为访谈时的指导依据。采取此种结构基于以下原因:首先,笔者认为受访者因个体认知的差异对同一问题的回答会有所不同。其次,笔者认为受访者的回答可能只是对问题意义理解的某些方面,而不是问题的全部内容的假设。通过此种形式的访谈,笔者希望既提升访谈内容自身的结构性,又使得访谈资料具有可相互比较的共通性。访谈目的是了解浙江省下属乡镇的乡村小学校长领导力的构成及影响其提升的因素。笔者在设计之初,以变革型领导理论和学校效能理论作为上位理论基础,重点参考借鉴萨乔万尼的领导力"五力"模型和郑燕祥的领导力"五向度"模型,以及本书第二章调查问卷设计时整合的领导力五大维度(见图2-1),并将其作为访谈提纲设计的依据。

访谈提纲中除个人背景信息为预先设计的粗线条样式之外,问题设计为开放型,目的是使访谈对象能够较为自由地选择说话的内容和方向。访谈提纲的设计遵循扎根理论的研究要求,在对资料的分析中初步生成研究结论的预设,并以此作为资料抽样的标准。笔者将访谈过程中所收集的资料进行比较,并作为下一步资料收集和分析的依据。上述步骤经过两轮循环后,形成抽样标准,并对访谈提纲进行了修改。访谈提纲的设计思路如表3-2所示。修改后的访谈提纲见附录5。

访谈提纲初步编制完成后,为保证访谈的信效度,对修改后的访谈提纲进行了预测。预测结果显示,访谈提纲能够符合笔者的预设。因此,笔者只针对提问的具体语句进行了局部的细节修改。

表3-2　乡村小学校长领导力的构成及影响其提升的因素的访谈提纲设计思路

领导力维度	具体指向	影响力因素	具体问题
结构领导力 发展规划能力 内部管理优化	校长基于学校实际，制定学校发展的整体规划和未来愿景； 校长从统筹的角度出发，对学校工作进行整体化、程序化管理。体现为制定并落实严谨清晰的工作结构和程序，提供相应的技术支持，使得学校管理工作的效率最大化。	领导者 （校长） ⇕ 组织结构	您学校的愿景是什么？学校的发展规划是怎么制定和执行的？ 在学校的内部管理方面，您是怎么做的？ 学校制定了哪些规章制度，其运行效果如何？ 您怎样看待校长的作用与角色？ 在成为校长的前与后，哪些事或者人和事对您产生了较大影响？ 在领导学校过程中，您觉得自己在哪些方面做得比较成功？具体又是怎样做的？ 在领导学校过程中，您觉得哪些因素对于校长领导水平的发挥是不利的？ 在做乡村校长过程中，您有没有作为乡村校长特有的困扰？如果有，具体是什么？ 对于提高乡村校长的领导水平，您有些什么想法或建议？
人际领导力 道德领导力能力 沟通协调能力	校长会通过良好的组织氛围化解教师间的利益冲突； 校长通过建立联盟来支持学校发展，在开放的气氛中解决成员间的冲突； 校长通过正直、公正的行为以并符合伦理的态度来促使教职工和学生的成功	领导者 （校长） ⇕ 追随者 （教职工）	您怎样看待校长的作用与角色？ 在成为校长的前与后，哪些因素或人和事对您产生了较大影响？具体又是怎样做的？ 在领导学校过程中，您觉得自己在哪些方面做得比较成功？怎样做的？ 在领导学校过程中，您觉得哪些因素对于校长领导水平的发挥是不利的？ 在做乡村校长过程中，您有没有作为乡村校长特有的困扰？如果有，具体是什么？ 对于提高乡村校长的领导水平，您有些什么想法或建议？

文化领导力			
文化构建能力	校长与教师间构建良性互动的人性化关系，注重教师队伍的发展，提升教师职业生涯良好关系感，促进教师间具有学校特色的文化环境的形成，校长构建具有学校特色的文化环境，具有鼓舞人心和促进教师观念信仰形成的能力	领导者（校长）⇕	您学校的校园文化建设是怎么做的（包括校园环境建设和办学理念、学生发展目标、特色校园文化等角色）？ 您怎样看待校长的作用与建设？ 在成为校长的前与后，哪些关键人和事或者人和事对您产生了较大影响？具体是怎样做的？
团队建设能力	校长领导全体教师对于共同愿景的建立与实现的能力	追随者（学生）	在领导学校过程中，您觉得哪些因素对于乡村校长领导水平的发挥是不利的？ 在做乡村校长过程中，您有没有为乡村校长特有的困扰？如果有，具体是什么？ 对于提高乡村校长的领导水平，您有些什么想法建议？
教学领导力		领导者（校长）⇕	教育教学方面，您是怎么做的？您是如何帮助教师专业发展的？ 您做校长前的行政经历是怎样的？ 您做校长前的教学经历是怎样的？
课程教学能力	校长引领学校的教育革新，保证国家的教育目的取向，指导指导学生学习的能力，校长对于教学工作的全方位的指导与管理，教学理念等的指导	领导者（校长）	在成为校长的前与后，哪些关键人和事或者人和事对您产生了较大影响？具体是怎样做的？
教师发展引领力			在领导学校过程中，您觉得哪些因素对于乡村校长领导水平的发挥是不利的？ 在做乡村校长过程中，您有没有为乡村校长特有的困扰？如果有，具体是什么？ 对于提高乡村校长的领导水平，您有些什么想法或建议？

续表

领导力维度	具体指向	影响力因素	具体问题
外部领导力	校长能够积极参与组织外部环境如学生家长、乡镇社区、教育主管部门等建立密切的联系，从而增进学生的学习；	领导者（校长）⇕其他利益相关者（家长、社区代表等）	对于学校的外部环境建设，譬如和学生家长、乡镇社区、教育主管部门等您是怎么做的？您是如何处理学校内外关系的？您怎样看待校长的作用与角色？
资源间协调力			在成为校长的前与后，哪些因素或者人和事对您产生了较大影响？具体又是怎样做的？
资源引用能力	校长能够充分引进与利用各项环境资源，促进学校更好地发展		在领导学校过程中，您觉得自己在哪些方面做得比较成功？在领导学校过程中，您觉得哪些因素对于校长领导水平的发挥是不利的？在做乡村校长过程中，您有没有特有的困扰？如果有，具体是什么？对于提高乡村校长的领导水平，您有些什么想法或建议？

第二节　访谈实施

在完成访谈提纲的设计后，通过访谈法的具体实施以及对访谈资料的搜集，本研究较为深入地剖析了乡村小学校长领导力的构成维度、如何提升等方面的内容。

一、质性访谈的前期准备

在访谈的前期准备阶段，笔者为了能让访谈对象接受访谈，通过寻求共同点的方法，譬如找到共同认识的人、回忆共同经历过的事，来拉近与访谈对象之间的距离，使其乐于接受访谈。乡村小学校长工作极其繁忙，抽出至少一小时的时间专门接受访谈，难度较大。为此，笔者充分利用在中国陶行知研究会乡村名校长工作委员会、浙江省名师工作站、浙派名师名校长培养工程、淳安县校长工作站等的工作经历，在会议、讲座、交流等活动中与访谈对象建立起联系。

访谈前，笔者通过微信、短信、电话等方式与拟访谈对象进行联系，征询对方是否愿意接受访谈。访谈对象初步同意后，笔者较为详细地告知对方本次访谈的目的、课题研究的方向等情况，并出示较为详细的访谈提纲（详见附录5）。

二、质性访谈的实施过程

访谈由笔者本人实施。访谈时间主要集中在以下时间段：2020年12月，笔者赴淳安县下属各乡镇开展校长工作站工作期间，在集中专家座谈、实地走访学校的过程中，对部分校长进行访谈。2021年5月，在笔者工作的师范大学下属的浙江省教育行政干部培训中心承办的基础教育段乡村校长集中培训活动期间，笔者利用校长的课余时间进行访谈。2021年8月，笔者利用暑假空闲时间，与校长单独约定时间，或赴当地或利用校长来访，完成剩余的访谈任务。在后续的资料整理过程中，笔者发现有个别内容需要确认，随即又通过微信语音的方式对相关问题进行了咨询和补充修改。

　　访谈时间、地点的安排,体现充分尊重访谈对象的原则,均由访谈对象自由选择决定。经访谈对象同意后,访谈信息以现场录音方式保存记录。访谈采用笔者和访谈对象一对一的方式。笔者以编制好的访谈提纲进行提问,根据现场情况调整问题的顺序和提问的方式。

　　访谈进行中的追问使用具体型问题。访谈过程中为避免访谈对象"跑题",尽快将其"拉回",笔者会使用回应的方式,但会避免"论说型回应"(使用社会科学中的理论或者自己的个人经验对访谈对象做出应答)和"评价型回应"(对访谈对象的说话内容进行价值上的判断)。[①] 笔者在提问时不掺杂主观观点,访谈过程中对访谈对象的谈话内容不加以主观判断,也不进行暗示和诱导,使访谈在无压力的较为真实的情境中进行,尽可能保证资料获得的真实性。

　　最终完成访谈的对象为14位浙江省内各区县下属乡镇的小学校长。采访录音总时长884分钟,每位访谈对象平均时长63分钟。采访录音转换成文字后,共计154456字。笔者对所有访谈资料进行编码和备忘录的撰写(访谈实录片段见附录6)。访谈的同时,笔者还获得了部分校长所提供的实物资料,譬如学校规章制度文本、学校办学理念、校徽、校歌等的文本图片,以及笔者在校园里拍摄的学校环境布置的照片等资料。

三、道德伦理问题的处理

　　访谈的整个过程中,笔者都始终注意道德伦理问题。在访谈联络阶段,笔者给予校长充分的知情权和选择权,如实告知本研究的目的。譬如,笔者会介绍访谈所涉及的课题开展情况,讲述选择他作为访谈对象的缘由,校长可以自愿选择是否参与此次访谈,是否同意录音等。笔者向校长承诺志愿性和保密性原则。校长随时可以退出,也不必对本研究承担任何责任。校长所提供的信息资料严格保密。在研究成果中如需引用这些资料,笔者对人名、地名等信息必须进行匿名处理,并且向校长承诺,在相关引用中不会出现涉及当事人的不实的或会引起读者误解的内容。校长如需要访谈实录文本和研究成果中所涉及的相关部分,笔者都遵守承诺将副本发至其邮箱。

---

① 陈向明.质的研究方法与社会科学研究[M].北京:教育科学出版社,2000:208.

第三节　扎根理论的运用

扎根理论由格拉斯和斯特劳斯在 20 世纪 60 年代首次提出。它主要针对社会科学领域存在的理论与经验研究脱节的现象,期望通过对经验事实系统、科学的分析,抽象出实质理论。其理论建构逻辑由下而上,要求研究者从原始资料中归纳出概念或命题,通过寻找核心概念和概念间的联系,形成初步的扎根理论模型,并最终整合成为实质理论。

一、扎根理论方法的选择

本研究以扎根理论为主要路径对乡村小学校长领导力的构成及影响其提升的因素进行研究。之所以选择这种研究路径,主要由校长领导力自身特性所决定。领导力研究涉及的主要对象是校长个人,研究需要从对象的情感、态度、观念等感性层面入手,考察个体的行为、所处的情境以及组织内所有因素间的相互关系。校长领导力呈现出较强的主观性,与其他因素交织复合的状态,也使得单纯的量化手段难以对其进行全面测评。扎根理论作为质性研究,可以较好地再现现象本身的质,从而获得解释性的理解。它适用于微观细致地研究乡村小学校长这类较为特殊的人群,也适用于深刻认识乡村小学校长的领导力问题。因此,扎根理论成为本研究中质性研究部分主要的研究方法论。此部分的研究顺序为:首先,对所获得的十几万字的访谈实录音频资料进行转录。其次,按照三级顺序进行编码。最后,通过资料间的反复比较和分析概括,从低级到高级逐步概念化和类属化,建构完成实质理论。

二、具体研究工具的选择

本研究的质性研究部分,笔者选用 NVivo 11 软件作为专门的质性分析工具。NVivo 全称为 Non-numerical Unstructured Data by Techniques of Indexing Searching and Theorizing Vivo,其主要使用领域对象为非数值型的、非结构型的数据。它的使用方式是索引分类、搜寻建联、理论化,主要功能是帮助使用者方便快捷地实现对数据的分析、组织和构建。软件的核心理念是通过对质性数据的发掘和查找，提出概念和假设。其作为建立在扎根理论基础上的软件，被广泛应用于社会科学、教育等领域。因此，本研究的质性研究部分，选用了此款软件作为实现扎根理论的研究工具。研究中，笔者主要使用其编码、建立关系和链接的功能。

质性研究中，笔者本人也是重要的研究工具。为增强研究的内在信度，本研究在编码过程中注意"悬置偏见"——以访谈对象的原话作为主要研究标准，尽可能"悬置"笔者头脑中的原有理论，并且采取参与者检查的方式，确认记录的内容和对资料的意义诠释。笔者将所有研究资料和结果统整后，交由参与者进行检验。本研究的参与者为笔者攻读博士期间的同班同学。

为增强研究的内在效度，本研究采取笔者自我反省的方式来消除笔者的偏见。影响质性研究效度的重要因素为笔者偏见，即笔者经常有选择地观察和记录资料，以个人的观点和见解来解释所收集到的资料，从而得出个人想要发现的结果。笔者需要主动对自己可能持有的偏见进行批判性的反省和思考，尽可能控制自己的偏见。① 另外，笔者在研究过程中也注意到自身与被研究者之间实际是处于权力不对称的一种状态。为尽可能纠正这种偏见，在研究过程中，笔者尽可能使用被研究者的语言和观点，即让被研究者用自己的语言说出自己的经验。同时，笔者也不断地对自己的立场进行自我反省，以保证研究观点诠释时的适当性。

三、所需研究数据的搜集

就扎根理论而言，第一手资料数据的收集工作是质性分析的重要环节。因此，笔者将 14 位校长的访谈录音全部转换成文字实录。在进行转录后，将十几万字的访谈书面语内容作为运用扎根理论进行质性分析的数据基础资料。转录时，为最大限度保证质性研究的内在信度，即记录资料与自然背景中实际发生的事物的吻合程度，本研究严格遵循以下要求：首先，对访谈过程所录的语音进行书面语的全部转换。转录过程中，完全使用访谈对象自

① 王文科.质的教育研究法[M].台北:师大书苑有限公司,1990:112.

己的语言,做到文字不删减或改动。添加的标点符号准确。对含糊难懂的语音、不符合普通话语音规范的方言词汇等都进行专门的标注。反对的意见都使用括号注明的方式进行专门标注。其次,注意访谈情境中的非语言因素所提供的信息,譬如面部表情、手势动作、沉默时间、语气语频等。添加笔者在访谈现场观察到的除直接语言之外的其他内容特征,提高数据资料的准确性。譬如,受访者说话时音量的大小、语调的变化、语速的快慢、口头语的重复、刻意的停顿等伴随性的语音细节,说话时伴随的手势、表情等体态语内容。为保证资料整理的科学性,访谈实录的转录工作前期先根据录音逐字翻译,避免任何内容上的遗漏,后期由笔者本人逐字校对,对于重要信息一一进行核对。

对数据搜集过程中的伦理道德问题,笔者也特别加以注意。遵循访谈时对受访者的隐私保护承诺,所有转录内容只限于并只用于本研究,采用代号编码的方式隐去受访者的真实身份。如果在采取上述措施后,仍有可能识别出受访者的真实身份,笔者采取进一步的掩饰措施,以保证转录后的数据不会对所涉及的事件、个人产生任何可能的消极影响。转录稿完成后,按照与受访者事先的约定,将转录稿发给需要审核的部分受访者,并根据受访者的反馈意见,对其认为存在疑虑、必须删除的相关敏感内容进行解释、说明、删除和改述等工作,直至受访者同意。在研究全部完成后,封存所有原始数据资料,不再使用。

四、三级编码过程的展示

在完成上述材料数据的搜集整理工作后,需要通过斯特劳斯的三级编码对其进行分析。以下逐级进行阐述。

(一)一级编码过程

斯特劳斯的三级编码体系中,一级编码是整个过程中的第一步。它作为一种开放形式的登录,需要对搜集来的原始资料进行初步的分解、审视、比较和概念类属化。一级编码的目的是发现概念,并对其进行类属化,即确定概念的内涵与外延,然后对其进行命名、确定属性。具体做法为:首先,笔者需要对原始资料进行极为仔细的登录,对反复出现的重要概念进行编码,形成编码簿。编码过程中,会出现所谓的"本土概念"(受访者所使用的言语表达），此时需要将其原本的话语作为码号进行记录。笔者需要依据受访者当时的言语语境和笔者自身的标准进行类属分析，同时，需要针对已有的编码不断地进行询问，在不断比较的过程中逐渐发现概念和属性维度。类属分析是一个不断缩小范围的过程，根据必须详尽的原则，笔者需要多次进行"资料比较—询问问题—发现联系—再次比较—新增修改"的过程，直至概念饱和。过程中，笔者需要保持开放的态度，尽可能去除自身的主观价值判断和头脑中已有的理论，达到研究所要求的"悬置状态"。

笔者遵循登录须详尽的原则，使用 NVivo11 软件对访谈资料进行多次的一级编码。最终的开放式登录结果为 215 个一级编码，编码片段参见附录7。针对编码时特别重视的"本土概念"（出现频率较高，具有代表性），选取以下片段说明本土概念的具体操作过程，见表 3-3。

表 3-3　本土概念的码号举例

码号	参考点	覆盖文件	文本举例
A5 教师队伍不稳定	8	7	J 校长：我举个现实的问题，你学校的发展，我刚才说了离不开这些教师吧。硬件不去说了，教师是软件呀，农村里的这些人，这个教师队伍是不稳定的，他稍微一弄就走的，因为现在人是留不住的。你现在学校要怎么搞搞，这是一个最难的。 Z 校长：那么作为我们现在来说，就是说怎么样来达成这个目标呢？一面呢是我们做的第一个工作就是教师队伍的稳定。怎么样来稳定？因为现在这个问题其实早几年的话，我刚过来的时候真的是很严重，我待了 6 年时间，前面 5 年我统计了一下，我们调走了 20 位老师，一共就 43 位，给我们编制就 40 来个人，5 年时间走了一半。

续表

码号	参考点	覆盖文件	文本举例
A18 以校本培训引领教师专业发展（本土概念）	8	9	C校长：所以在一起前几年我们有一个要求，就是将学生公共经费的10％作为教师培养经费，那我们呢，每年的经费将近30％用作教师培养，所以请进来的人物也多，送出去的也多，这些我们是不计成本的。无论走出去请进来，我们始终有一个立场，是什么呢？叫立足校本研修。你不能指望给你一个好师傅，或者给你怎么样一个管理上的帮助，让你得到成长。可能没有师傅你也是要成长的，我觉得你自己一定要成长。所以呢就立足校本。我们每学期一个人要上公开课，要反复磨课，你不是说我明天上课，我今天上了一遍，那天就上了，这样是不行的。 W校长：我们基本上每周一的话，早自修那个第一节课，因为我们第二节开始开会嘛，我们一般会议是放在星期一上午的第二节和第三节，那第一节课所有的行政人员都没课的，也就不安排课，我们一般就是把第一节课作为我们的每周的课文听课时间。这个听课时间就是说星期一早上就直接特别听课，然后在行政会议上进行反馈，要求备课组进行落实。我们一个制度已经建设了两年多了。 X校长：我这样子，我当时是给我们学校的老师要求，所有的老师你必须上公开课，所有的老师都去听他上公开课。每个人都要上，不管你是（谁），我们当时有一个老教师都已经退休了，他也上。每个学期的开学第一节公开课由我校长带领先上，然后我们其他老师抽签，轮到谁了谁上，每一周必须雷打不动，每一周都有一节公开课。然后我们课上完之后，让我们每个老师都给上课的这个老师评价，这堂课好，好在哪里，不好，不好在哪里，哪些是值得你学习的地方，哪些地方是有待改进的。然后我这个校长呢是主评人，我们就会从老师的各个方面，对他这堂课进行一个评价。 Z校长：那像我们有两个项目做得还是比较成功的，在海宁市的校本培训考核当中也成绩蛮好的，一个是好课多磨这样一个形式，还有一个是主题课的一个研磨。教学方面的一个就是通过教学校本培训来提高教师队伍的整体素质。

续表

码号	参考点	覆盖文件	文本举例
A13 专家支持（本土概念）	12	8	U 校长：就是我们也有相当大的这个老师的提升啊，我们应该说是有一些专家的带动。特别是省一级的我们的教科院的这个院长啊，还有我们的那个教研室的主任啊，他们已经是两个人同时来，已经超过三次。另外呢像我们台州市这个健康学院的院长，今年他就来了三四次。那么我们县级层面呢，我们把一些名师工作室落户到这两个学校，比如说我们初中现在唯一的一个特级教师，他也有临时工作室的，他办公室就是已经真正地落户到我们学校。就是人事关系、工资关系全部都转到我们学校来。 W 校长：所以当时就想到了一点，就是创办一个最美的森林小学。因为当时这个愿景提出来也是请浙江师范大学的一个教授来给我们把把关的，他呢也对我们这个办学愿景提出了很多很好的意见和建议。
A142 校长是引领者	8	6	J 校长：我们不能崇拜个人主义，因为我校长只是一个决策者，一个目标，就是我们是引路人一样的，那更重要的就是我会充分地发挥我们教师的积极性，充分地挖掘学校里面跟边上的一些资源，根据我所制定的或者大家共同制定的这个愿景，大家共同努力，是不是啊？在遇到困难或者挫折的时候，我作为校长要敢于面对，敢于承担责任，是不是？那么只有这样，你才能够达到理想实现的目标。校长只是我说的引领者，不能说决定性这个词，因为最终我们还是靠大家的。 C 校长：但是我们在经历这样的过程当中，我们会不断进步的，我们对最终那个目标会越来越清楚，所以需要一个引领者的开阔的思想，你能不能把握住趋势，你看到有多少长远。 A 校长：他既是一个领头者，又是一个学校发展的战略规划者。因为校长很多时候，你想得是要比副校长比中层比老师要更远一些、更高一些。

续表

码号	参考点	覆盖文件	文本举例
A169 师资缺乏	9	8	L校长:首先乡村师资薄弱,这个是肯定所有乡村的通病,像我们这个学校又非常特殊,地理环境的原因就是特别的薄弱。这个做事情肯定靠团队的,你人手搭不起来,你怎么去做啊? 所以师资这一块呢是通病,但确实也是非常非常重要的一个因素,这个是一个很大的困扰,最大的困扰。 X校长:我特有的困扰就是这么多年,我找那个老师找得很辛苦,乡村老师啊,乡村往往都是很缺老师的。在我当校长的 14 年时间里面,我只有一年是没有找过代课老师的,其他十几年都在找老师。

　　笔者在一级编码形成概念的基础上,将已经登录的概念类属化,并确定类属的属性(内涵和外延)。类属分析是渐进的,不断缩小范围,直到概念饱和。通过对资料的分析,发现联系,进行比较,最终形成了 9 个主要类属并确定了对应的属性,见表 3-4。

表 3-4　主要类属属性

主要类属	属性	维度
乡村教师队伍的问题	乡村教师队伍存在的共性问题是制约乡村校长领导力的主要因素之一	被领导者
乡村社会的特征	乡村社会存在的经济水平低、空心化现象严重等问题对乡村学生和学校具有直接的影响	领导情境
教育行政部门的影响	教育行政部门的支持或干扰对校长、教师具有直接的、重要的影响	领导情境
乡村校长的个人素养	校长的个人素养包括校长的教育情怀、教育理解及专业能力,也是影响领导行为及领导效能的重要因素	领导特质
资源整合	资源整合是通过沟通、协调等手段,对学校外部及内部资源的整合、利用	领导行为
团队建设	团队建设解决教师队伍实际问题,是促进教师专业发展的措施	领导行为
思想引领	思想引领是校长通过个人行为或个人魅力影响、感召师生的过程	领导行为

续表

主要类属	属性	维度
愿景规划	愿景规划是校长为促进学校发展、师生发展所制定的蓝图	领导行为
办学水平提高	办学水平提高指校长实施了一系列领导行为后,学校师生得到发展,教育质量提高,效能提升	领导影响

（二）二级编码过程

二级编码又称关联式登录、轴心式登录,是对一级编码所形成的类属进行检验,发现类属之间的关系。它的主要任务是在已形成的概念类属之间寻找、发现和建立联系,诸如因果、情境、功能等的内在联系。笔者每次只对一个类属进行深度分析。

本次二级编码过程中,笔者按照一级编码所获得的 9 个主要类属,依次逐个进行轴心式登录。这一登录过程也是笔者理解乡村小学校长的领导情境,深入分析其领导力构成和影响的过程。因此,二级编码的登录过程显得尤为重要。因二级编码过程较为复杂,篇幅巨大,所以笔者仅以"团队建设"为例,来阐明二级编码的进行过程(参见图 3-1)。其他类属的二级编码过程就不再赘述,只在本章的第四节直接呈现。

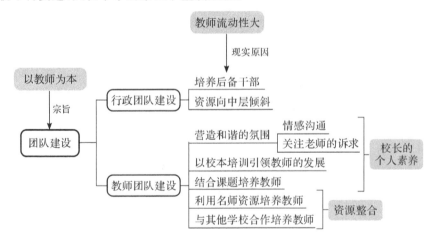

图 3-1　二级编码过程举例分析

二级编码过程中,笔者发现"团队建设"是内容最为丰富的类属,同时也与其他类属联系最为密切。"团队建设"是一级编码中校长们自己使用的语言,即"本土编码"。随着编码的逐步深入,笔者不断就新的资料进行询问,并在此基础上进行了一定的修改。

团队建设是校长们在谈论学校管理,尤其是教师队伍培养时提及次数最多的措施。从建设的目的来看,校长们所讨论的"团队建设"可分为两个不同的方面。一方面,校长作为学校的管理者,必须确保学校日常工作的运转,提高行政效率,因此行政团队的建设原本就是校长领导过程中的重要内容之一。另一方面,访谈的过程中,几乎所有的校长都提到"教师流动性大"对于行政队伍建设的负面影响。可见,对于一所乡村学校而言,建设一支优质的行政团队不仅是必要的,同时也是乡村校长面对特有困境时不得不采取的解决策略。正是基于这样的现实,校长们才会提出"培养后备干部"(本土概念)的领导策略。尽管对细节的描述不尽相同,但在编码时,"为中层培养接班人"等概念频频出现。

校长们提到,由于中层干部工作压力较大,乡村地区教师的发展机会相对较为有限等,乡村学校中常常出现"无人想做中层"的局面。并且,中层干部的流动性也非常高。尤其是具有一定中层经验的乡村教师,相比其他乡村教师拥有更多流动机会。因此,乡村小学的中层干部培养状况陷入一种怪圈,即愿意做中层的教师很少,优秀的中层干部又流动很快。这对校长的领导力而言,无疑是严峻的考验。校长们通过"培养后备干部"这一举措来解决上述困境,达到现实的领导效果。他们通过"未雨绸缪"式的团队建设策略,采用成文的制度、不成文的默契等方式,培养中层干部,也培养该职位的接班人,从而最大限度地确保学校行政工作的运行效率。

学校作为育人的场所,校长作为学校的教学领导者,保证学校的育人质量是学校工作的出发点。教师作为直接的教育工作者,教师队伍的素养直接决定着学校的育人质量。因此,促进教师队伍建设,是校长作为教学领导者的重要职责之一。接受访谈的校长在谈到教师队伍建设时都有自己的见解与经验。几乎所有校长都认为乡村学校教师的素养提升面临着困境,譬如,乡村教师自身素养较低、发展机会较少、发展动力不足,乡村学校师资缺口大、流动性大等。基于上述问题,校长们采取了相应的解决措施。针对乡村教师的发展动力与流动性问题,所有校长都认为"和谐的团队氛围"对于教师队伍建设来说极为重要。和谐的团队氛围不仅能够改善教师的工作情绪,提高工作效率,也能够增强教师团队的凝聚力,帮助师生形成共同的愿景。多位校长明确提出,在营造"和谐的团队氛围"时,校长应重视与教师的"情感沟通"。教师作为人类灵魂的工程师,他们的幸福感与情绪直接影响着学生的身心健康和成长发展。笔者由此想到马斯洛的需求层次理论。基于教师职业的特性和当下已普遍具有的物质生活条件,教师普遍追求马斯洛需求层次中较高的两个层次的需求——尊重和自我实现。因此,为提高教师队伍的内驱力,保证教师队伍的稳定性,校长应重视对教师的人文关怀,关注教师的心理需求,帮助、支持教师实现自我价值。可见,校长们重视和谐氛围的营造、关注教师的情感需求是具有科学理论依据的适合教师群体团队建设的重要手段。

综上所述,"团队建设"类属是校长们在领导学校建设过程中,针对教师队伍特点而采取的领导行为。乡村学校教师队伍的上述特点,受到乡村社会特征的直接影响,即"团队建设"类属与"乡村社会的特征"类属之间存在着影响关系。同时,校长们所采取的具体管理措施也受到校长"个人素养"的直接影响。从具体措施来看,校长建设团队的能力与其资源整合的能力也存在较大的关联性,即校长的资源整合能力制约着校长的团队建设能力,影响着团队建设的效果。

(三)三级编码过程

三级编码又称核心式登录。它是在二级编码基础上进行系统分析,选择出核心类属,并以核心类属为中心,根据类属间的关系,建立起初步的实质理论模型。核心类属的特征包括:频繁地出现在资料中,自身具备中心位置;可以概括统领其他的类属;与其他大多数类属有着较为紧密的联系。

笔者首先在一级编码过程中寻找出的9个主要类属的基础上,进行了核心类属的寻找。然后,根据上述过程中已形成的故事线,初步地搭建了本研究的实质理论模型。

笔者在厘清每个类属内部和相互间的关系后,逐步梳理出不同类属之间的故事线。在进行逐级编码的过程中,笔者逐渐发现,乡村小学校长所采取的领导措施主要针对乡村小学的发展现状。而乡村小学的发展现状则是由乡村社会的自身特性所造成的。乡村社会的经济、政治、文化各方面的发展水平相对落后,直接导致多数乡村地区出现"空心化"现象。乡村地区为发展当地经济,通过吸引外来务工人员的方式来填补乡村适龄劳动力的缺口。这使得乡村社会的人员构成,尤其是学生的家庭成员呈现出外来与本地人口交织的复杂情形。并且,乡村地区的本地家庭中"留守儿童"比例高,学生父母缺位、祖父母作为实际监护人整体素质偏低等较为普遍。上述社会问题又导致乡村小学在实施育人任务时,面临多重困境。譬如,本地生源大量减少,外来务工人员子女就读人数猛增,学生家庭教育缺位,家校合作难度加大等。

"教师"也成为校长们普遍提到的影响其领导力提升的重要因素。访谈中,校长们对此条码号所输出的信息极为丰富。因此,笔者将"乡村教师队伍的特征"单列为一大类属。它主要表现为乡村学校师资缺乏、教师流动性大、教师积极性低等特征。笔者认为乡村教师队伍具有上述特征的原因,主要也是受乡村社会自身特征的影响。由于乡村社会整体发展的相对滞后性,无法吸引优秀师资,同时又由于乡村地区自身资源的局限性,在师资培养方面,校长缺少所需的各种内外部条件。所谓"巧妇难为无米之炊",教师成为乡村校长领导学校过程中最大的制约因素。

除上述因素外,教育行政部门的管理对校长的领导力提升也会带来一定的影响。访谈中,部分校长提到教育行政部门对乡村学校改革、经费等的支持,以及推行的某些政策对乡村学校和校长带来的积极影响。但也有校长认为教育行政部门的某些管理行为会对学校及校长产生消极影响。"培训机会少,质量差""非学校事务进校园"(本土概念)这些,校长们提及频率较高。个别工作人员的责任推诿、行政效率低甚至不作为现象,也应引起教育行政部门的重视。譬如,有校长提到,因学校亟须解决学生食宿问题,向上级教育主管部门申请资金等支持,但相关工作人员出于规避风险、减少麻烦等心理,拖延时间或含糊其词。教育行政部门的管理会直接影响学校日常工作,对校长的时间、精力、工作积极性等产生影响,从而影响校长领导力的发挥与提升。

上述三方面因素构成了乡村小学校长所面对的领导情境。总体而言,乡村小学校长面对的领导情境充满着机遇和挑战,机会与困难并存。校长们必须针对上述问题,采取相应的措施,才能提高乡村小学的办学水平和育人质量,提升乡村学校的整体效能。因此,乡村小学校长如何化解难题是其领导力水平的集中体现,也是领导力提升的关键所在。编码过程中,笔者发现,乡村小学校长所处的领导情境对其个人素养也提出了相应的要求。譬如,教师队伍建设不仅涉及校长的专业能力,也涉及校长自身的人格魅力、人文关怀精神等。学校愿景的建立与校长的教育理念也有着密切关联。校长自身的教育情怀和教育理想也是影响校长领导有效性的关键因素。乡村学校的具体领导情境对校长的个人素养提出了具体的要求,与此同时,校长的个人素养也决定了校长能否在乡村学校这一特殊的领导情境中发挥并提升其领导力。笔者认为具有相应的个人素养的校长能够采取较为有效的针对性措施,迎接挑战,解决困难。在本研究的编码中,校长的领导力表现为思想引领、团队建设、愿景规划、资源整合。校长领导力不仅能够针对性地解决领导情境中所涉及的问题,而且也是校长个人内在素养的不同层面的体现。

综上所述,乡村社会的特征、乡村教师的队伍、教育行政部门的管理这三大类属是乡村小学校长面对的具体领导情境。这些领导情境对校长的个人素养提出了具体的要求。具备一定素养的乡村小学校长能够在理解、消化这些领导情境问题的基础上,采取有效的领导措施。这些领导措施又分别针对校长领导力的不同的构成方向,同时也体现了校长自身所具有的不同层面的个人素养。最终,通过上述过程,乡村小学校长在领导过程中取得了相应的领导效果,实现了学校效能的提升。而学校效能的提升又使得乡村小学校长所面对的上述问题得到相应的改善。

以上是笔者在三级编码过程中所梳理的故事线。从故事线中可以看到,校长的个人素养成为9个主要类属中的核心类属。它在整个编码的过程中反复出现,与其他类属的关系也最为密切。学校内外部资源的整合能力、愿景的规划能力、教师团队的建设能力、思想文化的引领能力都成为乡村小学校长领导力的主要构成因素。同时,故事线也显示出乡村校长领导力的提升是受到内部与外部因素的共同影响。

(四)实质理论的建构过程

笔者在完成斯特劳斯理论的三级编码后,即进入扎根理论研究的最终环节——实质理论的建构。通过三级编码,根据原始资料获得的核心类属进行实质理论构建,提出本研究的最终结论,从而实现用实质理论来有效解释资料所呈现的真实世界的过程。

　　本书的质性研究部分,笔者遵循由下而上的逻辑路径,在完成对所有原始资料的三级编码后,逐步构建出实质理论(参见图 3-2)。实质理论的构建运用了肖的理论构建模式,即沿着底层理论—中层理论——一般理论—宏观理论的建构路径,通过对真实世界进行不断抽象的方式,最终达到理论运用的最大范围。

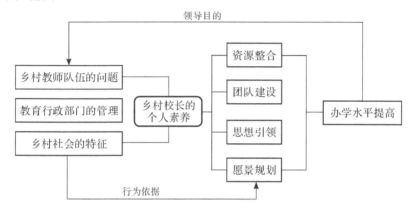

图 3-2　扎根理论模型

　　首先,从扎根理论模型图看,具有较高领导力水平的乡村小学校长,在领导过程中具有四种重要的领导行为,即资源整合、团队建设、思想引领及愿景规划。在领导过程中,上述领导行为所体现的领导能力即乡村小学校长领导力的主要构成要素。这成为笔者通过扎根理论模型图所获得的第一个实质理论——乡村小学校长领导力主要由资源整合力、团队建设力、思想引领力、愿景规划力构成。

　　其次,从扎根理论模型图看,乡村小学校长所采取的领导行为主要基于校长个人的素养,同时也受到其所在的具体领导情境和被领导者的特征等外部环境条件的影响。即影响乡村小学校长领导力提升的因素既来自校长自身,也来自其所属的外部环境。因此,笔者得出第二个实质理论——影响乡村小学校长领导力提升的主要内部因素为乡村校长的教育情怀、教育理想、教育理解与专业能力,外部因素为乡村社会的特征和教育行政部门的管理。

第四节　理论呈现与分析

笔者完成上述三级编码以及底层理论和扎根理论模型的呈现后,在本节中对扎根理论模型进行较为详细的展现与分析。本研究希望获得对乡村小学校长领导力的构成及影响其提升的因素问题较为全面深入的理解。

一、领导力构成的理论呈现与分析

本次研究的理论模型中,乡村小学校长领导力由资源整合力、团队建设力、思想引领力和愿景规划力四个模块构成。

(一)资源整合力

经过扎根理论的编码,笔者发现,校长们提及频率最高的领导行为是"资源整合"。从图 3-3 可见,"资源整合"明显受到乡村地区社会特征的影响。所有接受访谈的校长都提到,建设乡村小学的过程中,需要面对以下棘手的问题:师资缺乏、资金紧张、乡村社会空心化。上述社会问题导致乡村学校难以吸引并留住教师、学生家长素养普遍较低等现象。由此可见,乡村学校资源普遍较为欠缺。譬如,资金缺乏问题是制约校长领导学校建设的主要原因之一,它不仅影响教师的福利待遇,同时也影响学校的基础设施建设。教师的培养、家长的引导、课程的建设等都需要校长面对资源欠缺的现实,能够对内外部资源进行整合与利用,从而解决上述困境。乡村社会的特征决定了乡村学校可利用的内外部资源较为有限,但同时也提供了乡村社会特有的自然环境、地域文化等优势,校长可以充分发挥自身的资源整合能力,尽可能拓展、利用内外部资源,从而走出现实困境,提升自身的领导力水平和学校整体效能。因此,笔者认为资源整合力是优秀的乡村小学校长必须具备的能力。

此处重点讨论的校长的资源整合力,大致分为对优质培训资源(专家支持)、乡镇政府资源、社会组织资源、家长资源的整合与利用。访谈过程中,所有校长都提到在领导学校的过程中需要专家学者的引领与支持,譬如教师的专业发展、愿景的规划设计等。可见,优质的培训资源是校长们普遍认可的有利于学校发展的重要内容。多位校长提到在领导学校的过程中需要与乡镇政府及社会组织展开合作。合作内容包括资金钱财、物质资源、学习资源、场地资源、宣传资源等。由此可见，校长的资源整合力有利于改善学校的发展条件，促进师资队伍的专业化发展，提升学校的知名度和社会影响力，从而提升学校形象，提高师生的自信心，改善学校的整体生态。这个过程也是多位校长提到的"良性循环"（本土概念），即学校提升知名度，获得一定好评后，其获得资源的途径能得到改善，可能性能得到提高。

从资源整合力的实际使用过程看，在与乡镇及社会组织的交往中，校长的积极沟通与努力争取能够起到关键性作用。因此，笔者认为校长的沟通协调能力、坚持的精神态度、敏锐的洞察力和理性的分析能力都是资源整合力中不可或缺的部分。L校长提到了他所领导的乡村小学的蜕变离不开的一次"机遇"。出于对学校与社会发展的敏锐感知，他深入分析其所在学校与周边企业发展的互动关系，找到了合作契机，并设计了较为详尽的方案。他以此为基础，通过与企业的协商谈判，最终争取到了学校改造提升急需的资金及场地资源。

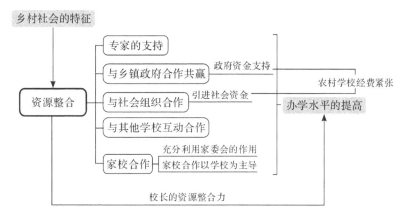

图 3-3　"资源整合"类属分析

（二）团队建设力

乡村教师队伍不稳定与积极性低是校长普遍认为制约领导力提升的重要因素之一。稳定既有的教师队伍，提升教师的能力素质是乡村校长领导过程中面临的重要问题，也是体现校长领导力水平的重要指标。"团队建设"可分为行政团队建设和教师团队建设两部分内容。

　　行政团队建设首先需要解决"教师流动性"问题。具备流动条件的教师大部分为教师专业发展较好和个人素质较为优秀的教师，同时，他们也是乡村学校中层干部队伍的主要成员和选拔对象。因此，其流动也直接造成学校中层干部队伍不稳定的局面。此外，在乡村学校，具备担任中层干部条件的教师对任职的积极性也普遍不高。多位校长表示中层干部的调动频率高且任职周期短。为应对上述问题，校长们普遍采取"设置后备干部"的阶梯式团队培养方式，即为每个重要的中层干部岗位培养"接班人"。日常管理工作中，校长采取团队协作的工作方式，一旦发生中层干部突然调动的情形，能做到人员无缝对接，从而确保学校工作的稳定高效。

　　"教师培养"是访谈中校长们极为重视的话题。多位校长明确表示要把教师专业发展放在领导工作的首位。教师作为培养学生、教学教育工作的主力军，其专业素养与能力对学校发展至关重要。在此话题中，所有校长都提到"依托校本培训促进教师专业发展"的相关内容。校长们认可"名师""专家"指导对教师培养的重要性，但考虑到乡村地区资源获取以及教师培养的长久性等实际情形，他们认为校本培训的方式更具现实意义。校本培训的具体措施中，听课评课、团队磨课、教学检查、成长规划等都不可或缺；名师结对、课题引领、分层培养等方式也较为常见。在实践操作中，校长们将上述措施常规化、落实化。A校长通过打造校本培训的品牌，来全面提升教师专业水平。D校长认为，教师在团队活动的过程中，受到周围环境的感染与驱动，将个人的发展目标内化，教师的能力素质就在过程中得以自然提高。

　　综上所述，校长的团队建设力关系着教师队伍的稳定与教师专业水平的提升，对学校效能的提升具有至关重要的意义（参见图3-4）。

　　（三）思想引领力

　　访谈过程中，大多数校长都将自己定位为引领者的角色。根据校长们的观点，校长在领导教师与学生的过程中，最重要的职能是为学校制定发展的目标规划，为教师发展指引方向，面对困难时体现出个体的信念与担当。可见，在领导学校的过程中，校长在教育教学思想理念、人文精神层面的影响至关重要。

　　访谈中三位校长明确提出校长应该具有更高的视野，能够以先进的教

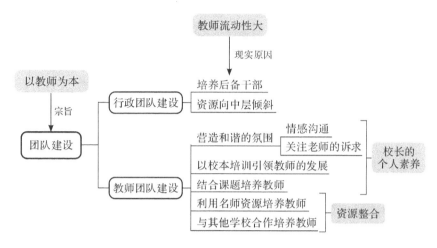

图 3-4　"团队建设"类属分析

育理念与教育思想来规划学校、启发教师。此外,半数以上校长都强调"以身作则"的重要性。具体而言,"以身作则"是指校长个人的专业能力、工作表现、思想情操等方面的素养,通过其亲身示范,直接或间接地影响鼓舞师生。它使得师生具有可学习、可模仿的对象,又通过思想精神层面的感染,帮助师生获得自我发展与进步的内驱力。通过这种影响,师生能对学校和校长产生深刻的认同感,从而增强学校师生的凝聚力。因此,思想引领效力得到校长们的普遍认可。

综上所述,校长的思想引领力对学校的发展方向和文化氛围、教师的专业发展等都具有内源性的深远影响。从核心类属的寻找和故事线的梳理过程中可以看到,校长的思想引领力主要受到校长个人素养的影响。具备思想引领力的校长无疑对教育事业充满热情、对师生充满关爱,同时又具备相应的专业知识与能力。校长必须将思想引领力外化至日常言行中,从而获得师生的认可,并对师生进行引领与感召(参见图 3-5)。

(四)愿景规划力

学校的"愿景规划"是校长的主要领导职责之一,也是校长们在访谈中反复提到的一级编码概念。其中,"如何将学校的愿景规划与地域文化特色相结合"被多位校长提及。乡村社会的特征对乡村学校的发展具有一定的制约作用,但它同样具有城市所不具备的乡村文化及其他特有的优势,能够被乡村学校发展利用。J校长在设计学校愿景时,考虑到其所在的学校是一

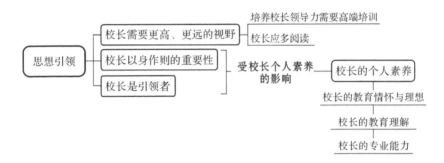

图 3-5 "思想引领"类属分析

个海岛学校,地方文化以"鲜活""活力"著称,因此他将学校愿景概况为"活力"教育。L 校长认为,蜜枣是学校所在区域的著名特产,枣本身具有甜蜜的味道,也为当地人民创造了幸福生活;于是,他借鉴枣文化的内涵,将学校愿景定义为"幸福教育"。

学校办学愿景中融合地域文化具有多方面的优势。首先,它可以使学校愿景具有较强的群众基础。地域文化意味着更能引起当地学生、教师、家长以及社会的情感共鸣,能感召与鼓舞学校组织之外的利益相关者,使得办学愿景较容易获得各方认可,使其认同学校文化,合力将学校打造成文化浸润的样态。其次,它可以使学校愿景具有较强的物质基础。融合了地域文化的学校愿景意味着在具体落实过程中能够获得各种可利用的物质资源。L 校长所设计的办学愿景充分结合当地的枣文化。在校园建设过程中,他设计了"枣茂园"景观,通过硬件设计体现学校文化,为学生提供学习资源,形成浸润式的文化氛围。他带领教师开发了一系列与枣文化相关的校本课程。譬如,对枣作为一种植物的研究,对蜜枣制作工艺的研究等。上述的校园景观与课程开发都与本地的物产资源以及社会企业密切相关。正是因为枣文化植根于当地,所以学校才具有了丰富便利的可利用资源。同时,这对校长的资源整合力也提出了较高要求。最后,它可以帮助乡村学校打造自身的独特品牌。利用地域文化更有利于乡村学校的脱颖而出。乡村学校在打造自身特色和学校品牌时,应该充分利用乡村地区特有的地域文化,与城市学校相区别,形成具有乡村地域特色的学校品牌(参见图 3-6)。

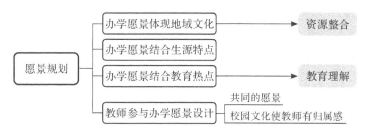

图 3-6 "愿景规划"类属分析

二、影响领导力提升的因素的理论呈现与分析

在分析乡村小学校长领导力的构成后,下文将从呈现出的实质理论角度,对影响乡村小学校长领导力提升的因素作外部与内部因素的分析。

(一)外部影响因素

一是乡村社会的特征。根据扎根理论所获得的理论模型,乡村社会的特征是校长领导学校建设的主要领导情境。乡村社会的特征直接影响师生的生存与发展样式和乡村学校的教育生态,从而间接影响乡村校长领导力水平的发挥和提升。乡村社会的特征具有优势和劣势两种地位。乡村社会的优势地位主要体现在其自带的固有优势,能使乡村教育具有自身特色。譬如乡村的自然地域、乡土文化资源等。在提倡五育并举的当下,乡村学校在劳动教育、体育健身、校本课程建设、综合实践活动等方面具有丰富的资源和天然的优势。F 校长提到,乡村学校自然空间大,可以充分利用这一优势为学生设计课程,安排学校生活。由此可见,乡村校长如能充分整合与利用乡村社会的特色资源,可促进其领导力的快速提升。并且借助乡村社会的自带优势还可以开发乡村校长领导力特有的潜力空间。

乡村社会的劣势地位则主要体现在乡村社会空心化、学校经费紧张、社会对学校的普遍偏见等方面。在讨论制约校长领导力发挥和提升的因素时,多数校长都提到由乡村社会空心化现象导致的学生学业水平、教师专业发展水平、学校整体发展水平和口碑声誉、师生自信心等的下降,以及对校长领导力提升的影响作用。空心化指乡村社会中大多数的劳动力流向城市,导致现实乡村中多为留守老人和留守儿童。它带来的直接影响是学生的家庭教育环节薄弱,并且由于实际监护人(留守老人)素质整体偏低,家校合作产生严重障碍,譬如,家长不愿与教师沟通,沟通时存在较大的观念差异和交流障碍,家长对学校工作的不理解与不支持。此外,校长们普遍提到乡村学校因经费紧张而导致的教师福利待遇、教学资源配置、校园环境建设等问题。具体表现为校长对学校的愿景规划无法有效落实,延缓或搁置乡村学校教学设施、校园环境等的改善建设过程,因乡村教师待遇较城市教师普遍偏低造成的师资队伍不稳定现象。上述问题直接影响着乡村校长的领导力提升。另外,访谈中有校长表示因社会对乡村学校的偏见,学校和教师在评奖评优时都处于劣势,使得乡村教师在个人发展通道上面临更多困难,只能通过向城市流动的方式解决个体困境,这也成为乡村教师流动性大的另一重要原因。社会偏见还导致乡村优质生源流失现象也较为普遍。教师与学生又是直接影响校长领导力水平的关键因素。

　　综上所述,乡村社会的特征对校长的应然领导力提出了巨大挑战与极高要求,同时,又在实然层面制约着校长领导力的发挥提升(参见图 3-7)。

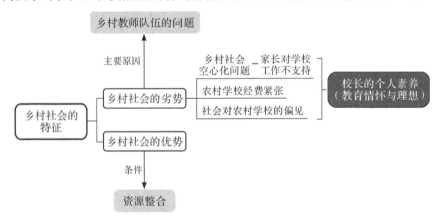

图 3-7　"乡村社会的特征"类属分析

　　二是教育行政部门的管理。乡村小学校长领导学校建设的情境中,另一个具有重要影响的主体便是教育行政部门。教育行政部门对学校和校长的管理影响校长领导力水平的提升。访谈中,校长们对这种影响的积极与消极方面都有所提及。

　　教育行政部门的良好管理可以对校长领导力提升产生正面影响。A 校长提到,当他在学校校园环境建设时遇到资金短缺的问题,教育主管部门多方协调,为学校争取到额外的经费并及时发放,使得工程如期完工。H 校长提到其所在的教育行政主管部门大力推进乡村学校改革,在教师职称评定、教工津贴发放、教工宿舍改建等方面给予了较多的照顾,极大缓解了乡村教师留不住的紧张局面。因此,笔者认为教育行政部门在管理过程中,如能有意识地给予乡村学校更多的物质支持,给予乡村校长更多的人文关怀,可以提升乡村学校整体效能,促进乡村校长领导力水平的提升。

教育行政部门的不当管理对校长领导力提升也会带来消极影响。不当管理首先体现在校长们提到较多的校长培训问题。校长普遍认为教育行政部门在校长岗位培训方面流于形式,培训内容雷同,方式单一,效能羸弱。A校长、H校长、I校长、K校长、M校长、F校长提到他们培训的内容都是差不多的。几次下来培训上的课基本是一样的,他们想要的东西好像没有。他们其实很想去那些好的学校,去名校参观考察,但这样的机会很少。每次的校长培训就是上上课,也没有新的形式。培训时老师都讲的理论知识,在解决实际问题时,这两样东西是脱节的,没有什么大的用处。校长的培训和后面的提拔是脱节的,没有什么关系,参不参加影响也不大。其次体现在工作人员的官僚主义作风,尤其是具体事务处理过程中的行政僵化问题。E校长提到相关工作人员对制度理解与执行的僵化,对工作责任的推诿,导致他无法及时申办较为紧急的学校事务,事后反馈,问题也没有得到解决。再次体现在教育行政部门对自身管理权限的过度放大问题。C校长、G校长都认为上级行政管理部门的人事权过大,学校的人事权过小,导致校长在安排人手、管理教师方面较为困难。E校长认为上级行政主管部门与校长之间的权力是不平衡的,而这种不平衡现象并不合理。他认为教育主管部门有考核校长和学校的权力,而学校却没有考核相关管理部门的权力。这使得管理部门权力过大,学校意见无人听取。最后体现在非学校性质的其他事务进校园现象,使得校长需花费时间精力应付与学校教学无关的各种任务。

笔者认为教育行政部门管理不当由多方面因素造成。因教育行政部门领导的频繁调动,学校教育改革项目和实践行动无法贯彻始终。因教育行政部门对校长的频繁调动,校长无法真正深入学校,也不会制定学校发展的长期规划,更倾向于选择短期利益行为。因乡村学校地理位置较为偏远,教育行政部门与学校间的直接互动式沟通较少,较容易产生误会矛盾,导致双方工作效率降低(参见图 3-8)。

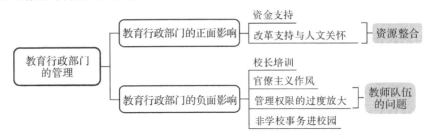

图 3-8 "教育行政部门的管理"类属分析

(二)内部影响因素

一是教育情怀与教育理想。校长个体内部因素是影响其领导力发挥和提升的关键性、内源性因素。在进行类属分析时,笔者发现校长的个人素养是最为重要的核心类属,也是贯穿整个故事线的关键。其中,接受访谈的校长提及次数最多的是作为乡村校长的教育情怀。多位校长明确表示,优秀的乡村小学校长必定具有一定的教育情怀。上文的分析中提到,乡村社会整体发展相对落后,资源较为短缺。乡村校长作为具有较大发展空间与选择余地的优秀教师,选择留在乡村学校,并同时承担校长的工作职责,这种选择与他们个人的教育情怀息息相关。B 校长提到,作为一名校长,看到学生的成长、学校的变化,这样的幸福感是他所追求的,也是令他坚持下去的动力与信念。L 校长认为作为一名校长,希望能够实现自己的抱负,带领学校与师生实现共同发展。因此,他会充分调动自己的积极性,面对乡村学校的困境,仍然能发挥自己的领导力。

笔者认为,乡村小学校长在领导乡村学校建设时,确实面临诸多现实问题与困境,需要他们付出更多的心血与努力,并能够不计个人回报。这种领导行为的选择与实施不仅是乡村小学校长专业水平与能力的体现,更是对他们的教育情怀、信念与理想的考验。乡村小学校长如果没有坚定的教育情怀、执着的教育理想、坚持不懈的精神品质,是无法带领师生突破困境、实现学校的发展的。因此,笔者认为在影响乡村小学校长领导力提升的个人因素中,校长的教育情怀与理想至关重要。

二是教育理解与专业能力。在校长的个人情操品质之外,教育理解与专业能力也同样是影响其领导力提升不可忽视的内部因素。愿景规划、团队建设等主要的领导过程,对校长的教育理解与专业能力都提出了较高要求。校长对学校的愿景规划与他的教育观念、教育理解力密切相关,譬如学生的发展目标、学校的未来方向等的设定。校长对教师专业发展的理解程度决定其所采取的团队建设的手段、校本培训的形式。校长的教育理解和专业能力还会直接影响学校师生对校长的专业能力与职位权威的认可,进而影响校长思想引领的内涵和有效性。值得注意的是,目前我国学界对校长专业能力的内涵定义较为宽泛,校长作为专业人员的体系标准尚未形成。H校长在谈到自身角色定位时表示,校长应该是专业人员而非行政人员(参见图 3-9)。

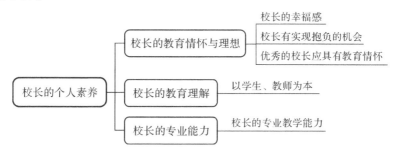

图 3-9　"校长的个人素养"类属分析

第五节　领导力构成要素及影响其提升的因素分析

一、乡村小学校长领导力的构成要素

(一)思想引领力

乡村小学校长的思想引领力主要体现为校长对学校的发展方向、教师的专业发展、学校的文化氛围等方面产生的深远的内源性影响。在学校的愿景规划、团队建设、教师专业发展、文化和环境建设等各项领导工作中,由乡村小学校长自身素养和综合能力合力所形成的思想引领力显得至关重要。在一级编码过程中,"个人魅力""号召力"等是出现频率较高的本土概念。在乡村学校特有的社会环境氛围中,校长所具有的"领导感召力""领导魅力"已成为学校软实力形成的关键因素,也成为领导力研究中受到关注的焦点问题。本研究发现,乡村小学校长对于自身的思想引领力的高度重视与其所处的乡村社会环境有着密切的关系。乡村学校资源的相对匮乏和所处的弱势地位,使乡村小学校长需要采用其他方式对其领导资源的不足进行补偿,因此发挥个体的领导魅力成为他们的首要选择。

对于校长思想引领力的成因问题,访谈时多位校长提到"优秀前辈的影响"这一本土概念。在他们刚开始做教师时,做中层干部时,做副校长时,师傅们、校长们的"言传身教"和"榜样作用",对他们产生直接而深远的影响。因此,当他们自身成长为校长后,在领导学校的过程中,也会有意识地发挥榜样带头作用,希望能对师生产生正面的引导作用。这种具有传承效应的潜移默化的影响力也是校长思想引领力的主要体现。

(二)愿景规划力

通过扎根理论模型,笔者发现乡村小学校长在制定学校长期发展规划(愿景)时,会将乡村学生的发展和乡村社会的实际结合进行综合考量。他们将学生发展置于愿景首位,并主动与乡土社会结合。他们认识到身处乡村的学生有其自身的特殊性。无论从家庭经济条件、家长实际情况,还是从学生的学习预期、未来发展走向、学业成绩现状等方面看,在乡村小学就读的学生和城市学生相比,都存在着较大差别。因此,在制定学校愿景时,校长们会从学校的教育对象——学生出发,将"以学生为本"作为愿景设计的总目标,进而思考乡村学校"对于孩子的发展作用","办学愿景结合当地特色和生源特色"成为他们在制定发展规划时的重要的实际基础。

在扎根理论所呈现的"愿景规划力"中,"办学愿景结合生源特点""结合地域文化""结合教育热点"的类属分析表述频频出现,这使得校长们所领导的乡村小学呈现出乡土特色鲜明的状态。笔者认为乡村小学校长的愿景规划力的这种特点,形成的主要原因是校长们在愿景制定之初,对乡村学校的自身定位就有较为清晰明确、符合实际的认知,因此能够制定出"以生为本""与乡土融合"的因地制宜的愿景规划。

(三)资源整合力

资源整合力从广义上讲,包含对外部和内部两类资源的协调、整合、利用的能力。因外部资源整合力与下文中分析的外部环境因素对校长领导力提升的影响有所重合，所以在此就不做赘述。此处着重探讨乡村小学校长的内部资源整合力。

在类属分析过程中，"乡村教师"是反复出现的一个主要类属。如何调动教师的工作积极性？如何使教师留在乡村学校安心教学？这些都是摆在乡村小学校长面前的现实问题。因此，校长们在应对学校师资问题时，通常会将解决教师专业发展放到首位。校长们认为教师是学校工作的主体力量，快速提升教师的教学科研水平是实现学校发展的关键因素。但同时，他们又对乡村学校教师自身的专业素养、对教学教育工作的主观能动性有着较深的担忧。访谈中，"教师素质低，积极性差"等本土概念都表明乡村小学校长面对的教师专业水平普遍较低的现状，尤其是"教师队伍不稳定，流动性大"成为校长亟须解决的主要问题。上述乡村学校师资队伍问题是访谈中所有校长都面临的现实困境。

面对上述困境，校长们采取不同的对策。面对教师流动频繁的问题，有校长认为"教师流动是学校发展的动力"，在充分交流的基础上对去意已决的教师不阻拦，并给予力所能及的帮助；有校长则采取情感留人的策略，"关注教师的诉求"，使得部分教师打消了流动的意愿。面对如何实现教师专业发展水平整体提升的问题，乡村小学校长通常"以教师为本"，采取"做好教学常规工作""与其他学校交流互动进行教师培训结对""通过课题引领"等措施。值得注意的是，校长们普遍注重对年轻教师的培养，采取"分层培养"方式，通过"注重对年轻教师的引领，对中年教师的陪伴""通过校本培训来提高年轻教师的教学水平"等不同策略，达到事半功倍的效果。这种做法体现了乡村小学校长在选择问题解决策略时，注重以实际效果为导向，以及努力贴合乡村实际的价值取向。

（四）团队建设力

在团队建设方面，乡村小学校长首先需要面对学校中层干部团队的建设问题。在析出本土概念和分析主要类属时，"中层无人想做""流动性很大"等出现较为频繁。由此可见，乡村小学校长需要面对的团队建设问题在实际情境中较为突出。研究发现，"注重中层后备干部的培养"和"重视副校长等中层团队的管理"成为乡村校长较为现实的选择。值得注意的是，通过阶梯式的团队培养方式，提前培养和储备中层干部，校长们在面对突如其来的中层调动时能够较为从容地应对,也能够充分激发优秀教师的工作积极性。此外,教师团队建设也是校长们在团队建设中持续关注的重点和日常工作中的主要内容。为加强"教师团队的凝聚力",校长们通常采用"沟通协调"的方式,使得其与教师之间的"关系融洽",使得教师间能够形成以学习共同体为主要形式的教育教学梯队。

与此同时,校长的团队建设力还体现在学校文化环境建设等方面。"民主""校园文化建设""学校文化建设"都是本土概念呈现时的关键词。乡村小学校长在进行学校文化与环境建设时,对于显性文化环境的打造,普遍较为重视。而对于隐性文化环境的打造则会采用以已有的团队建设为基础,在学校中形成一种民主的文化氛围的领导策略,使得全体师生在日常的环境浸润中接受学校制定的愿景目标,并将其内化为个体信仰,与自身实际相结合,形成一种内在的驱动力去实现学校的愿景目标。乡村小学校长的这种领导行为中,其团队建设力成为策略成功实施的关键因素。因此,团队建设力成为乡村小学校长极为重视的领导能力。

二、影响乡村小学校长领导力提升的因素

(一)个体内部因素

个体内部因素对乡村小学校长领导力提升具有较大影响。在上文对于乡村小学校长领导力提升的影响因素分析中,扎根理论模型的解读显示出乡村小学校长对自身的思想道德品质和专业素质发展都有着较高要求。

从校长自身的思想道德品质看,在访谈实录的一级编码过程中,本土概念体现为:校长们认为自己是乡村学校和师生的"领导者、引领者、服务者";对自身的专业教学能力有较高的要求,提出诸如"多阅读"等要求;对自身在校长职位工作和个人生活中都提出了道德要求,要求自己成为师生的"模范""榜样",并认为校长需要在教师、学生、家长等群体中都有良好的口碑。

从校长自身的专业素质发展看,校长们对于自身的专业性也有着较高的认知定位和专业要求。他们认为其从事的是"专业性工作",强调作为乡村学校的校长必须具有"情怀"。他们将教育情怀与乡村实际和国家政策相联系,使之上升到一定的理论高度,譬如出现"乡村教育对乡村振兴的作用""对于乡村社会公平的意义"等本土概念。这些概念体现了乡村小学校长对

于自身、学校、乡村、国家之间的关系和所肩负的责任的思考,也是乡村小学校长自我认知中与城市校长相区分的特质。正因如此,校长们对自身的专业水平有着较为迫切的提升要求,希望通过"高端培训""专家帮助",使自己成为高层次的专业人才。

(二)外部环境因素

本研究的扎根理论模型显示,乡村小学校长所处的外部环境——乡村社会的特征,对其领导力的提升具有较大影响。乡村学校身处乡村社会环境,校长所面对的学校外部环境和城市学校差别较大。乡村社会的资源主体主要包括学生家长、乡镇、社会组织等利益相关方。与城市相比,乡村学校获得社会外部资源的机会和数量都较少。因此,在本土概念的归纳中,出现"受到现有资源的制约""资源有限""政府资金支持少""经费紧张""学校和教师的评优机会比城里学校少""学生家庭环境差""家长不支持"等表述。外部资源中的学生家长是较为重要的影响因素。"家校合作"是乡村小学校长希望达到的理想状态。但现实中,由于乡村空心化等乡村社会的现实特征,学生家长以祖父母居多,他们受教育程度普遍较低,对学生教育的重视程度,对学校工作的参与、理解配合程度等都较低。这种理想与现实的矛盾较为普遍地呈现在乡村小学校长面前。另外,因乡村学校外部资源的相对匮乏,所以乡村小学校长通常能够积极主动地与"社会组织合作"、与"乡镇合作",能够充分"利用地域文化"和当地"企业支持"。乡村小学校长在资源引用方面表现出较为明显的特点和优势。乡村社会特有的自然人文环境也成为影响校长领导力提升的优势资源。

同时,教育行政部门的管理也成为校长领导力提升的影响因素。具体表述为"对乡村学校资金等的支持""对乡村学校的改革政策支持和校长的人文关怀""给予乡村学校特殊政策""校长培训机会少、质量差""官僚主义作风""非学校事务进校园""主管部门权力过大"等正面与负面的两方面内容。校长们普遍认为"上级主管部门管理得当,给予相应支持"是其外部资源获得的另一关键因素。体现在本研究的理论呈现部分,教育行政部门的管理就成为影响校长领导力提升的重要外部因素。

第六节　领导力构成及影响其提升的因素讨论

一、乡村小学校长领导力构成要素具有明显的乡村特性

乡村小学校长的愿景规划力具有明显的"因地制宜"的乡村特性。领导者定义组织使命既是其首要任务，也是必备能力。组织环境的不确定性和不稳定性，使得学校组织成员需要一个长期方向（提供一个核心目标），才能面对组织内外部混沌的状态和组织结构自身的惯性，才能在组织及其自身产生抗力时，进行坚持和协作①。学校愿景使得师生主动追求共同目标，形成学校价值观和使命感，使得学校发展和变革具有明确方向。但一旦愿景缺失，帕累托优势就无法实现②。

研究发现，乡村小学校长在"建立共同愿景实现学校发展的良性循环"上有高度共识，并且因地制宜，以所处的乡村社会为立足点，结合乡村学生的发展进行综合考量。无论从家庭经济条件、家长实际情况，还是从学生的学习预期、未来发展走向、学业成绩现状来看，乡村学生和城市学生都存在较大差别。校长会从自身的教育对象出发，将"以学生为本"作为愿景设计的总目标，进而思考乡村学校"对孩子发展的作用"，"办学愿景结合当地特色和生源特色"成为他们在制定规划时的重要实际基础。

在扎根理论所呈现的"愿景规划力"中，"办学愿景结合生源特点""结合地域文化""结合教育热点"的类属分析表述频频出现。这种属性的形成原因是校长在愿景制定之初，对乡村学校的自身定位就有较为清晰明确、符合实际的认知，因此能够结合当地乡土资源扬长避短，进行资源转化。譬如，结合乡村社会中可利用资源进行校本课程建设，将乡村地域文化与学校文化环境建设相结合，争取政府、社区和企业的支持以解决愿景实现时的经费短缺。

---

① 杨小微.整体转型：当代学校变革"新走向"[M].南京：江苏教育出版社，2012：177.
② 帕累托优势：社会资源在从一种方式转变为另一种方式进行分配时，至少有一方更好，并且没有其他人变得更糟。关键点是变化后各方都受益，没有任何一方减少了收益，这种状态是进行社会资源分配时最为理想的状态。

二、教师专业发展采取学习共同体形式,并被置于团队建设力首位

研究发现,教师专业发展问题是乡村小学校长领导力实施中的关键因素和特有困境,而"加强教师团队建设"是其通常采取的应对方式。这种策略是学习型组织理论的具体实施。兰伯特认为在当今这个时代,校长不再是那种个体英雄式的领导者,由校长一人独立领导学校的状况已经不复存在,学校内外的其他教育者必须实质性地参与进来。[①] 彼得·圣吉提出"学习型组织"理论,即通过建立共同愿景、组建团队学习、改变心智模式、自我超越、系统思考等步骤来创建具有适应、开发、创造未来的能力的组织。学校这种学习型组织中,组织效能主要取决于它的专业人员——教师。[②] 因而,教师学习共同体是实现组织有机化、水平化的关键。

"乡村教师"是类属分析时反复出现的主要类属。"教师素质低,积极性差"等本土概念表明乡村教师的专业水平相对较低,"教师队伍不稳定,流动性大"则成为乡村校长亟须解决的现实困境问题。乡村校长通过建设教师学习共同体激发教师群体的内在意愿和动力,及时回应过程中出现的挑战和问题;通过分层和综合相结合的方式发挥学习共同体的作用;通过合理的运行机制激发组织的自身特性,达到组织自我完善与调节的功能,激发成员的内在动因。乡村小学的这种学习共同体形式,也恰好能够弥补乡村学校自带的"乡村社会的劣势",譬如学校自身资源不足,又无法有效进行专家名师的引领。这种策略选择也表明乡村小学校长在选择问题解决策略时,以实际效果为导向,努力贴合乡村实际的价值取向。

三、乡村小学校长的内在较强意愿是其领导力提升的主导因素

乡村小学校长领导力提升受到内外部因素的双重影响。扎根理论模型图显示,乡村小学校长对自身专业发展具有较高要求。在回答"提高校长领导力水平的建议"时,半数认为校长自身的内在动力是关键因素。在回答

---

① Lambert, L. A Framework for Shared Leadership[J]. Educational Leadership, 2002(8): 37-40.

② 霍伊,米斯克尔.教育管理学:理论·研究·实践[M].范国睿,主译.7 版.北京:教育科学出版社,2007:98-405.

"乡村校长的特有困扰""不利于领导力水平提升的因素"时,半数以上认为在理论知识学习、创新实践、开阔眼界等方面的机会较少,自我提升需求得不到满足。在回答"成为校长前后的重要影响因素"时,三分之一提到在前任校长影响下,有了想要成为专家型校长的自我目标。对于"高端培训""专家帮助",三分之二的校长认为需求迫切。

乡村小学校长囿于现实环境,对自身领导力水平提升有着更为强烈的诉求。校长普遍认为日常事务性工作较为烦琐,导致其缺少对国内外先进教育教学和管理理念的学习钻研时间和精力,而教育视野又直接影响着学校与自身的未来设想和目标设立。七位校长提到,在参与所在区县组织的校长培训项目时,有机会"走出去",实地考察国内教育发达地区的名校,倾听知名校长的经验报告讲座。名校的办学实践和校长的办学理念,使其对自身和学校发展有了深层次思考。"因地制宜"的创新实践是乡村校长进行领导力自我提升的主要途径。"土办法""野蛮成长""先做起来"等本土概念表明,无论在自身专业发展还是学校的领导建设的过程中,乡村校长在强烈的内驱力下,在实践中创造性地解决问题。

四、乡村社会的特定场域对校长领导力提升有较强制约作用

根据布尔迪厄的场域理论,乡村学校所处的乡村社会可以被认为是某种被赋予了特定引力的关系构型,这种引力又被强加在所有进入该场域的客体和行动者身上。[①] 身处乡村场域中的校长所采取的应对策略(惯习),源自与乡村场域的遭遇,是产生惯习的社会结构在他们身体层面的积淀。[②] 扎根理论模型显示,乡村社会的劣势地位对校长领导力提升具有显著的制约作用。本研究的抽样对象中,以获得浙江省正高级小学教师职称或特级教师荣誉称号或浙派名师名校长称号作为衡量标准,达到专家型校长的人数仅为1人。

提问"限制校长领导力水平发挥的因素""乡村小学校长特有的困扰"

---

① 李育菁.“场域”与“资本”:数字时代下中文出版产业商业模式研究[M].南京:东南大学出版社,2020:35-69.

② 李楠.习性:布尔迪厄实践理论路标[M].北京:中国社会科学出版社,2019:38.

"提高校长领导力水平的建议"时，乡村校长认为受客观条件的制约较多。乡村社会的资源主体主要包括学生家长、乡镇、社会组织等利益相关方。与城市相比，乡村学校获得外部资源的机会和数量都较少。本土概念中出现"受到现有资源的制约""资源有限""政府资金支持少""经费紧张""学校和教师的评优机会比城里学校少""学生家庭环境差""家长不支持"等表述。"家校合作"是乡村小学校长希望达到的理想状态。现实中，乡村空心化现象导致学生实际监护人以祖父母居多，他们受教育程度普遍较低，对教育的重视程度、对学校工作的参与和理解配合程度等较低。这种理想与现实的矛盾较为普遍地呈现在乡村小学校长面前。

五、教育行政部门的不当管理也是制约校长领导力提升的外部影响因素

本土概念表述为"校长培训机会少、质量差""官僚主义作风""非学校事务进校园""主管部门权力过大"等。其中，"校长专业培训"成为内部与外部影响因素归纳交叉提及的焦点。被访谈校长对"高端培训"的渴求，实质是对目前领导力培训有效性的质疑。教育行政部门提高乡村校长培训的有效性，是消除上述外部环境不利因素的一条重要途径。2018 年，《中共中央 国务院关于全面深化新时代教师队伍建设改革的意见》第 10 条指出，要"实施校长国培计划，重点开展乡村中小学骨干校长培训和名校长研修"[①]。乡村小学校长领导力培养是新时代全面深化我国教师队伍改革建设的主要内容，也是全面达到城乡教育均衡、整体提升教育质量的重要手段。

第七节　小　结

本章中，笔者以浙江省内不同区域的 14 位乡村小学校长的访谈研究为基础，运用质性研究中的扎根理论，从乡村小学校长领导力的构成及影响其

---

① 中共中央 国务院关于全面深化新时代教师队伍建设改革的意见［EB/OL］.（2018-01-31）［2021-03-14］. http://www.gov.cn/zhengce/2018-01/31/content_5262659.htm.

提升的因素两方面进行研究探讨。

　　笔者以15万字的访谈实录文字为基础材料，运用NVivo11质性分析工具，按照斯特劳斯三级编码体系进行了扎根理论分析。一级编码过程中，笔者将215个一级编码登录成概念，并对概念进行类属化，最终形成"乡村教师队伍的问题""乡村社会的特征""教育行政部门的影响""乡村校长的个人素养""资源整合""团队建设""思想引领""愿景规划""办学水平提高"9个主要类属。二级编码主要是对上述主要类属进行登录，以发现和梳理它们相互间的关系。此部分囿于篇幅，笔者以"团队建设"为例展示了二级编码的进行过程。三级编码是在二级编码的基础上选择出最为核心的类属，并以此为中心，根据类属间的关系，建立起"实质理论"的模型。最终，笔者构建出两个"实质理论"。其一，资源整合、团队建设、思想引领、愿景规划是乡村小学校长在领导过程中具有的重要领导行为，它们所体现的领导能力也是乡村小学校长领导力的主要构成因素。其二，影响乡村小学校长领导力提升的主要因素既有来自外部的影响，主要为乡村社会的特征、教育行政部门的管理，也有来自内部的影响，主要为校长的教育情怀与理想、校长的教育理解与专业能力。

　　在完成上述扎根理论的质性分析后，本章又对乡村小学校长领导力的构成与影响其提升的因素问题进行了讨论。笔者认为乡村小学校长领导力的构成要素主要为思想引领力、愿景规划力、资源整合力和团队建设力。个体内部因素和外部环境因素对于乡村小学校长领导力的提升都具有较大影响。

　　本章的作用在于对乡村小学校长领导力的构成及影响其提升的因素进行了一次由下而上的归纳法层面的分析。本章的分析结合第二章中所进行的由上而下的演绎法层面的量化分析，使得笔者对于乡村小学校长的领导力问题有了较为全面的、多层次的看法和理解，也更能接近研究问题背后所隐藏的规律。这种质性研究和量化研究同时进行，混合后进行解释分析，最终形成结论的融合性模式是本书的重要特点。

第四章 研究结论与对策建议

笔者在第二章与第三章的量化与质性研究的基础上,提出乡村小学校长领导力问题的相关研究结论,并针对研究结论又提出相应的对策建议。笔者希望在研究的实然状态与应然状态间搭建起提升的桥梁。

第一节 研究结论

在对乡村小学校长领导力的现状、构成要素和影响其提升的因素进行调查问卷的量化分析和访谈资料的扎根理论质性分析之后,综合上述两部分的研究结果,笔者得出了以下的研究结论。

一、乡村小学校长领导力具有中等水平且基本均衡

本研究通过上文的量化分析认为,如果以本次测试的浙江省为例,我国乡村小学校长领导力的整体水平已处于中等态势。不论是从领导力一级还是二级维度指标看,乡村小学校长的领导力水平都超出中等水平线。这表明仅以浙江省为例,乡村学校的发展和校长的领导力水平已经进入快速提升阶段。乡村小学校长不论是在学校的规章制度、愿景规划的制定实施方面,还是在课堂教学、内部团队的日常管理方面,不论是在师生关系、外部关系的处理方面,还是在自身素养、模范榜样、文化建设等方面都有较为明确的意识和较为实际的做法,使得领导力各项水平达到合格及以上的状态。本研究还发现乡村小学校长领导力水平各维度间已达到基本均衡。在一级维度中,文化、教学和外部领导力的得分都较为相近,尤其是文化和教学领导力不论是一级还是二级维度各项得分都很接近。这表明乡村小学校长在

领导工作的实务中,对学校的教学和文化领导力都较为重视。

校长对学校的中心工作教学的重视和落实体现学校效能理论对于校长领导力的直接影响。校长将追求学校效能提升作为其工作职责中的重要目标,并将自身的领导行为能力和学生的学业成绩(学校效能的重要评价指标)相联系。乡村小学校长对于学校的教学工作,尤其是学校课程管理和提高教师教学科研能力都相当重视。并且在学校管理实践中,校长普遍注重提升教师的课堂教学水平,通过创设一系列的教学科研条件来提高学校的整体教学水平。量化结果显示,文化领导力的"团队建设能力"和"文化构建能力"二级维度均值得分相同。这表明乡村小学校长在学校管理中已有意识地加强学校中层、教师群体的团队建设,并对整体与局部、显性与隐性的学校文化建设的外部环境和内在氛围都较为重视,会通过相关措施加以落实。

另外,乡村小学校长的结构领导力水平居于首位。这表明乡村小学校长对于结构领导力较为关注,尤其注重学校内部的日常管理工作,并能在领导工作中取得较好实效。

二、乡村小学校长道德领导能力水平处于较低状态

本书第二章的量化测试结果显示,乡村小学校长的"道德领导能力"子维度居于各项末位。校长道德领导能力的薄弱主要体现为校长领导行为的民主性问题较为突出。现行中小学管理体制下,我国实行小学校长负责制。校长虽具有学校的教育教学、行政管理工作的管理权和决策权,但民主且集中的会议决策形式、党组织的保证监督权、教职工的民主管理权仍是实现学校民主管理的重要基础。教职工代表大会制度是学校民主管理的主要体现形式。它通过对学校的各项决策提出意见建议,对学校的各项工作进行反馈监督的具体方式,实现对学校管理的指导与制约,发挥教职工的主人翁作用,体现民主管理的真正实质。由此可见,目前在中小学实行的校长负责制是由校长、党组织、教职工代表共同组成的,它以"三位一体"的结构呈现出合理的制衡状态。

目前现实中,学校内部权力大多回归到掌握着话语权的校长手中。研究表明,69%的中小学校长认为学校的发展主要依赖其个人努力,而教师的

主要工作是教学,参与学校的管理没有必要。[①]当组织内成员的民主要求无法得到合理解释或有效满足时,领导者和追随者之间的信息交流就会减少甚至停止,容易产生心理与行为上的阻隔。上述情形体现在学校,尤其是乡村小学这一层级的组织中,学校的组织环境较之城市更为闭合,校长与教师在组织内相处时间也更长,教师的民主诉求意识更为淡薄,教师的民主参与途径更为单一。因此,本研究认为乡村小学校长领导行为的民主性程度低,是其"道德领导力"维度得分低的重要原因。乡村小学校长领导行为的民主性,直接影响其领导的有效性。

乡村小学校长领导行为的民主性较为薄弱,受到学校结构、决策机制等外部因素与内部个体因素的双重影响。具体原因如下。

其一,学校科层制结构的弊端。费尔斯通和赫里奥特的研究表明,简单科层制是美国小学的结构主体。校长的权力与权威占主导地位,教学与课程标准化,教师由校长直接监督,教师的活动大部分由校长控制。学校组织按照一套固定的实施规则、标准的管理程序来进行协调。[②] 目前我国小学内部运行机构大致如图 4-1 所示。从承担职能和发挥效力的角度看,行政性组织在学校的内设机构运行中起着核心主导作用,而党务和群众性组织则显得相对薄弱。对于其他利益相关者,如家长、社区等,在学校民主管理中应发挥的监督作用没有加以考虑。问卷测试显示,教师群体所感知的人际领导力子维度"沟通协调力"得分最低,外部资源力子维度"资源间协调力"得分,不论从教师群体还是校长群体的测试角度看也处于末位。这表明家长与社区等组织中的其他利益相关者,对于学校管理参与的广度与深度都较低,甚至被剥夺了参与学校管理的权利。

其二,集体决策机制的失效。学校内部的集体决策体现的是领导体制,而非责任机制。由于集体是无法问责的,所以最终的责任主体仍为组织负责人。在权力的实际运行中,程序虽按章照制、合乎规范,但会议决策的方式有时仍处于走形式的状态。讨论与表决遵循着一把手的意识和倾向,尤

①　李玉芳.校长领导力的开发与提升[M].北京:教育科学出版社,2015:93.

②　霍伊,米斯克尔.教育管理学:理论·研究·实践[M].范国睿,主译.7 版.北京:教育科学出版社,2007:109.

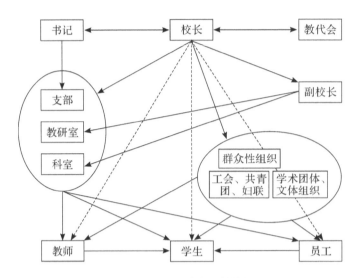

图 4-1 学校简单科层制结构

其在实际决策过程中,难以辨别决策究竟来自集体考量还是个人意志。在学校事务管理过程中,重要决策应由校长办公会充分讨论协商做出,但因对校长责权利没有进行明确的界定区分,所以集体决策机制实际较难发挥作用。

其三,社会价值取向的影响。学校作为一种专业化组织,外部社会价值取向等会对其内部产生影响,导致组织自身的抵抗与冲突,譬如引发"官本位"现象。组织成员对权威的崇拜和攫取权力的欲望的强烈程度上升,使得组织成员不再将追寻组织共同目标作为首先考虑的,而更多地考虑个人如何在组织中获得更多利益。学校组织中,校长和其他成员理应处于平等地位。但校长的实际权力仍可超越其他成员,且不受其他成员的较强制约。官本位在既有的结构支撑和强大的民间场域惯性下,使得组织成员的民主意识较为淡薄。[1] 研究表明,在中国处于单位组织中的员工较为倾向于依赖组织的领导,普遍认为领导者拥有决定组织内所有工作的权力,也无须做出解释说明,无须通过检验来证明决定的合理性。员工也不认为自身会有参与这种决定的可能。本研究的调查问卷部分,相关题目的测试结果也表明教师主动参与学校决策的意愿较低。需要通过外力,诸如奖惩等手段来推

① 王库,林天伦.中小学校长负责制 30 年:困境与对策[J].教育科学研究,2017(7):44-48.

动教师参与学校的决策,其本质也是官本位意识影响下教师参与意识薄弱的表现。

其四,校长权力监管的缺失。校长权力的上级委任制度也是校长权力个人化倾向的原因之一。目前小学所属的上级教育行政主管部门是校长权力的委任者,同时也是对校长进行考核监督的主体。上级教育行政主管部门如能较好发挥其上位监督作用,委任制可以行之有效。但现实中,上级教育行政主管部门囿于监督成本等,与校长间存在较为严重的信息不对称现象,因此其理论预设应有的作用,在实践中并没有得到充分发挥。本书第四章第二节对校长委任制有详细展开,此处不再赘述。对党组织、校务委员会、教代会等机构的职责缺乏明确的界定,对其运行规则缺乏具体的法律法规与操作指导,也直接导致上述保障机制无法真正落地,发挥其应有作用。国家对校务委员会的设立,无论在设立学校条件、人员数量、审议内容还是权限等方面均未做出规定,因此学校中层及以下成员的不同意见采纳度较低。至于教职工代表大会制度,其相应的权利和义务也没有得到说明,导致日常活动较少,活动流于形式,走过场倾向较为严重。本次问卷调查显示,教师对学校重大决策的参与度较低,尤其是建议被采纳的概率较低,因此出现"学校的章程当然是有的,但至于碰到问题时具体怎么做就得看人了。事情最后总得有人拍板,否则就没法做了"这类校长访谈表述。由此可见,有效的监督机制是保证乡村小学校长领导决策行为民主性的重要因素之一。

三、乡村女校长领导力的自我认知与实际存在差距

从本研究量化分析结果看,乡村小学校长中女性占比为 26%,明显偏低。以南通市 2001 年教育局数据为例,小学中正职女校长占校长总数比为 9.7%,而小学女教职工数占教职工总数比为 52.2%。[①] 并且相较于小学中女教师比例明显高于男教师的现状,此数据说明在现实情境中,女校长的选拔、任用较之男校长难度更大。量化结果显示,乡村小学校长的性别对其领导力水平不具有影响,即男女校长领导力水平相当,并且女校长在各项均值上都略高于男校长。

---

① 杨宇红. 对中小学女性校长发展现状及成因的社会学分析[J]. 教学与管理,2004(8):37-40.

　　访谈中两位女校长都认为男女校长的领导力有所区别。"女校长工作更认真仔细""女校长在对外交际上的不便"等本土概念的表述,是从女性特质出发的阐述,呈现出女校长特有的领导经验。对"女性性别是否会使其与男性校长有所不同"的问题,她们都表示肯定,但对其领导力影响方向的认知却截然相反。D校长认为女性性别使其领导力受到负面影响,体现为受到更多的困难阻力,在学校领导工作的方式和效果上不如男性。具体细节为在与乡镇领导等外界环境交往过程中,她会尽量避免和他们一起喝酒聊天(对方也不会主动邀请),相互关系显得比较生疏,不如男校长方便,这也影响其获取外部资源和上级主管部门的支持。F校长则认为女校长具有性别优势,体现为重感情等女性特质使其受到师生喜爱,人际关系更为和谐,更容易争取到学校外部的资源支持,譬如乡镇社区与教育行政部门的资金等。

　　笔者尝试给出的解释是:性别因素与领导力风格、水平之间具有一定的联系,但更重要的是女校长自身如何看待两者间的关系。女校长如果认为两者关系是正相关,那么性别因素可能会提高其领导力水平;反之,则可能会降低。自信心与自我效能等相关理论是上述判断的支撑。女性的自我认知,尤其是性别对于校长角色的积极或消极影响是其关键影响因素。

　　值得笔者从女性主义视角进行关注的是,两位女校长对自身职业发展前景均无较高预期。她俩在选拔任用过程中都有相似的主动请辞、自我推却的经历。D校长为和同为中师毕业的丈夫一起工作,从家乡调任至现在的乡镇学校。因工作出色,上级主管领导希望她做校长。但她多次请辞,还推荐丈夫作为校长人选。只是在丈夫已调任其他学校、领导直接任命下,才承担了校长职位。F校长原本在城区小学任教,也因工作出色,被上级主管部门任命为乡村小学校长。访谈进行时,她坚决拒绝调任初中校长的上级任命,主动要求回到离家近的城区幼儿园任园长。

　　上述经历内含的原因可能为:首先,传统社会性别观念对女性自我认知的影响。受社会传统性别角色刻板印象的规范和以男性为中心的主流文化的影响,社会在对校长角色定位和理解时,对女性普遍具有天然的偏见和顾虑。譬如,给女性贴上"见识短浅""能力不足""精力不够""婆婆妈妈""犹豫不果断"等标签,由此认为女性天然不适合做校长。社会将角色分工和价值取向明显向男性倾斜,使得男性得到更多的发展机遇,更能激发男性自我发展的潜能。这种现实差异又进一步降低了女性的自信心,使得女教师对成为学校领导者的自我评估较低。同时,女教师有着更多的现实顾虑,譬如家庭事务承担、子女养育、配偶的看法等,因而对成为校长的自我定位和预期都较低。其次,女性对成功与失败的不同心理归因的影响。心理学研究表明,成功与失败的归因存在着明显的性别差异。女性通常把成功归于外部的好运气,对失败则倾向于进行内部的、稳定的、不可控的归因,譬如失败是因为自己能力不足等,因此女性会认为自身的失败是无法改变的。这种归因模式是女性成为领导者的心理干扰。男性通常认为成功是因为自己的能力强大,而对于失败会更倾向于进行外部的、不稳定的、可控的归因,因此失败并不会对其后续行为和未来投入造成较大的影响。另外,女性的回避性成就动机、从属型的家庭角色定位等观念意识也会对女性在选择成为学校的领导者时发挥一定的影响。[1]

综合量化与质性研究的结果,笔者认为乡村女校长领导力的自我认知与实际状态间存在着一定的差距。对性别认知的传统社会心理是造成这种差距的主要原因。

四、乡村小学校长领导力的构成要素具有乡村特性

上文中笔者提出乡村小学校长领导力的构成要素为资源整合力、团队建设力、思想引领力和愿景规划力。其中,乡村小学校长的愿景规划力具有与学校实际和自身教育理想紧密结合的特点;乡村小学校长在团队建设力中又尤为注重教师队伍的专业发展。

(一)乡村小学校长的愿景具有现实与理想结合的双重特性

"愿景"对应的英文"vision"有视觉、美景、幻象等含义。《现代汉语词典》释义为"所向往的前景"[2]。其内涵包括:能够反映组织所有成员共同要求的核心价值观,能够展示未来发展图景的共同使命,能够使得使命达成的具体的行动目标。领导力研究中,愿景被认为是将组织的核心价值观或使

---

① Ryckman, D. & Peckham, P. Gender Differences in Attributions for Sucess and Failure Situations Across Subject Areas[J]. The Journal of Educational Research, 1987(2): 120-125.

② 中国社会科学院语言研究所词典编辑室. 现代汉语词典[M]. 7 版. 北京:商务印书馆,2016: 1616.

命感转变为未来可能实现的一种形象。① 共同愿景被彼得·圣吉定义为"人们所共同持有的意象或景象，它创造出众人是一体的感觉，并遍布组织活动的全部，而使各种不同的活动融汇起来"②。它被认为是成功领导的关键，愿景的转化力也成为领导力中的关键要素。"领导者和下属间最理想的关系应该是领导者有能力指明发展方向，下属有能力对此提出批评和修正，最终以大家的意愿解决争执，继续前进。"③

作为领导者，定义组织使命是其首要任务，提出和实现愿景是领导者的必备能力。领导者提出具有发展前景、被组织成员认同、具有持续引领作用、令成员感到振奋的共同愿景，这是决定组织前途与命运的重要因素。组织环境不确定、不稳定的特质，使得学校组织中，如果能够给予所有成员一个长期的方向（提供一个核心目标），那么他们在面对组织内外部混沌的状态、组织结构自身的惯性、组织及其自身产生的抗力时，就能够坚持和协作。④ 因此，学校愿景使得师生能够主动追求共同目标，形成学校的价值观和使命感，使得学校的发展和变革具有明确的未来方向。愿景一旦形成，领导者通过对愿景的总体阐述与细化解读，制定具体的分解目标和行动方案，使得成员能够在理解的基础上加以认同，进而积极主动地实施行动。但一旦愿景缺失，帕累托优势就无法实现。

本研究发现，乡村小学校长较高的结构领导力水平主要体现在建立共同愿景来实现学校发展的良性循环。并且在学校愿景的制定中，校长因地制宜，以乡村学校所处的乡村社会为立足点，充分结合当地的乡土资源，尤其是从对学校现有资源优劣势的分析中，考虑如何扬长避短，进行资源转化。譬如，结合乡村学生的发展实际来制定学校发展的总体规划；结合乡村社会中现有的可利用资源来进行校本课程建设；将乡村地域文化与学校文化环境建设相结合；争取乡镇政府和地方企业的支持来解决愿景实现过程中经费短缺的问题。

---

① 鲍曼，迪尔.组织重构——艺术、选择及领导[M].桑强，高杰英，等译.3 版.北京：高等教育出版社，2005：271.

② 圣吉.第五项修炼——学习型组织的艺术与实务[M].上海：上海三联书店，1998：237.

③ 加德纳.论领导力[M].李养龙，译.北京：中信出版社，2007：86.

④ 杨小微.整体转型：当代学校变革"新走向"[M].南京：江苏教育出版社，2012：177.

　　乡村小学校长能够融入自身的教育理想情怀,以学校发展现状的诊断作为愿景规划的基础,制定并实施学校愿景。作为乡村小学校长,因学校所处的地理位置和乡村社区、办学历史和硬件设施环境、师资队伍和教学水平、学生情况和学习状况等条件与城区学校不同,尤其需要结合所在地区的学校教育发展的整体目标要求,针对自身条件去诊断学校目前的发展状况。具体体现为:其一,校长们会遵循 SWOT 的分析原则[①],从学校的办学历史中挖掘校园文化特质,从学校所在社区的自然人文环境中开发校本课程,从学生的实际学情分析中思考差异性、个性化教学。其二,校长们会以学校办学理念为规划共同愿景的方向。他们着眼于未来发展,在学校已有的发展基础上,围绕办学目标,以问题为中心导向,在学校文化、学校精神、办学目标、校训校风、教风学风等方面,逐步聚焦提炼出具有学校自身特色的教育办学理念。其三,校长们围绕上述学校办学理念,具体规划学校的办学目标。具体包括总体目标(譬如学校发展目标)和分项目标(譬如教师发展目标、学生发展目标等),学校中长期发展规划和学校发展短期目标(譬如学校三年发展规划)。其四,校长们以愿景融入落实到学校日常工作、管理活动中的方式,充分发挥愿景的激励作用。在建立愿景后,校长将其内化为适合师生个体的发展目标,将师生的个体愿望利益与学校共同发展的需求利益相结合,从而避免师生中的恶性竞争,实现团体性、合作性的工作学习方式,营造和谐的人际关系,增强学校组织内部的向心力。其五,校长们通过对愿景的阐释讲解和讨论,增强师生的主观能动性和自信心。在全面了解师生的个人愿望和个体需求的基础上,校长结合学校发展的总体目标,引导师生把个人需要与共同愿景相结合,帮助他们制定切实可行的个体愿景,使之成为发自内心的主动意愿和行动纲领,做到内心认同并加以遵从。校长通过不同形式和场景的愿景宣传,促使师生意识到愿景对学校组织与个体自身发展所带来的重要作用。

　　(二)乡村小学校长在团队建设中尤为注重教师的专业发展

　　本研究发现,乡村小学校长面临的教师专业发展问题是其领导力实施

----

　　① SWOT 分析,包括分析企业的优势(strengths)、劣势(weaknesses)、机会(opportunities)和威胁(threats)。SWOT 分析是将组织内外部条件进行综合和概括,进而分析组织的优劣势、面临的机会和威胁的一种方法。

中的关键因素和特有困境。他们通常采取加强教师团队建设的方式引领教师的专业发展。这种策略是学习型组织理论的具体实施,即通过共同愿景、发展机遇来塑造和培育教师和中层团队。学校作为主要担负教与学任务的服务型组织,其最终目的是促进学生的学习,因此,学校理应成为学习型组织。组织中的教师与学生以实现组织愿景和提高自身创造力为目标,在组织中学会共同学习,组织自身也在这个过程中不断提高创新和解决问题的能力。兰伯特认为在当今这个时代,校长不再是那种个体英雄式的领导者,由校长一人独立地领导学校的状况已经不复存在,学校内外的其他教育者必须实质性地参与进来。① 圣吉提出"学习型组织"理论,即通过建立共同愿景、组建团队学习、改变心智模式、自我超越、系统思考等步骤来创建具有适应、开发、创造未来的能力的组织。在这样的组织中,善于不断学习是其基本特征。组织正是具有这种适应性学习的能力,才能不满足于现有状态,打破心理舒适圈和惯性思维,突破自身极限和实现自我超越,才能铲除发展路径中的障碍,在实践中创造自我价值,追求持续的自我发展和实现自我完善。②

在学校这种能够持续发展的学习型组织中,教师承担着推进教学过程、整合学校各项活动的主要工作。教师工作的复杂性决定了组织结构的专业性。多元化的目标,专业化的组织成员,高度的教师自治,构成了一种水平关系。组织效能主要取决于它的专业人员——教师。③ 因而,教师学习共同体是实现组织有机化、水平化的关键。④ 学习共同体生存的核心是在不断变化的充满机遇和挑战的组织环境中,成员如何拥有民主的自由,如何形成共享的权利,如何建立倾听应对的机制。通过学习共同体的建构,教师在课堂教学、课程开发、班级管理、科学研究等教育教学的环节中能够自由交换想法,实现知识的转移增长;能够获得情感精神层面的交流和满足,提升自我

---

① Lambert, L. A Framework for Shared Leadership[J]. Educational Leadership, 2002(8): 37-40.

② 圣吉.第五项修炼——学习型组织的艺术与实践[M].北京:中信出版社,2009:15.

③ 霍伊,米斯克尔.教育管理学:理论·研究·实践[M].范国睿,主译.7版.北京:教育科学出版社,2007:98.

④ 圣吉.第五项修炼——学习型组织的艺术与实践[M].北京:中信出版社,2009:96.

价值的认同感;能够获得团队成员的资源支持和协调配合,提高人与人之间的信任度;能够提升教师团队整体的凝聚力和创造力,实现学习效果的最大化。此外,学习共同体作为一种自发的非行政性组织,也是对学校组织的有益补充,使其成为有能力对各种内外部力量做出响应,进行自组织和自决定的自然系统。[①]

访谈中校长们都提到注重发展教师专业能力、提升教师专业发展水平是校长的重点工作。师资队伍建设是乡村学校发展的重点和难点。相较于城区学校,乡村教师的专业素养相对较弱,年轻教师比例相对较高,教师流动性大。通过教师学习共同体建设促进其专业发展是校长们的普遍做法。校长们通过创设"走出去"与"引进来"相结合的学习路径,鼓励教师开阔视野、创新思路;通过专家学者、学科名师的讲座研讨,提升教师的教育教学理念,发展并达成教育教学的观念共识;通过搭建学习型的共同体平台,促进教师间的交流合作,激发教师的学习力和创造力;通过现代化的科技媒介手段,譬如线上线下一体化、平台互动、智慧校园等,推动教师共同体的提质增效。

面对乡村教师的现实情境,乡村校长在团队建设中更为强调激发教师群体的内在意愿和动力,及时回应过程中出现的挑战和问题。具体体现为:一是自发性原则。激发教师的自我发展意识,使其意识到学习对职业胜任和专业发展的意义,能够自主自律克服困难,主动参与承担任务。二是实践性原则。以能够指导实践和解决教育教学中的具体问题,作为活动设计的导向;基于教师的情境性经验设计学习活动。三是实效性原则。活动有助于实现教师的职称晋升和专业发展,提升其职业获得感,能够提升学校整体的教育教学能力和教育科研成果的产出。

乡村校长在团队建设中更能因地制宜地采取不同的策略方式。通过分层和综合相结合的方式发挥学习共同体的作用。校长充分了解教师的个体状况,能够对每位教师的知识能力、个性特点以及在共同体中的作用进行细致分析,帮助指导确定负责人、成员、分工。在此基础上,依据教师与团队负

---

① 斯奈德,霍切瓦尔.生活在混沌边缘:引领学校步入全球化时代[M].郑旭东,丁煜,李曙华,译.2版.北京:教育科学出版社,2011:101.

责人自身的学科范畴、研究领域、兴趣爱好、个性特征等，以双向自愿选择的方式，组成学习共同体，让每位教师都能够在共同体中扬长避短，获得自我价值的提升。校长给予教师充分的信任与尊重，建构扁平化的学习型组织，提高沟通效率，便捷沟通方式。校长掌握活动的全过程实施情况，实现成员间的常态化交流和全方位合作，最终达到"1＋1＞2"的合作效应。通过合理的运行机制，可充分激发非行政性自发组织的自身特性，达到学习共同体自我完善与调节的功能。共同体具有明确的学习任务、学习方式、活动计划等指导性的文本框架；具有集体讨论环节和详细的活动记录；具有活动后的个人反思。共同体强调将学习的知识经验、技巧能力与个体实际相联系，内化为自身的知识能力；强调通过持续的自我学习拓宽视野，掌握当代教育教学理论研究前沿和实践动态；强调教师团队共同参与课题研究，调查研究实际的教育教学问题；强调打造动态型、宽松型的合作学习氛围。

五、乡村小学校长领导力的提升受到内外部因素影响

乡村小学校长的领导力提升受到内部与外部双重因素的影响。

（一）乡村小学校长对领导力提升的较强意愿是其内部主要因素

在教育不断变革的 21 世纪，教育理念内容和范式手段创新不断。校长作为学校组织的领导者必须率先垂范，增强自身的领导力，为成为专家型校长而努力。2018 年，《关于全面深化新时代教师队伍建设改革的意见》第 10 条规定："加强中小学校长队伍建设，努力造就一支政治过硬、品德高尚、业务精湛、治校有方的校长队伍……支持教师和校长大胆探索，创新教育思想、教育模式、教育方法，形成教学特色和办学风格，营造教育家脱颖而出的制度环境。"[①]此条明确提出"教育家型的小学校长"的目标是未来小学校长培养的理想形态和应有样式。本研究质性分析部分显示，乡村小学校长对自身品质及专业发展具有较高要求。访谈中校长在回答"提高校长领导力水平的建议"时，半数认为校长自身的内在动力是关键因素。校长在回答"乡村校长的特有困扰""不利于领导力水平提升的因素"时，半数以上认为

---

① 中共中央 国务院关于全面深化新时代教师队伍建设改革的意见［EB/OL］.（2018-01-31）［2021-03-14］. http://www.gov.cn/zhengce/2018-01/31/content_5262659.htm.

是自我提升的需求得不到满足。校长在回答"成为校长前后的重要影响因素"时,三分之一提到在前任校长的影响下,有了想要成为专家型校长的自我目标。访谈中,对于"高端培训""专家帮助",校长们普遍具有迫切需求。

乡村小学校长囿于现实环境,对提升自身领导力水平有着更为强烈的诉求。首先,教育理念和理论知识是校长领导力自我提升的重要影响因素。访谈中校长普遍认为日常事务性工作较为烦琐,导致其缺少对国内外先进教育教学和管理理念的学习钻研时间和精力。其次,教育视野直接影响校长的未来设想和目标设立。访谈中多位校长提到在参与所在区县组织的校长培训项目时,有机会"走出去",实地考察国内教育发达地区的名校,倾听知名校长的经验报告讲座。名校的办学实践和校长的办学理念,使得乡村校长对自身和学校发展有了更深层次的思考。最后,解决实际问题和创新问题解决方式是校长领导力自我提升的主要途径。访谈中校长多次谈到实践与创新对于自身成长的重大影响。在对校长成长经历的访谈归纳中,笔者发现在实践中不断创新问题的解决方式,是校长们快速成长的必然途径。譬如,作为乡村教师,能够发现与研究教学中的实际问题,逐步成长为学科带头人。作为中层干部,在教学科研管理工作中,能够进行教育科研的研究与改革,大胆尝试,勇于创新,对自身教育教学的经验进行理论提升,逐步成长为教学名师和学校校长。作为乡村校长,始终坚持在实践中发现问题、解决问题,在不断的行动研究中,成长为教育教学与学校管理领域的专家。

(二)乡村小学校长领导力的提升也受到外部因素的制约影响

在乡村小学,校长领导力提升受到现实环境条件的制约非常明显。现实中,乡村小学中专家型或教育家型的校长极为稀少。本次研究中,以获得浙江省正高级小学教师职称或特级教师荣誉称号或浙派名师名校长称号作为衡量标准,达到专家型校长的人数仅为 1 人。访谈中,半数以上的校长在谈到"限制校长领导力水平发挥的因素""乡村小学校长特有的困扰""提高校长领导力水平的建议"时表示,和城市小学相比,乡村小学校长在理论知识学习、创新实践、开阔眼界等方面的机会相对较少,受客观层面条件的制约相对较多。笔者认为外部因素对乡村小学校长领导力提升的制约作用较为明显,主要原因在于乡村小学校长领导力培养开发途径尚不健全。对中小学校长而言,培训是终身学习和继续教育的重要手段和必由之路。校长通过提高知识技能,改进理念方法,能够有效提升自身的领导力水平。近年来,中小学校长领导力水平的培养提升问题已成为我国全面深化教育改革的热点。2017 年,《中小学校领导人员管理暂行办法》明确要求对于中小学校的校长进行针对性的任职资格和提高、研修性质的培训活动。《关于全面深化新时代教师队伍建设改革的意见》第 10 条规定:"面向全体中小学校长,加大培训力度,提升校长办学治校能力,打造高品质学校。实施校长国培计划,重点开展乡村中小学骨干校长培训和名校长研修。"①由此可见,中小学校长领导力培养是新时代全面深化我国教师队伍改革建设的主要内容,是全面达到城乡教育均衡、整体提升教育质量的重要手段。

目前国际通行的校长领导力培养,较为普遍的途径为常规的领导力开发路径,即中小学校长在通过校长资格认证并获取相应的证书后才有资格赴任。新型的领导力开发路径,即校长领导力可通过领导者本人在工作实践中逐步培养和开发,取消对于资格证书的强制性要求,强调校长的领导力可在工作中逐步培养和提升。

我国对中小学校长领导力的开发培养尚处于探索阶段,并未形成相应的系统性的实践路径。访谈中校长们普遍认为,目前教育行政部门所提供的校长岗位培训机会和数量较少,培训途径较为单一,培训质量不能满足领导工作的实际需求。校长们对"高端培训"的渴求,实质上是对目前的领导力培训有效性的质疑。因此,消除上述外部因素对乡村校长领导力提升的制约影响,可通过提高乡村校长培训的有效性来实现。

第二节　对策建议

针对上文中乡村小学校长领导力的研究结论,本节笔者提出以下相应的对策建议。

---

① 中共中央 国务院关于全面深化新时代教师队伍建设改革的意见[EB/OL]. (2018-01-31)[2021-03-14]. http://www.gov.cn/zhengce/2018-01/31/content_5262659.htm.

一、乡村小学校长需要强化对自身角色的专业定位

2013 年,教育部颁布《义务教育学校校长专业标准》。该标准从规划学校发展目标、营造育人文化环境、领导学校课程教学、引领教师专业成长、优化学校内部管理、适应学校外部环境等维度,系统建构了我国义务教育阶段校长的主要专业职责和素质要求,指明了校长专业发展的主要方向,体现了教育家办学的未来趋势。它是校长进行学校管理、自我专业发展的行为准则,可作为校长任职资格条件和考核评价指标,也可成为衡量评价校长专业性程度和领导力水平的依据和标尺。中小学校长专业化是时代发展的必然要求。研究表明,校长专业化是校长这一职业群体由准专业向专业阶段发展的社会必然要求,也是校长个体专业持续发展,校长成为一种专门性职业并获得相应的专业地位的必然过程。[①] 因此,校长专业化的角色定位是社会发展和个体自我完善的必然结果。

因中小学校长的任命、监督和管理权都在上级教育行政主管部门,所以部分校长并未建立起强烈的角色身份意识。针对有校长认为"校长只是给我的一个职位,我本质上还是一名教师""做不做校长其实也无所谓,大不了回去做老师总可以的"等观点,更需明确教师与校长不同的角色定位。在学校组织结构高度分化的当下,校长已经从教师群体中分离,成为一种独立的专业职位。"一个好的教师未必能成为一个好领导,一个可能成为好领导的教师,在跻身领导岗位后,还须转换角色。"[②]校长作为专业的领导者,专业性是现代学校发展的必然要求,是学校管理的内在规定,由校长职位的本质属性所决定,也是校长自身发展的必然结果。

21 世纪对校长职业的角色定位提出了更高要求,也为校长专业化发展指明了方向。马萨·斯佩克将校长这一职业定义为教育者、领导者和管理者三重角色。作为教育者,对学校的组织特性、核心价值观进行定位;作为领导者,对学校的远景目标和发展规划进行设计;作为管理者,运用科学的

---

① 褚宏启.校长专业化的知识基础[J].教育理论与实践,2003(12):27-32.

② 叶澜."新基础教育"论:关于当代中国学校变革的探究与认识[M].北京:教育科学出版社,2006:339.

管理方法对学校的教育教学工作进行全面管理。[①]

现实中乡村小学校长的多重角色如何进行专业定位？

策略一：乡村校长需强化校长专业角色意识和自身特有的乡村意识。校长的角色定位意识并非自然生成，而是在后天的逐步培养中习得的。乡村校长需要有参与专业角色培训的主动意识。乡村校长的角色定位和专业开发需要通过职前职后系列的教育培训来实现。国际通行做法是对校长进行职前的资格认证和职后的资格培训。譬如，美国以自愿报名为基础，挑选教学等各方面都较为优秀的教师参加"校长资格培训项目"。教师在完成相应的课程学习，顺利通过考核后，获得专业资格证书。获得证书的教师有资格去申请副校长或校长职务。英国在2012年后实行自由申请制，校长候选人可从教育标准办公室（Office for Standard in Education）认定的机构自行选择进行职前或职后培训。[②] 校长的专业性结构改善，专业精神观念和知识能力提升，需要以专业意识和专业态度作为内在性、生成性的持续发展动力，需要校长将所从事的学校领导工作当作一种专业，通过终身学习来拓展专业内涵，通过自我反思和创新实践来提升专业境界。通过有效的校长自我角色训练，乡村小学校长可以从自我层面提高校长角色的意识水平。譬如，校长可对照校长专业标准的具体要求，强化自身的教育使命感、管理责任心，提升课程与教学的领导力，树立全面卓越的学生发展观和正确的学校效能观。乡村校长除具有上述专业引领者的观念外，还需具有鲜明的乡村意识。校长需要充分了解学校所在的乡村社会，以一种合作开放的态度，因地制宜地利用乡村资源。譬如，在校本课程开发和课外活动开展中，校长需要使乡村学校成为乡村的文化中心，获得所在社区与居民的认可，进而从乡村社会中获得专业角色的外部认同。

策略二：校长专业培训需创新内容，增强针对性与实效性。针对多位校长提出的培训内容缺乏针对性与实用性问题，校长专业培训需要将校长专业标准作为课程内容的主要标准依据。培训的内容体系需要从专业知识、专业能力和专业精神等校长专业化角色定位的角度来构建。譬如，《义务教

① 程振响.校长培训效能与改进研究[M].南京：南京大学出版社，2009：7.

② 埃奇，郭婧.解读国际化大都市校长领导力发展模式[J].外国中小学教育，2015(6)：1-6.

育学校校长专业标准》强调"以德为先,育人为本,引领发展,能力为重,终身学习"①的思想理念,对于校长的角色定位提出价值领导(规划学校发展,营造育人文化)、教学领导(领导课程教学,引领教师发展)、组织领导(优化内部管理,调适外部环境)等维度的分类。并且,从专业理解与认识、专业知识与方法、专业能力与行为的角度,将上述三个维度的专业职责细化为具体的专业要求。在培训内容的开发中,需要以上述内容为基础,对校长进行规范指导,建立校长专业发展的完整体系,从而实现对校长角色的准确定位。同时,校长专业培训需要将校长选拔聘任的指标体系纳入培训内容,即增加明确规范的校长选拔聘任的标准程序,使校长能够对标指标体系,明确领导力提升的具体目标方向。校长选拔聘任指标体系主要通过以下特征,最大限度地保证了制度的实施效果。第一,它能够综合考量国际通行做法、我国国情、地区现状等不同层次的情况要求,譬如校长的年龄层次、工作年限、性别、学科学缘、地缘区域结构等情形。第二,它对聘任候选人设定校长职位必备的条件要求,如具有校长资格证书、一定时长的校长或副校长职位工作经历等。第三,它重点考察校长聘任候选人的领导力水平,包括知识与能力、理论与实践等方面。譬如,校长能否对学校进行合理的办学发展规划设计,能否促进学生的学业成就,能否营造良好的工作氛围,能否利用现代化手段对学生做出诊断,能否和所在社区保持良好的关系等。第四,建立专门的专家聘用选拔小组。聘用选拔的专家小组具有明确的构成程序,由学校的管理委员会、上级教育主管部门、学校所属地的教育委员会、学校教职工代表大会等学校组织的利益相关方派代表组成。

策略三:校长专业培训需创新形式,激发校长主观能动性。针对培训形式单一的问题,校长专业培训可根据不同地域、不同成长期的校长设置分层培训体系。可通过论坛沙龙、轮岗锻炼等培训具体方式提高校长的参与度和积极性。浙江省在乡村校长培训方面的创新尝试值得借鉴。譬如,杭州市针对淳安等下属乡村小学,成立乡村校长工作室,以学习共同体的方式,

① 中华人民共和国教育部.教育部关于印发《义务教育学校校长专业标准》的通知[EB/OL].(2013-02-04)[2021-03-14].http://www.moe.gov.cn/srcsite/A10/s7151/201302/t20130216_147899.html.

提升乡村校长的领导力水平。有一位接受访谈的校长曾作为工作室成员被派往杭州的一所名校短期任职,并与名校校长结成师徒,这段经历使其领导力水平得到快速提升。2017 年,《中小学校领导人员管理暂行办法》提出,针对中小学校长的实际情形,推行不同层次的校长培训体系,包括校长任职资格培训、提高培训和高级研修。在量化研究中发现,乡村小学校长的领导力水平随着校长年龄增长而明显下降。这表明需要建立切合不同年龄阶段、符合校长不同主体需求的分层培训体系。本研究涉及的乡村学校位于大山深处、偏僻海岛、城乡接合部等不同的乡村区域,它们之间具有较大的差异。建立互补整合的领导力培训实施与保障机制,整体优化、局部细化现有的培训制度,是对乡村小学校长进行有效专业培训,提升其领导力水平的重要措施。

通过上述外部性推动与内部性发展的策略,乡村小学校长可较为准确地进行专业角色定位,从而弱化或消除乡村校长因自身角色定位差异带来的负面影响,通过明确的职责规范和操守进行自我规限,最终帮助其提升领导力水平。

二、乡村小学校长需要民主赋权提升道德领导水平

校长的行政权力是以职位职务为基础的法定权力,并不依附于个人,具有来自法律条款和制度的强制性。它的一元性和整合力特征体现为组织的决定主导权掌握在少数领导者手中,组织内其他成员只负责执行上层所做出的决策,因此能提高行政效率,协调完成复杂任务,创造有效率的组织。这对有效执行和贯彻国家意图和政策有着重大意义。但同时,上述特征也容易导致行政权力的膨胀,剥夺组织成员民主参与的诉求,从而使得权力格局失衡,降低组织发展的灵活性与创造性。行政权力因其自身具有的不确定性和不可持续性,使得拥有者具有的权力最大化并尽可能扩张权力的内在动力和外在压力。

萨乔万尼从领导学角度强调校长的权力最终要转向道德权力,学校最终要走向道德领导。"道德权威、情感、社会契约、盟约性共同体、责任和义务、借助愤怒的领导——这些都代表着危险的理念。一方面,倘若运用恰当,它们是能够帮助我们抵及学校改善之核心的烈药;而另一方面,同样是

这剂烈药,会鼓励一种荒谬的、抵御变革的、沉闷的领导实践。解毒药可以变成毒药。"①迈克尔·富兰特别强调校长的道德领导能力:"最优秀的领导们都具有一种多层面的道德使命,都具有一种谦逊品质和强烈的事业志向;他们都努力克服责任病毒,并将系统地培养他人的领导才干、实现持续发展视为己任。"②

不断变化的组织外部环境要求领导者通过对追随者的赋权来取代传统的管制。后现代主义的组织管理论中,权力被理解为由关系所产生的能力。它不是依附或被限制于某些阶层和职务,而是在组织内进行能量的流动。正是这种流动产生的联系才是权力本身。③ 体现在学校组织中,校长的英雄式领导逐渐式微,校长领导逐渐转向以权力授予为主的参与式管理,集体智慧、共同责任成为学校组织发展中的关键因素。行政权力的拥有者与组织内其他成员间呈现出一种双向的权力关系。校长负责制的实施和中小学办学自主权的下放,使校长获得了更多的行政权力。但校长的领导力并非附着于校长职位之上,它和校长的行政权力并不等同。校长的行政权力是为校长更好地实现领导力、提高学校效能服务的。校长只有在全体师生的认同拥护下,才具有真正的领导力,其行政权力才能得到真正实施。为保证学校组织的良性发展,校长通过民主决策等的分权方式,能够极大提高自身的领导力,还能促进学校组织的自身发展和效能提升。

策略一:乡村校长需对教职工进行民主赋权,让渡部分权力。教职工是学校组织中潜在的领导者。"教师们应该在政策制定中发挥一种作用,应该在一种同事关系中开展工作,与管理者'共享权力'。通过这种关系,校长们成为学校目标实现的推动者,赋予教师们以权力并允许他们拥有自己的观点。"④每位教职工都有可能发挥自身的领导力,校长需要通过分权的方式促使教职工领导力的实现。校长需要转变控制型思维方式,用生长型思维来

① 萨乔万尼.道德领导:抵及学校改善的核心[M].冯大鸣,译.上海:上海教育出版社,2002:165.

② 富兰.学校领导的道德使命[M].中央教育科学研究所,加拿大多伦多国际学院,组织翻译.北京:教育科学出版社,2005:82.

③ 斯奈德,霍切瓦尔.生活在混沌边缘:引领学校步入全球化时代[M].郑旭东,丁煜,李曙华,译.2版.北京:教育科学出版社,2011:293.

④ 斯诺登.学校领导与管理[M].李敏,等译.上海:华东师范大学出版社,2008:98-99.

适应学校组织自身发生的演化,让教师广泛参与学校的各项决策。随着社会和组织自身的发展,教师全面参与决策已逐渐成为一种趋势。已有研究表明,教师参与决策的广度和深度直接决定其对学校以及自身发展的投入程度,与教师对自身职业的满意度有较高的正相关,并且教师对能够让他们参与决策的校长的认同度较高。[①] 校长通过建立授权与分权的协商机制,突出强化教代会的功能,合理让渡部分行政权力,完善学校内部民主管理制度。譬如,学校给予教师解决课堂教学等日常教育教学工作中的问题的自主决策权力;给予教师担任各级各类行政或非行政职务职位的合适机会。学校鼓励教师参与重大事务的讨论和决策。学校重大问题须经教代会审议。学校明确并细化校内中层及以上领导成员的工作职责,制定执行教代会的定期会议和选举制度。教代会直接参与校长的考核和聘用。

策略二:乡村校长需通过校务委员会对自身权力进行监督。《关于基础教育改革与发展的决定》提出:有条件的学校要设立校长主持的、人数不多的、有威信的校务委员会。作为审议机构,要建立和健全以教师为主体的教职工代表大会制度,加强民主管理和民主监督。[②] 校务委员会具有明确的决策审议功能,国家层面对其权责范围、设立条件、行使标准、成员构成等进行法律明确,学校层面依此执行。校务委员会制度是避免校长追求行政权力最大化的重要手段。可借鉴同类经验,譬如德国的学校咨询委员会和校长联席会议制。会议成员由校长、4位教师代表、4位家长代表、4位学生代表、1位社区代表组成,围绕学校决策工作,须有三分之二以上成员同意才能通过,如决议人数各占一半,校长有最终决定权。由上述经验可见,校长的行政权力经由校务委员会制度可受到限制。校长的权力范围主要限定于对学校日常事务的执行权和指挥权、财产设施的管理权等,目的是保证学校组织的日常的良性循环运作。重大事务的决策权、财务人事等的变动权,通过集体讨论、民主审议的决策机制来确保学校组织的方向和发展的稳定性。

针对本次研究中出现的乡村小学校长道德领导力水平较低尤其是民主

---

① 吴志宏.教育行政学[M].北京:人民教育出版社,2000:173.

② 国务院关于基础教育改革与发展的决定[EB/OL].(2001-05-29)[2021-03-14].http://www.moe.gov.cn/jyb_xxgk/moe_1777/moe_1778/201412/t20141217_181775.html.

性较弱的现状,通过民主赋权、校内监督的方式实现乡村小学校长道德领导力水平的提升成为必然选择。校长以自身的优良品行和民主行为影响全体师生,并在领导互动的过程中,校长自身和全体师生的道德水平也得到进一步提高,最终使得领导过程也具有了道德性。

策略三:教育主管部门需改善校长聘任制以实现制度保障。《国家中长期教育改革和发展规划纲要(2010—2020 年)》指出:制定校长任职资格标准,坚持德才兼备、以德为先的用人标准,选拔任用学校领导干部,加大校长培训和交流任职力度,促进校长专业化,提高校长管理水平。[①] 因此,建立适合我国国情的校长选拔和任职标准,能够有效保障校长领导力水平的提升,从而提高学校效能和教育质量水平。目前我国普遍采用上级授权任免的校长聘任制度——委任制,即上级教育主管部门作为授权机关对校长聘任负有全部责任,并承担校长任用后的考核评价监督等职责。[②] 接受访谈的校长都是上级教育部门直接任命的。委任制具有较高效率、程序简洁、计划性与组织性强,便于政府意志以政令的方式下达、贯彻和执行,也便于上级部门管理。但同时也具有无法体现校长职业特性和专业特点,不能全面满足基础教育内在需求,难以采用择优原则进行选拔甄别,选拔过程公开性、竞争性、平等性较弱,因其事实上的终身制易导致校长安于现状,不利于学校活力增强等缺点。在委任制下,校长负责的主要对象是上级教育主管部门,易导致校长忽视学校教育的主体对象学生的发展,忽视教师的民主需求,从而无法真正落实学校的办学理念。从权力层面看,委任制授权过程中,上级与下级间的管理权限缺乏明确的限定与说明。《中华人民共和国教育法》规定小学校长具有"学校的教学及其他行政管理"的职务权力。其中,行政管理包含人事、科研、总务管理,校长全面负责学校的教学、人事、科研、总务管理工作。但对行政管理的具体内容要求,校长职责范围的外延等问题却没有明确规定。譬如,人事管理的范围是涵盖学校所有人员还是部分人员?是

---

① 中华人民共和国教育部.国家中长期教育改革和发展规划纲要(2010-2020 年)[EB/OL].(2010-07-29)[2021-03-14]. http://www.moe.gov.cn/srcsite/A01/s7048/201007/t20100729_171904.html.

② 高宏赋,孙克伟.民主推选中小学校长的策略研究——以东部经济较发达的县为视角[J].教育与教学研究,2011(7):32-33,75.

人员的招聘权还是解聘权,或是两者兼具? 这种授权方式容易使上下级对授权范围和权限职责的理解产生歧义,为上级随意变更权限内容提供了条件,客观上使得上级在授权关系中自然拥有了管理责任和监督权力,下级因上级在关系中占据的主导地位而对其产生自然敬畏。

针对现行的小学校长委任制,教育行政主管部门需要进行制度层面的思考与改进。选拔制中,与学校组织密切相关的内外部群体(学校利益相关方)都可对校长实施选择权,即具有对校长的选拔任用权,它们也就自然担负起监督的责任。由此,校长的主要负责对象从上级教育主管部门转移到学校组织本身。与委任制相比,选拔制存在明显优势。但制度变革非朝夕间可以完成。现阶段小学校长聘任的制度层面可描述为:逐步改变以委任制为主的校长聘任制度,将选拔制、委任制有机结合,形成一种以选拔制为主体、委任制适当并存的乡村小学校长聘任制度。因此,构建以选拔制为主体的乡村小学校长聘任制度是乡村小学校长领导力水平提升的重要制度保障。

三、乡村小学校长需要打造以人为本的学校文化氛围

在人与组织的相互关系中,组织为了满足人的需求而存在,但人却并不仅仅为了满足组织需求而存在。不同组织内部都存在经验和表述的差异,这种文化成为影响组织的重要环境。组织中,文化是增强凝聚力和团结成员的黏合剂。"一个群体为解决外部适应和内部融合问题时,所学习到的一系列共享的基本假定所构成的模式,这种模式运行得很好,以至于被认为是有效的。因此,就被作为观察、思考、感受这些问题的正确方法,教授给新成员。"[①]这种模式以组织成员共同的社会信念价值观为核心,通过成员间的相互作用,尤其是神话、礼仪、故事、传奇等具有象征意义的事物去解释和创造社会现实,使得组织成员能够明确目标,遵守秩序,从而产生凝聚力,最终促进组织有效发展。作为领导者,对组织文化的创造、培育与扶植是其不可或缺的工作内容。他应能够提出植根于价值观和人本精神的目标方向,并能

① 鲍曼,迪尔.组织重构:艺术、选择及领导[M].桑强,高杰英,等译.3 版.北京:高等教育出版社,2005:271-272.

够让成员高度认同和持续追随。

文化决定组织成员行为方式的内在价值和信念体系,因此在学校组织中,文化就成为全校师生员工共享的内在价值和信念体系。核心教育理念和价值观念成为学校发展创新的精神动力,学校的文化领导也成为校长领导力建设的重要环节。萨乔万尼认为,学校作为一种学习共同体,组织结构宽松,文化联结紧密。学校文化如果从物质和精神维度划分,学校物质文化通常指学校教育的硬件环境布置和文化实物,譬如教学楼、宣传栏、操场等场景的环境布置,校训、校徽、校歌、学风、教风等的实物展示。它们是学校文化建设成效的直接呈现,也是学校文化活动的载体。学校精神文化则主要指学校推崇的核心价值观、师生行为准则、教育理念信仰等精神层面的软环境。它作为全体师生共同的心态和氛围弥漫于学校整体,渗透至学校组织成员的日常活动。

策略一:乡村小学校长需要创建人文鼓励的学校文化。研究表明,增加任务的丰富性是对员工进行有效激励的重要途径。领导者赋予员工更多的自由与反馈、更大的挑战和机会,使得员工更为负责,并促使他们使用更多的技术。譬如,充分了解员工的个体需求;将工作的整体意义价值以可视化方式呈现给员工;使员工建立起直接对结果负责的感觉机制;使员工能够收到工作努力和改进方向等内容的反馈。[①] 学校作为特殊的组织形式,学生的学习是高度自主化的过程,教师的工作具有专业化的劳动特征,教师工作的积极性、主动性直接影响其工作成效,继而影响学生的教育成效,最终影响学校的整体效能。譬如,校长在促进教师专业发展时,可将学校文化看作"生命的有机体",创建一种鼓励而非顺从的学校人文氛围。校长将师生的自主发展作为最终目的,顺应学校组织和教师成员的特殊性,为其发展提供保障和条件,而不是以限制控制师生作为制度制定执行的根本目的。因此,学校文化的建设过程中,需要鼓励师生在选取内容、规范程序方面,提出创新性意见,充分发挥主动性;需要师生认同与理解学校文化的来源初衷、主题中心、意义作用;需要师生全面深入地参与实体环境和人文环境的建设工

---

① 鲍曼,迪尔.组织重构:艺术、选择及领导[M].桑强,高杰英,等译.3 版.北京:高等教育出版社,2005:165.

作;需要校长充分发挥人性原则,使师生能够自觉遵守并积极维护学校文化所代表的核心价值理念,使学校组织运行中的理性与感性因素能相互融合,最终实现学校组织的利益最优化。

策略二:乡村小学校长需要创建信任合作的学校文化。"教育组织存在的唯一意义就是:通过培养人们的合作精神,从而实现单靠个人努力不能完成的目标。所以,理想的组织标准着重于合作、和谐、协作。"[①]合作能够使得组织成员具有较高的成就感和良性的人际互动感,从而使得成员具有健康的心理状态和成功积极的人际关系。校长需要鼓励教师间、学生间、师生间的多层次多样态的交流合作,协调教师间的利益责任分配,形成合作意识和合作精神。譬如,通过备课组、年级组等单位形式,采用综合集体考核评价的方式,促进教师间的主动沟通交流,先进教学方法与信息资源的共享共用,形成互帮互助的风尚。以换位游戏、角色扮演等教学形式,激发学生的合作意识,避免不良内部竞争引发的冲突与内耗。校长以信任的方式可以使教师工作更为自觉有效。教师自身具有知识技能和对事务的判断能力,因此,校长需要信任教师的能力,欢迎教师参与决策;需要有明确的边界意识,严格遵守协议,尊重教师的个人意志;需要及时分享信息,以校务公开的方式获取反馈,实现双向沟通。

策略三:乡村小学校长需要具有感召式的文化领导力。"领导好一所学校,需要校长们有魄力、有能力去创建新的校园文化。"[②]迈克尔·富兰所指的校长的魄力和能力更多是指向感召力。感召力(charisma)指因某个人具有非凡的个人性格,使得一群人追随并接受他的命令。感召力具有情境化、不稳定的特征,一旦追随者对领导者失望、不再相信和尊重他时,感召力便会消失。但当感召力依附于特定职位和占据这一职位的人时,它的稳定性便会增强。[③] 访谈中有 5 位校长提到自身的感召力在领导学校时发挥的作

---

① 欧文斯.教育组织行为学[M].窦卫霖,温建平,王越,译.上海:华东师范大学出版社,2001:402.

② 富兰.学校领导的道德使命[M].中央教育科学研究所,加拿大多伦多国际学院,组织翻译.北京:教育科学出版社,2005:48.

③ 克拉克.高等教育系统——学术组织的跨国研究[M].王承绪,等译.杭州:杭州大学出版社,1994:135.

用。校长在进行学校文化领导时,需要运用感召力来创造和实现学校文化。校长通过对学校现实的考量和已有文化的观察,通过全面挖掘学校历史内涵和未来愿景,结合师生的需求,创新文化传统,设计出具有学校自身特色的教育理念和价值观念体系,从而提升学校的文化品位,给学校发展提供内在动力。校长通过创设专门的文化场域,建立和传播学校文化中的核心理念,使得师生与学校文化之间形成较高的吻合度。校长通过自身平等开放、关心他人的人格魅力,吸引感染师生,形成良性互助的人际交往环境。

四、乡村小学校长需要提升外部资源协调整合能力

当代社会中,学校组织的边界正日益变得模糊化和容易渗透。它不可避免地处于政府、社区、家长等组成的社会环境中,而这些群体一方面与学校组织的利益相关,另一方面又要维护和学校组织不同的自身权益。"所有的集体、协会、工联、地方团体和中间组织都必须共同承担教育责任。"[1]乡村学校具有较为独特的外部环境,乡村校长尤其需要重视外部资源(家长、社区、教育行政部门等)的优势转化,在面对外部因素的不利影响时,通过提升自身的外部资源协调整合能力,使学校组织能够积极应对外部环境,使自身的领导力水平得以快速发展。

策略一:乡村校长需通过改善沟通方式提升家长素质,增强家校合力。访谈中校长普遍认为乡村学生家长的教育观念与城区相比差距较大,放任型家长比例较高。留守儿童、父母进城务工、祖父母监护、经济状况不佳、父母离异等特殊家庭情况在乡村小学中较为普遍。乡村小学校长普遍面对学校与家庭难以形成教育合力的现实阻力。但同时,乡村小学校长对家长参与学校工作的意识普遍较低。已有调查显示,认为需要与家长沟通的中小学校长占比仅为78％。[2] 仅有7.84％校长认为家长有必要参与学校决策,并且这种参与也仅仅是一种形式上的参与。在实际情形中,家长有机会参与决策过程的可能性更低。[3] 因此,乡村小学校长需要改变传统沟通方式,

①　联合国教科文组织国际教育发展委员会.学会生存:教育世界的今天和明天[M].北京:教育科学出版社,1996:202.

②　李玉芳.校长领导力的开发与提升[M].北京:教育科学出版社,2015:109.

③　李玉芳.校长领导力的开发与提升[M].北京:教育科学出版社,2015:140.

通过增设家长委员会(以下简称"家委会")、家长学校等新型方式提升家长素质,从而形成家校合作的教育合力。

乡村小学校长首先需要与家长达成目标共识。校长需要与家长建立教育共同愿景,协调可能出现的冲突,凝聚家长的力量和资源。校长要对乡村家庭的需求有敏锐的感受力,在掌握学生家庭具体情况的基础上,帮助家长打造良好的家庭环境,提供能在乡村家庭内实施的支持学生学习的切实可行的建议,使得乡村学生具有来自家庭的可持续学习的发展动力。其次,学校需要成立家委会。家委会以学校共同愿景为目标,参与学校发展规划的制定、与学生利益相关事项的决策、学生发展目标的确立等工作。它与家长进行双向交流,广泛征集意见建议,作为学校工作调整的依据参考。通过学校与家委会的双向信息交流,学校向家长及时提供学校发展和学生成长的信息,促进学生的全面发展。家委会作为学校效能监控和管理改进落实的补充监督机构,能够促使校长进行工作反思,促进学校的发展提升。最后,学校需要办好家长学校。通过家长学校这一新型的家长学习形式,帮助乡村家长增长教育理论知识,掌握家庭教育方法,提高家庭教育水平。

策略二:乡村校长需通过学校与社区的"相互回归",融入乡村社会。乡村学校身处乡村社会,受乡村社会自有特征的影响较大。乡村校长应依托乡村社会的优势地位,与学校所在社区保持密切联系,争取社区资源,形成优势资源互补、相互支持的合作关系。访谈中5位校长有过从乡镇社区取得较大金额的资金支持,以改善学校硬件和软件建设的实际经历。F校长将学校书法特色与社区文化、家庭教育紧密联系,通过家长与孩子一起学书法、练书法、办展览,打通学校、社区、家庭三种场景,使得学校组织内外环境能够紧密互利。乡村校长需要宣传学校的办学理念和远景目标,增强社区的配合参与意愿,既使学校"回归社区",将社区打造成学生重要的校外实践场所,又使社区"回归学校",使得学校成为社区发展的必要组成部分和社区的重要公益事业。这种"相互回归"中,社区不只是提供场地、人员和器材,而是与学校资源进行充分整合。学校邀请社区成员展示、教授技能,承担部分校本课程的教学工作,将社区特色文化作为校本课程编制的内容,建立社区与学校的长效合作机制。并且,社区作为利益相关方还应被纳入学校的管理监督机制。譬如,意大利实行的学校管理委员会、新西兰设立的学校董事会,均由教师、学生、家长、社区多方成员代表构成,在学校政策和发展规划制定、教师雇佣、财务管理等方面发挥职能作用。

策略三:乡村校长需通过与教育行政部门的双向监督,改善组织环境。我国基础教育办学的通行管理模式是政府与教育行政主管部门对学校的办学自主权下放较少,包揽较多。访谈分析中,校长们普遍认为教育行政主管部门的管理会影响其领导力水平的提升。譬如,教育行政部门进行的与学校教学无关的检查活动,某些工作人员的官僚主义作风,对校长的正常领导工作和时间精力都有所干扰。校长不具有人事任用权,在教师日常管理和专业建设时工作难度增大。校长能够支配的经费有限,直接限制了校园环境建设、教学设备更新投入等方面的速度与程度。在评奖评优活动中,乡村学校和教师因学校位置偏僻、缺乏人脉关系等,并未受到相应的政策倾斜和鼓励,还常会落选。上述教育行政部门的管理弊端,会挫伤校长领导工作的积极性,影响学校效能的提升。因此,教育行政部门需健全监督渠道,全面听取下级学校的意见建议,积极改善工作态度,消除管理弊端所带来的负面影响。

乡村小学校长可通过双向监督的方式,促进教育行政部门工作的改善,回应自身所处的现实情境。校长一方面应与教育行政部门进行积极主动的沟通交流,建言献策,充分行使监督权,促其改善;另一方面也需从学校组织内部实现管理方式的转变,发挥学校组织自管理的监督作用。譬如,校长可通过对学校目标制定权、财政预算权、人事任用权、课程设置权等的良好运作,增强学校组织自身的动力与活力。校长可通过中介组织、政策引导、督导评估、信息服务等方式对人财物进行调控,保证国家教育目标的实现和教育的公平公正。校长可引进社会机构和第三方组织对财物预决算、教师专业发展、学校效能等进行评价监督。上述方式可以使校长在享有权力的同时,也承担起权力使用的结果责任。即校长既肩负着明确的领导责任,同时也受到完善的评价监督。

乡村小学校长应更为积极主动地与家长、社区、教育行政部门以及其他校外组织机构进行沟通协调,为学校发展获取最大可能的优势资源,以此来弥补乡村学校在外部资源获取时的某些劣势,构建一种能够与外部环境相适应的现代学校组织模式。

五、乡村小学校长需要在实践中对标校长考评体系

从系统论角度看,学校组织的运行、动力和保障机制是其正常运作的基本组成部分。运行机制作为学校组织的核心机制,将人财物、时间空间等因素组织成有序状态,为学校组织的正常运行提供保障。动力机制作为激励保持学校组织运行的内在动力,促使组织成员不断追求自身和组织利益的最优化。保障机制作为实现学校组织愿景的保证,建立学校组织内外部因素相互制衡、监督调节的制度,从而实现组织的自我调节。由此可见,建立和完善保障机制对于学校组织具有不可或缺的重要意义。教育行政主管部门对乡村小学校长的考核评价是学校组织保障机制的重要环节。

目前对中小学校长采取的考核评价方法,主要是以常规工作绩效考核形式体现的任职考核。这种校长考评方式主要依据《关于加强全国中小学校长队伍建设的意见(试行)》中的"德、能、勤、绩"四个维度,并结合校长的素质能力、行为取向、结果取向三方面内容。具体操作中,由学校所属的教育局相关职能部门主持,采用自我述职、教师座谈会、教工民意测评、财务审计等具体方式,从上述四个维度对校长进行相应的工作考核与评价,并以此作为其个人奖励惩罚、职务提降的依据。上述校长考评方式,客观上能够起到考评的作用,但弊端也较为明显,具体表现为:一是评价内容设置的不全面。考核内容主要针对校长个人,忽视了校长的领导力水平与学校的整体发展,尤其是与效能水平的提高之间的因果关系。二是评价方式的主观性较强。校长述职和民意测评的方式自身带有较强的主观性。并且在实际使用过程中,可能因为教育主管部门工作人员对考核方法重形式轻内容的使用,操作中的简单化应用,导致考核过程流于形式,考核结果信效度缺失。三是参与评价的对象较单一。目前的校长评价中,直接参与的对象有上级教育主管部门、校长本人、教职工,间接参与的有学校的学生。但评价中缺少社会评价。学校组织外部的利益相关方,譬如社区和学生家长等仍被排除在外。四是评价维度设置的不合理。校长领导行为本身具有短期内不易被观察、较难和结果直接相联系的问题,较难进行量化评价。这对于量化评价的维度设置提出较高的要求。但目前的校长评价量化指标设置客观依据不足,直接影响结果的信效度。五是评价要素权重设置失衡。现有考核体

系中对"德、能、勤、绩"四个维度的权重设置，重心普遍向学生成绩倾斜，将其设为评价指标的重要权重。上级评价也具有较大的权重，并对考评结果具有较大的掌控权，因此校长可能对上级进行迎合，以换取较为有利的评价结果。

如果要改变目前存在的校长评价只唯上级主管部门，不唯学校和师生的倾向，就需要改进完善校长考评的内容体系和方式程序：以校长领导力评价为核心内容，以校长领导力的测评方式为基础，以科学的测评手段为衡量标准，保障校长将工作重心落实到学校组织自身，保障学校发展目标——效能提升的实现，保障校长领导力水平的提升和专业水平的持续发展。上述任职考核制度的弊端，除教育行政主管部门需要对现行校长考评制度进行完善外，作为被考评对象的乡村小学校长更需要主动对标考核评价体系，以评价为中心，以循证改进为目的，达到"以评促建"的最终目的。乡村小学校长必须以校长领导力评价指标为日常领导工作的衡量标准，在工作中持续改进，从而实现学校效能和自身领导力水平提升的终极目标。乡村小学校长考评体系的改善，可参照以下原则。

从评价目的出发，改变目前乡村小学校长以留免、升降、奖惩为目的的年度考核评价方式，将评价重点放在如何促进校长进行自我反思，如何针对出现的问题进行改进，如何提高校长的自我专业素养等方面，从而真正达到"以评促建"的目的。校长评价的一个重要目的是"评价现任校长的工作优势和弱势，并为他们提出相应的职业发展建议和专业发展机会"[①]。因此，考评需要进行及时的评价反馈，将评价结果与评价目的对标，使校长对学校发展状况和自身工作的优缺点有明确的认识，反思改进，从而提升校长的领导力水平，达到评价的最终目的。

从评价内容出发，不以学生的成绩、升学率等简单易量化的指标作为乡村小学校长评价的主要依据，而是纳入校长的工作绩效、专业素养等领导力维度指标内容。评价内容需要以现行绩效考核指标为基础，进一步细化校长的专业素养等维度指标，将方便量化的、不易量化的、潜在绩效等因素综

---

① 蔡奇杰.美国公立中小学校长评价制度的法律保障与效果分析[J].教育发展研究,2010(8):43-48.

合加以考虑,使得校长评价的内容指标更为全面。

从评价主体出发,改变以上级教育行政部门为主的单一主体,丰富评价主体,形成多元化的评价主体系列。譬如,增添以家长、社区成员代表等学校利益相关方为主的社会评价,增添由教育主管部门的业务科室代表、教育家型专家型校长、高校教育专家等组成的专家评价,从而进一步提高评价的信效度。

从评价形式出发,将校长的动态评价与静态评价方式相结合,将形成性评价与结果性评价方式相结合。评价中需要重视乡村小学校长日常工作的过程性评价,不以结果性评价为校长奖惩聘任的唯一依据,使之能为校长领导力提供持续发展的相应空间。在已有的针对教职工的调查问卷方式的基础上,增添对教职工、家长等随机抽样和分层抽样的访谈形式,保证评价的客观性。

从评价结果出发,将考评结果灵活运用于乡村小学校长的双向流动机制,充分激发考评对象的主观能动性,使校长评价体系更具积极的实践意义与作用。针对考评结果,由教育主管部门牵头,在专家小组成员的集体讨论下,制定出校长双向流动的标准程序和操作规范。通过乡村校长双向流动机制在实践中的不断完善,达到充分调动乡村小学校长领导工作积极性的作用。通过公开公正、平等竞争、优胜劣汰的方式,建立优秀校长向上流动、不称职校长解聘的常规通道,以此来维护学校组织的自我优化,增强校长自我提升的动力。此外,针对乡村小学快速发展的特殊要求,尤其需要建立优秀校长到乡村薄弱学校应聘任职,乡村小学校长到成熟优秀学校跟岗学习的双向流动的激励机制,以便从整体上快速促进乡村学校的发展。

第三节　研究的创新性与未来展望

一、研究的创新性

本研究在创新性上,主要表现为以下四方面内容。

其一,研究模式具有适切性。本研究采取目前人文社科领域较为前沿的混合研究模式。这种融合性的研究模式将质性研究与量化研究结合进行，能较好地适切本书研究对象的特性。

质性研究方法是"力图通过自然的调查，全面充分地揭示和描述评价对象的各种特质，以彰显其中的意义，促进理解"[①]。它采用自下而上的归纳路线，对原始资料进行分析，没有固定的预设，通过自然的调查，关注评价对象经验了什么，如何解释这些经验。笔者对自己的主观前设和偏见进行反省，从而达到对研究对象的解释性的理解。研究目的在于再现现象本身的质，获得解释性的理解，适用于具有特殊性的人群或问题，以求得对个别事物的深刻详细的认识。它的优点在于可从微观层面对评价对象进行较为深入细致的分析，重视评价发生的自然情境和动态过程。本研究的核心为乡村小学校长的领导力问题。首先，领导力作为一种抽象概念，其内涵涉及研究对象（校长）的个人情感、态度、观念等感性维度，对校长的领导过程及领导情境难以采用客观测量的手段进行深入剖析。其次，量化研究的主要目的在于获得对事物现象的普遍性认知，即了解现状或寻找共识，却无法对行为过程与结果进行深入细致的研究剖析，也难以帮助我们理解乡村小学校长这一特定群体的领导力内核和影响其提升的因素。最后，质性研究的过程性和情境性也能够贴合本研究。如果对于乡村小学校长领导力的研究只是停留在某些片段层面，只是进行静态的、孤立的、脱离情境的考察，那么势必无法对领导过程中的变化进行跟踪，也无法了解事情在自然情境中的变化状态和真实趋势。而质性研究要求笔者能够进入真实的现场，对现象的发生、发展的整个过程进行追踪调查，通过与被研究对象处于同一场域中的亲身体验，达到对被研究对象的理解。

与此同时，为弥补质性研究在代表性上的缺乏（即它无法代表普通的情况），使研究能够更具代表性和普适性，本研究也采用了量化研究中的问卷调查和统计分析等方法。目的是从更大范围内尽可能地去解释或验证本研究的核心问题，希望能从获得的问卷量化分析中，更为全面地了解乡村小学校长领导力的现状及水平。

其二，研究对象具有独特性。本研究设定的研究对象为乡村小学校长，

---

① 李雁冰.质性课程评价：从理论到实践（二）[J].上海教育，2001(12)：30-32.

他们是全体教师和全体校长中较为独特的群体。目前已有的小学校长研究,大多聚焦于城镇区域,而对处于乡村这一地理区域的校长则关注较少。对于这个特定群体的研究远不如对教师、学生甚至是校长总群体的研究来得丰富、具体与深入。因此,本研究从管理学和教育学的视角入手,选择浙江省内的乡村小学校长群体为研究对象,对乡村小学校长领导力问题进行多维度、全方位的考察研究。作为乡村小学的校长是否面临着更大的责任与挑战?乡村小学和置身其中的校长的真实状况如何?如何通过乡村小学校长的领导力提升来提高乡村学校的效能,从而实现乡村振兴?由此,本研究聚焦于乡村小学校长这一具有较强独特性的群体,以此来丰富教育领导领域尤其是校长研究领域的相关内容。

其三,研究结论具有时代性。在乡村振兴的社会背景下,本研究所选取的研究群体和核心问题都体现出较强的时代意义。我国乡村义务教育质量的提升问题已成为国家乡村振兴、共同富裕的美好愿景得以实现的重要环节。但在现实层面,乡村小学的发展面临着诸如办学经费、师资力量、生源流失、城乡差异等方面的问题。即便是在整体经济发展水平和基础教育质量处于全国前列的浙江省,城乡差异依然较为明显。本研究聚焦浙江省内的乡村小学校长的领导力问题,所得出的结论能够较好地回应时代的迫切需求,研究结论也就具有较大的参考价值。因乡村学校有其自身特性,城市学校的经验难以在乡村学校推广。乡村小学校长身处乡村社会中的学校,他们的领导力的实际状况、构成、影响提升的因素呈现出极具特质的独特面貌。因此,本研究的乡村小学校长领导力的实然与应然状态、构成与影响提升的因素、研究结论与对策建议等内容,可为今后如何培养更多优秀的乡村小学校长提供参考借鉴,也可为教育行政主管部门在制定相关政策标准时,譬如乡村小学校长的准入选拔和聘用考核、乡村基础教育阶段学校的提速增效等,提供相应的实践依据。

其四,研究角度具有多样性。本研究采取的研究角度具有不同的层次截面。譬如,本研究采取的质性研究具有较强的人文性,侧重关注乡村社会和乡村学校这种相对特定的社会结构和社会组织,关注处在乡村学校之中的校长、教师等群体,关注由乡村校长、教师的情感体验、思维方式、行为习惯等构成的生存状态。这种人文性可充分展示出处于乡村学校这样的社会组织中的校长个体——他们如何进行领导工作,他们与学校中的其他成员间是一种怎样的关系,他们如何与学校组织进行互动,他们又如何解释自己的这种生存状态。[①] 因此,在本研究中,笔者更为关注活跃在教育活动中的人,乡村校长们的教育领导行为及其背后的价值信仰、情感态度等是研究的重点。研究不仅仅停留在所谓的真实客观的事实本身。因此,本书的研究角度既能兼顾宏观层面又能考虑微观层面,具有多面性和多层次性的特征。本书采取的量化研究则强调研究的科学性特质。譬如,研究中为了较为准确地测量校长的领导力水平,将问卷设置为校长自测和教师他测两种方式,并通过对上述两组数据的量化统计分析来保证研究的信效度。

二、对进一步研究的预期

本研究的主要局限在于只研究浙江省内的状况,尚未覆盖到全国其他乡村地区。本研究的发生地为浙江省,作为全国经济发展的先行地区,其富裕程度处于全国前列。并且,浙江省经济发展的均衡性也名列前茅,尤其是在探索解决城乡间的经济发展不平衡、不充分的问题上,已初见成效,具备了城乡共同富裕的经济基础和优势地位。2021 年,浙江省率先被国家命名为"共同富裕示范区"。国家统计局官网资料显示,2020 年浙江省人均地区生产总值为 100620 元/人,城乡居民收入分别连续 20 年和 36 年居全国各省区的首位。[②] 同时,浙江城乡居民的收入比较均衡,是全国唯一的所有下设区县(市)的居民收入都超过全国平均水平的省份。研究发生地的特性,一方面说明本研究具有重大的未来发展的借鉴意义,另一方面也对本研究在现阶段的借鉴推广提出了更大挑战。以浙江省的乡村小学校长为研究对象,是否对本研究的普适性有较大的影响? 本研究的结果建议,是否对经济发展较为落后的区域,如中西部地区具有适用性? 因此,本研究结论的推广性方面仍需改进。譬如,以经济发展水平为依据,以人均 GDP 值为尺度,对全国不同区域进行划分。在划分后的不同区域,选择一定数量的乡村小学

---

① 陈向明.教师如何作质的研究[M].北京:教育科学出版社,2001:5.

② 国家统计局.2020 年国民经济和社会发展统计公报[EB/OL].(2021-02-28)[2021-11-14]. http://www.stats.gov.cn/tjsj/data.

校长作为取样代表,可更好地解决研究的普适性问题。

本研究的主题"校长领导力"自身具有一定的主观性。在问卷设计和调查取样的过程中,笔者竭力减少研究中的共同方法偏差与作答者偏差,希望尽可能提高问卷统计结果的信效度。为此,笔者采取如下措施:首先,题目的设置采用正向题目和反向题目的双重设计。其次,根据问卷小规模预测结果,将问卷的适用对象从校长这一群体扩充为校长、教师双重群体。再次,对初始问卷采取两轮的专家咨询法,并对题目进行反复修改。最后,对正式问卷进行小规模预测,以检验其信效度。但测试者在问卷回答时的主观性问题,在研究过程中仍无法完全避免,因此也不能避免上述因素带给数据的影响。囿于研究时间、研究人员自身精力与能力、研究经费等客观原因,本研究取样的地理区域局限在浙江省,调查问卷的样本数量也不够。今后如能克服上述局限,就能进一步提高研究的信效度。另外,囿于研究的客观条件,本次研究对我国乡村小学校长领导力的评价问题没有展开详细探讨,对适合我国国情的乡村小学校长的领导力评价体系的针对性研究,也是今后需要深入探索的方向。

迈克尔·富兰曾预言,21世纪领导能力将成为教育领导领域的研究重点。伴随全球化的趋势和学校组织变革运动的浪潮,我国小学的内部和外部环境都发生着急剧的变化,这也直接催生着对小学校长领导力发展的迫切要求。尤其在乡村振兴背景下,乡村小学校长的领导力已成为衡量乡村学校办学质量的重要指标。它直接影响着乡村学校改革的成败和乡村教育的发展水平,直接关系着乡村社会和国家综合实力的提升。党的十八大以来,如何提高我国乡村基础教育的水平成为全社会关注的焦点问题。我国中小学实行校长负责制以来,学校管理的权力重心逐步从政府转移到校长,校长获得了更大的权力,也增加了更多的责任,与此同时,对他们的领导力水平也提出了更高的要求。因此,本研究的核心对象——乡村的小学校长也成为当下教育领域的热点群体。本研究也正是运用实证研究的方法,试图去解决乡村小学校长领导力水平的提升问题,以此来达到提高乡村小学效能、振兴乡村教育的目的。囿于主客观条件,笔者希望在后续研究中,能够针对上述研究局限进行突破和完善。对于研究问题——乡村小学校长的领导力,笔者希望从理论和实践层面进行更为深入的理论探索和更为严格的实证分析,从而增加问题研究的深度和广度,为乡村教育发展和乡村社会振兴的重大社会议题提供一定的探索性的研究成果。

在未来,笔者仍希望聚焦于本研究的议题"乡村小学校长的领导力水平",在现有研究的基础上,进行更深层次的实证探究。譬如,可以改进研究样本的抽取方式,可以增加研究地点和增设样本采集地,可以加大调查问卷的投放数量和适当增加访谈人数,从而进一步提高研究结论的普适性。

附　录

附录1　《乡村小学校长领导力调查问卷(校长/教师卷)》初始卷(节选)

尊敬的校长/老师:

您好!为了全面了解目前校长领导力水平,特进行了此次调查。本次调查以匿名方式作答,所有的信息仅供研究之用,您的答案完全保密。您只需根据真实情况,在每个问题的后面进行选择或填写即可,谢谢您在百忙之中帮助完成此次调查问卷!

第一部分　基本信息(校长卷)

1.您来自_____省_____市_____县(市、区)_____乡(镇)_____村(户籍地)

2.学校名称_____成立于____年,是否为寄宿制学校:A是　B否

3.学校类型:A.完全小学　B.九年一贯制学校

4.教职工数_____专任教师数_____年级数_____班级数_____在校生人数_____

5.您的性别:A.男　B.女

6.年龄:A.30岁以下　B.30～39岁　C.40～49岁　D.50岁及以上

7.任职年限:A.5年及以下　B.6～10年　C.11～15年　D.16～20年　E.20年以上

8.所学专业:A.小学教育　B.各学科教育　C.非师范教育

9.最高学历:A.高中及以下　B.中专　C.大专　D.本科　E.硕士研究生及以上

10.任本校校长时:A.与户籍地所属村一致　B.与户籍地所属乡(镇)一致　C.与户籍地所属县(区)一致　D.与户籍地所属市一致　E.与户籍地所属省一致　F.与户籍地所属省不一致

第一部分　基本信息(教师卷)

1.您来自_____省_____市_____县(市、区)_____乡(镇)_____村

2.学校名称_____成立于____年,是否为寄宿制学校:A.是　B.否

3.学校类型:A.完全小学　B.九年一贯制学校

4.教职工数_____专任教师数_____年级数_____班级数_____在校生人数_____

5.您的性别:A.男　B.女

6.年龄:A.30岁以下　B.30～39岁　C.40～49岁　D.50岁及以上

7.任教年限:A.5年及以下　B.6～10年　C.11～15年　D.16～20年　E.20年以上

8.学历:A.高中及以下　B.中专　C.大专　D.本科　E.硕士研究生及以上

9.您现担任最高职务:A.主任　B.年级组长　C.教研组长　D.班主任　E.一般专任教师

第二部分　调查量表(正向)

以下各项描述的是您所在学校以及校长在领导学校过程中表现出来的特点或行为,请您根据实际情况在相应等级的序号上打√,其中:1为完全不符合;2为基本不符合;3为基本符合;4为大多符合,5为完全符合。

1.教师能够参与学校规划的制定

1　　2　　3　　4　　5

2. 校长能参与和指导校本课程的开发与实施

    1   2   3   4   5

3. 学校会举办具有仪式感的活动

    1   2   3   4   5

4. 学校能为教师提供教学与科研的讲座

    1   2   3   4   5

5. 学校设立的部门机构较为合理,各部门职责明确、分工协作

    1   2   3   4   5

6. 校长能够较好地处理校内发生的各种冲突

    1   2   3   4   5

7. 学校的人员配备强弱搭配,较为平衡

    1   2   3   4   5

8. 学校规划的制定是基于学校、教职工、学生的特点与需要

    1   2   3   4   5

9. 支持鼓励教师参与专业研修,如外出听课考察

    1   2   3   4   5

10. 学校的规划执行时有进度,有时限

    1   2   3   4   5

11. 学校有自己的校歌、校徽、校训

    1   2   3   4   5

12. 校长会询问教职工的工作、生活情况,给予力所能及的帮助

    1   2   3   4   5

13. 校长能够较为公正地处理学生、教职工之间的矛盾

    1   2   3   4   5

14. 校长注重发挥家长特长,扩展教育资源

    1   2   3   4   5

15. 校长制定适合本校实际的教育教学改革方案

    1   2   3   4   5

16. 校长能较好地处理与家长的关系

    1   2   3   4   5

17.校长定期听课评课,对教师进行专业评价与指导

　　1　　2　　3　　4　　5

18.学校建立了安全管理规范和应急机制,定期会进行安全演练

　　1　　2　　3　　4　　5

19.校长能对学校资金进行合理分配和使用

　　1　　2　　3　　4　　5

20.学校和所在乡镇有较多的联系与活动

　　1　　2　　3　　4　　5

21.校园环境建设较好,发挥环境育人的作用

　　1　　2　　3　　4　　5

22.校长能够听取教职工的意见

　　1　　2　　3　　4　　5

23.校长能够从政府相关部门、上级主管部门为学校争取更多的资源

　　1　　2　　3　　4　　5

24.校长能经常查看课程实施的情况,并给予教师专业指导

　　1　　2　　3　　4　　5

25.校长能正确应对和妥善处置学校的突发事件

　　1　　2　　3　　4　　5

26.校长经常强调团队合作的重要性

　　1　　2　　3　　4　　5

27.学校能让教职工感受到归属感、融入感

　　1　　2　　3　　4　　5

28.校长会对学校规划进行定期评估和调整

　　1　　2　　3　　4　　5

29.校长能嘉奖有突出工作表现的教职工

　　1　　2　　3　　4　　5

30.校长能为教师外出参加专业培训、进修学习创造条件

　　1　　2　　3　　4　　5

(省略……)

第二部分　调查量表(反向)

以下各项描述的是您所在学校以及校长在领导学校过程中表现出来的特点或行为,请您根据实际情况在相应等级的序号上打√,其中:1为完全符合;2为大多符合;3为基本符合;4为基本不符合;5为完全不符合。

60.学校现在还没有自己开发实施的校本课程

　1　　2　　3　　4　　5

61.学校的事情主要还是校长说了算

　1　　2　　3　　4　　5

62.全校的教职工干好干差都一个样

　1　　2　　3　　4　　5

63.教职工没有感受到归属感、融入感

　1　　2　　3　　4　　5

64.学校开设学生兴趣小组活动挺随意的,没人上就随意指定一个

　1　　2　　3　　4　　5

65.学校的规划进度、时限与实际工作没有多大关系

　1　　2　　3　　4　　5

(省略⋯⋯)

附录2 《乡村小学校长领导力调查问卷（专家咨询问卷）》（节选）

尊敬的专家：

您好！本人正在进行乡村小学校长领导力的相关研究，本次专家咨询的目的在于确定《乡村小学校长领导力调查问卷》的指标维度和题目设置。您作为此研究领域的专家，特向您征询意见。因采用德尔菲法，所以可能会占用您的宝贵时间，进行2～3次的意见咨询。对您的参与在此表示万分感谢。

第一部分 基本情况（请您在合适的选项后面填写相应内容或打√）

1. 您所从事的专业领域：

2. 您目前所从事的工作：高校专任教师□ 高校专任研究员□ 中小学校教师□ 教育研究机构成员□ 教育行政主管部门成员□ 其他机构或部门成员□

3. 您的职称：正高级□ 副高级□ 中级□ 初级□ 其他□

4. 您的最高学历：博士□ 硕士□ 学士□ 其他□

5. 您的年龄：25～30岁□ 31～35岁□ 36～40岁□ 41～45岁□ 46～50岁□ 51～55岁□ 56～60岁□ 60岁以上□

6. 您的工作年限：0～3年□ 3～5年□ 5～10年□ 10～15年□ 15年以上□（注：0～3年包含3年，下同）

7. 您是否有过担任中学或小学校长（正职或副职）的经历：是□ 否□

第二部分：专家评价表（请您按照您的理解，选择重要程度。数字1～7表示重要程度的递增，1＝非常不重要，7＝非常重要。您可以在"修改意见"栏内对题目进行修改、增加或删除）

（省略……）

7. 请您选择下列题目在"校长人际领导力维度的沟通协调子维度"中的

重要程度。1＝非常不重要,7＝非常重要(限单选),请在选项下打√。如对题目有意见,请在"修改意见"栏中填写。

题目	1	2	3	4	5	6	7	修改意见
6.校长能够较好地处理校内发生的各种冲突								
13.校长能够较为公正地处理学生、教职工之间的矛盾								
25.校长能正确应对和妥善处置学校的突发事件								
57.校长经常强调教职工间要相互尊重和帮助								
70.校长处理学生之间、教职工之间的矛盾时因人而异								
85.学校没有学习小组、课程建设团队等非行政性的组织								

8.如您需要对上一题"校长人际领导力维度的沟通协调子维度"中的6道题目进行增加或删除,请填写。

（省略……）

附录3　《乡村小学校长领导力调查问卷(校长/教师卷)》修改卷(节选)

(省略……)

第二部分　调查量表(正向)

以下各项描述的是您所在学校以及校长在领导学校过程中表现出来的特点或行为,请您根据实际情况在相应等级的序号上打√,其中:1为完全不符合;2为基本不符合;3为基本符合;4为大多符合,5为完全符合。

1.教师能够参与学校规划的制定

　　1　　2　　3　　4　　5

2.校长能参与和指导校本课程的开发与实施

　　1　　2　　3　　4　　5

3.学校会举办具有仪式感的活动

　　1　　2　　3　　4　　5

4.学校能为教师提供教学与科研的讲座

　　1　　2　　3　　4　　5

5.学校设立的部门机构职责明确,工作效率高

　　1　　2　　3　　4　　5

6.学校部门机构之间能够分工协作

　　1　　2　　3　　4　　5

7.校长能够较为公正地处理学生之间的矛盾

　　1　　2　　3　　4　　5

8.学校规划的制定是基于学校师生的实际情形和需求

　　1　　2　　3　　4　　5

9.支持鼓励教师参与专业研修,如外出听课考察

　　1　　2　　3　　4　　5

10.学校的规划执行时有进度,有时限

  1   2   3   4   5

11.学校有自己的校歌、校徽、校训

  1   2   3   4   5

12.校长会主动询问教职工的工作、生活情况,并有相应的反馈

  1   2   3   4   5

13.校长能够较为公正地处理教职工之间的矛盾

  1   2   3   4   5

14.校长注重发挥家长特长,扩展教育资源

  1   2   3   4   5

15.校长能较好地处理与家长的关系

  1   2   3   4   5

16.校长定期听课评课,对教师进行专业评价与指导

  1   2   3   4   5

17.学校建立了安全管理规范和应急机制,定期会进行安全演练

  1   2   3   4   5

18.校长能对学校资金进行合理分配和使用

  1   2   3   4   5

19.学校和所在乡镇有较多的联系与活动

  1   2   3   4   5

20.校园的自然环境较为整洁美观,在走廊、墙壁等公共空间有布置

  1   2   3   4   5

21.校长能够听取教职工的意见

  1   2   3   4   5

22.校长能够从政府相关部门、上级主管部门为学校争取更多的资源

  1   2   3   4   5

23.校长能经常查看课程实施的情况,并给予教师专业指导

  1   2   3   4   5

24.校长能正确应对和妥善处置学校的突发事件

  1   2   3   4   5

25.校长经常强调团队合作的重要性

　　　1　　2　　3　　4　　5

26.学校能让教职工感受到归属感、融入感

　　　1　　2　　3　　4　　5

（省略……）

第二部分　调查量表(反向)

以下各项描述的是您所在学校以及校长在领导学校过程中表现出来的特点或行为,请您根据实际情况在相应等级的序号上打√,其中:1 为完全符合;2 为大多符合;3 为基本符合;4 为基本不符合;5 为完全不符合。

58.学校现在还没有自己开发实施的校本课程

　　　1　　2　　3　　4　　5

59.学校的事情主要还是校长说了算

　　　1　　2　　3　　4　　5

60.全校的教职工干好干差都一个样

　　　1　　2　　3　　4　　5

61.教职工没有感受到归属感、融入感

　　　1　　2　　3　　4　　5

62.学校开设学生兴趣小组活动挺随意的,没人上就随意指定一个

　　　1　　2　　3　　4　　5

（省略……）

如果您后续需要了解最终的调查研究结果,请您留下联系方式,我们会用电子邮件的方式发送给您。您的电子邮件地址:

附录4 《乡村小学校长领导力调查问卷(校长/教师卷)》 最终卷(节选)

(省略……)

第二部分 调查量表(正向)

以下各项描述的是您所在学校以及校长在领导学校过程中表现出来的特点或行为,请您根据实际情况在相应等级的序号上打√,其中:1为完全不符合;2为基本不符合;3为基本符合;4为大多符合,5为完全符合。

1.教师能够参与学校规划的制定
   1   2   3   4   5

2.校长能参与和指导校本课程的开发与实施
   1   2   3   4   5

3.学校会举办具有仪式感的活动
   1   2   3   4   5

4.学校能为教师提供教学与科研的讲座
   1   2   3   4   5

5.校长能够较为公正地处理学生之间的矛盾
   1   2   3   4   5

6.学校规划的制定是基于学校师生的实际情形和需求
   1   2   3   4   5

7.支持鼓励教师参与专业研修,如外出听课考察
   1   2   3   4   5

8.学校的规划执行时有进度,有时限
   1   2   3   4   5

9.学校有自己的校歌、校徽、校训
   1   2   3   4   5

10. 校长会主动询问教职工的工作、生活情况,并有相应的反馈

    1   2   3   4   5

11. 校长注重发挥家长特长,扩展教育资源

    1   2   3   4   5

12. 校长能较好地处理与家长的关系

    1   2   3   4   5

13. 校长定期听课评课,对教师进行专业评价与指导

    1   2   3   4   5

14. 学校建立了安全管理规范和应急机制,定期会进行安全演练

    1   2   3   4   5

15. 校长能对学校资金进行合理分配和使用

    1   2   3   4   5

16. 学校和所在乡镇有较多的联系与活动

    1   2   3   4   5

17. 校园的自然环境较为整洁美观,在走廊、墙壁等公共空间有布置

    1   2   3   4   5

18. 校长能够听取教职工的意见

    1   2   3   4   5

19. 校长能够从政府相关部门、上级主管部门为学校争取更多的资源

    1   2   3   4   5

20. 校长能经常查看课程实施的情况,并给予教师专业指导

    1   2   3   4   5

(省略⋯⋯)

第二部分　调查量表(反向)

以下各项描述的是您所在学校以及校长在领导学校过程中表现出来的特点或行为,请您根据实际情况在相应等级的序号上打√,其中:1 为完全符合;2 为大多符合;3 为基本符合;4 为基本不符合;5 为完全不符合。

51. 学校现在还没有自己开发实施的校本课程

    1   2   3   4   5

52.学校的事情主要还是校长说了算

    1   2   3   4   5

53.全校的教职工干好干差都一个样

    1   2   3   4   5

54.学校开设学生兴趣小组活动挺随意的,没人上就随意指定一个

    1   2   3   4   5

55.学校的规划进度、时限与实际工作没有多大关系

    1   2   3   4   5

56.学校与所在的乡镇、企业都没什么联系

    1   2   3   4   5

（省略……）

附录5　乡村小学校长领导力访谈提纲

访谈日期：_____年_____月_____日

校长您好！今天的访谈主要目的是了解校长对学校的领导状况。为了便于整理访谈资料，如果您同意会进行录音。所有内容会严格保密，感谢您的理解与支持！

一、学校与校长个人基本情况

二、校长领导力访谈

1. 您做校长前的行政经历是怎样的？

2. 您做校长前的教学经历是怎样的？

3. 学校的愿景是什么？学校的发展规划是怎么制定和执行的？

4. 学校的校园文化建设是怎么做的（包括校园环境建设和办学理念、学生发展目标、特色校园文化等的建设）？

5. 教育教学方面，您是怎么做的？您是如何帮助教师专业发展的？

6. 在学校的内部管理方面，您是怎么做的？学校制定了哪些规章制度，其运行效果如何？

7. 对于学校的外部环境建设，譬如和学生家长、乡镇社区、教育主管部门等您是怎么做的？您是如何处理学校内外关系的？

8. 您怎样看待校长的作用与角色？

9. 在成为校长的前与后，哪些因素或者人和事对您产生了较大影响？

10. 在领导学校过程中，您觉得自己在哪些方面做得比较成功？具体又是怎样做的？

11. 在领导学校过程中，您觉得哪些因素对于校长领导水平的发挥是不利的？

12. 在做乡村校长过程中，您有没有作为乡村校长特有的困扰？如果有，具体是什么？

13. 对于提高乡村校长的领导水平，您有什么想法或建议？

访谈说明：本次访谈内容是关于乡村小学校长领导力的研究，属于纯粹的学术研究，打算采取微信语音或电话的方式，希望同时能够录音，后面会将语音完全转为文字。如果您需要语音转换成文字的文件，也可以发您留存或审核。所有资料仅限于学术研究，不用于其他地方。非常感谢您的支持，也希望这个研究能够真正给予乡村校长更好的发展机会，促进乡村教育的发展。

附录6　访谈文字实录(节选)

片段 1

笔者:C校长比较谦虚,那C校长您是怎么看校长的这个作用和在学校里到底扮演怎么样一种角色?

C校长:校长起决策作用。首先我从我本人来讲,首先校长应该成为老师的一个示范。我希望我们老师很努力,是不是我自己很努力呢? 嗯嗯。所以这几年我每年就写论文啊,弄课题啊,评名优教师啊,评高级教师啊,我发现你很努力去做,那么大家也看到我很努力地看书,我很努力去上课怎么样,反正大家看在眼里,老师不想做也不会明着来讲,因为你看校长就这么努力在做那个。所以我觉得特别从一个新校长开始,你肯定首先是一个榜样,如果你这个校长就好像很疲倦的,很乏力的,你说希望老师上进,那也不可能,我觉得这种可能性很低的,就算上进噢,那也是老师假装很上进。所以在教育系统的话,每个人我觉得成为老师的话,谁都不是傻子,然后我们就不用讲虚的话,你就实实在在地来,大家都看得到、更明白,对吧?所以这样肯定直接可以以身作则。

第二个呢,因为校长毕竟跟一般老师看来不一样,会看得可能更远更全面更深,所以这样的话呢,校长应该还是一个引领者。这个呢其实也是对一个好校长提出的一个要求啊,校长引领,对不对? 就在于这个校长看到的也不远,像那个刚才讲的2015年我们开始拓展新课程建设,我们原来有老校长他就表示开始反对,他说我当了那么多年的校长,经历的教育改革不知道多少,什么杜郎口什么小组合作,翻转课堂到慕课等等对吧,没几样能有几年寿命就被淘汰掉了,他意思就是说你现在这个课改已经过时了,被淘汰了。他觉得这种折腾没什么作用。对,那我的理解呢,是教学改革一方面我们要寻找到确实要最终的终点的好,找到最好的东西。另一方面我们也认识到我要找到最好的东西的过程当中,可能要经历很多不太好的甚至不好的过程。

嗯,不是说改革一二三就成功,一二三就成功的,就是一二三都成功,你前面还有一个一,还有一个二呢,才能到三,对吧?嗯。如果你没有改革的勇气,没有去实践的勇气的话,你是永远不可能成功的,你永远找不到那条路的。所以不管它这个改革失败成功与否,你要看这次改革它代表的含义、讲出的道理以及所引导我们的方向对不对,就是中国教育改革的大趋势它吻合了没有。那像现在我们项目化学习它就吻合发展趋势啊,对吧?对。它就补了我们学生所缺的东西啊。我们现在是知识过重了,知识过重的话,他应该有一部分这个思想经历与时间出来搞其他东西。虽然项目化学习可能三五年之后也会被取消掉,被另外新的一种名称代替,但是我们在经历这样的过程当中,我们会不断进步的,我们对最终那个目标会越来越清楚,所以需要一个引领者的开阔的思想,你能不能把握住趋势,你看到有多少长远。

所以我在想引领者的以身作则是比较好做的。我身边碰到几个,校长就老黄牛一样的,老师不够,自己上课,一个班级不够,上一个班,对吧?地上脏了,拿把扫帚自己吭哧吭哧去扫了。实在我这两天看到地上脏了,我倒会捡垃圾,前几年地上脏了,我就直接走过去,我真的不行。学校普遍早的时候那个习惯很差,大多数人习惯差,我一个人捡得完?我一个人捡不完的。那是需要靠制度解决问题的,对吧?那就颁发制度。死盯,活盯,盯着少数人开始扔垃圾了,领导我要捡一下子,我还能发挥点示范领头作用啊。所以这个还是看情况来定啊,以身作则好做,但是做一个引领者……这两天在名校长培训,我是骨干校长评上去的,那个领导叫我这个眼光你要放得更长远,不能局限于一所学校,局限于这些人,要放得更长远,那我就想长远,到底要做什么呢?我在想可能我接下来要追求的可能就是校长是教育思想的一个建设者吧。

笔者:就您这个教育思想的建设者,您这个说法我觉得我比较感兴趣,您能不能详细稍微展开说一下?

C校长:也不是很清楚,就是有模模糊糊这么一种感觉,因为我以身作则是给我们老师、学生看的,我是局限在一座围墙里面的啊。我作为一个好的引领者,那可能是引领我的学校,可能是引领我的同盟学校,或者引领我身边的几个朋友,教师朋友啊或者校长朋友,那应该范围还是比较小的。

但如果作为教育思想的建设者的话,其中我有自己的一个教育理想、教育思想、教育哲学,我认为至少比我定位小学教育……小学生的成长规律,小学生的全面发展,它应该是怎样的一种实践模式?我觉得我们去探索它,探索之后呢,然后告诉我身边的其他人。那像这么一所学校,这么一种情况,它采用这么一种方法去做,它能够达到什么层次?那么提炼出什么东西来,就是给大家看。不是说这种思想每一个人都要去遵循它,因为同样这样,小学生全面发展,一百所学校有一百种做法,一千个校长可能有一千种做法,一千个校长自己的认识都不一样的。我觉得最好呢就是把实际情况讲给别人听,我这个思想是基于什么的,怎么发展的,这个才是给别人很有用的一些东西噢。

笔者:那也就是说,我是不是可以理解成,就是有点像教育家型的,就是那种,对于那种形成自己的教育思想、教育哲学的,是不是能这样概括?

C校长:可能差不多这个意思,但是呢可能还没到那么高的层次。但是呢因为校长他时间比较多,所以他接地气的东西会更多,因为很多教育家讲的可能就是高的东西啊,像教育哲学太高的东西了,那可能离实际有点太远,目前我可能还没到那么高,只是把思想稍微提炼一下,但是接地气的各种事情可能会更多一点。

(省略……)

片段 2

笔者:在那个教育教学方面啊,您是怎么做的?尤其是怎么帮助我们老师专业发展的?

F校长:第一呢,教育教学这里老师总体是比较薄弱的,像乡村老师大多数他们都是按部就班,通过磨时间这样去弄的。那么我呢一方面呢就是压缩了他们的时间,让他们提高课堂效率。这个就学生一些学习习惯方面呢,我给他们从学校层面做了一些规划,有的学生写作业的习惯、听课的习惯,这样一个个在学生层面全校推进。第二,老师层面的话,我们还是通过随堂听课啊来督促老师更加规范。首先要宣传得规范,让他们要备课进课堂,上课要像模像样啊。第三,就是说我们还是这个分批次去推进。比方说对年轻的一批人分类的要求,分层的要求,对年轻老师我们会要求高一点。然后会组织一些教学研讨活动,不同学校的,特别是青年教师的。第四,全校性质的,我们也开不同的这个课堂教学展示。给我们党员就叫示范课。那中老年呢我们叫作这个骨干,我们把它开作一个展示课。然后还有年轻人叫研讨课,新调入的老师叫亮相课。第五呢,我们还是会借助一些教科研啊,借助外面的名师团队,然后开展一些结对,有了一些好的教育,也让他们长见识吧,就是外面来的名师啊,那个专家团队啊,给他们上上课,让他们看看,然后在这里面呢也讲讲建设。最后呢,我们也做一些项目研讨啊。嗯是这样的。

笔者:那我问一下啊,就是您学校里的老师,年轻老师比例有多少?

F 校长:年轻老师对不对? 多的,我们那个本地的这个年年涨的,占 59%。

笔者:噢,就是你们还是以前的就是那个年纪大一点的老师多是吧?

F 校长:挺多啊。嗯嗯。

笔者:那您这儿的老师的流动性怎么样呢?

F 校长:像我们今年有 7 个人。就每年都有 10%～15%的流动嘛。这个流动就是自己走。一个是考到县城,他想进城,为了孩子啊。第二种是调动到别的学校,也有的这种夫妻两地分居的,想调到一个地方去,那也有极个别他觉得不适应,或者说有更好的地方去一下,大多数这些情况吧。

笔者:那么碰到这种就是老师流动,其实比例还比较大的时候,那您做校长的时候,怎么解决呢?

F 校长:我一个人来到那个比如 ZT 这地方,我老是希望它流动起来。嗯这个我觉得两种情况,第一种老同志啊他比较僵化一些,就是不好改变一些,就比较顽固一些,是吧。中性词,就是他们比较这个,嗯反正就是固守他原来的那种比较负责任的那种状态啊,他不容易改变,对吧? 那么新来的老师至少容易适应新环境,他会改变一些,然后这个会好一些,我一方面是欢迎啊,也支持这样的流动。

笔者:您觉得流动也不是坏事儿,是吧?

F 校长:就是说当然是好事了,但是呢你不能每次大批量的骨干的流动,所以我也为了应对这种骨干的流失啊,其实我们也建立了一种梯队培养计划,比方说教导主任,我给他一个教务员或者什么员,教科室主任,我也给他搭配一个助手,万一他走了,我这里就可以接受啊,就有人可以立马顶上了。对,还有一个我在选拔这个中层的时候,我就会比较注意选那种最近三年可能会稳定的。噢对了,他考进来时间短,他基本上不大会动。这个在提拔的时候也都考量过的话就不会很麻烦。

笔者:那在学校的内部管理上您是怎么做的?比方说规章制度啊,管理啊,这些运行啊。

F 校长:比较硬性的规章,软性的执行吧。规章是有的,然后比如说主要是请假了,各种备课啊,课堂教学的考核啦,最后教育教学质量的考核那时候很硬的,那就是按照数字说话。

笔者:那这个是硬的软执行,就是比如说触犯了这些规则,我们总体还是会比较包容一些,批评教育啊,个别谈话,这个不会进行非常严厉的处罚,是吧?

F 校长:这个主要是这样的啊。

笔者:那学校的中层方面,你们学校怎么设置?您是怎么管理中层的?比方说副校长这种,年级组长啊,教务啊,这个教学线的中层,就是中层的干部的这种管理,您是怎么做的呢?

F 校长:我们其实现在这个学校里啊,跟我们小时候读书时候的这些中层比啊,现在能想得通一点,愿意干中层的人比较少了,不像以前觉得中层至少是得到同事、领导的认可,现在这种的比例还有,但是明显少了很多,相当一部分年轻人,包括 90 后,他想得很明白,我就教我的课就好了,他不愿意干,对,不愿意干,我教书就是清清爽爽的。而且在学校中层的素质很杂,那只有少部分是追求上进的人,这样的比例反而比较少,比如说十个年轻人里面,可能百分之三四十的人愿意干,嗯还有百分之三四十呢中立,还有百分之二三十是完全抵触的,嗯他不肯做,是直接摇头。那么,比如到了 40 多岁他没有奔头了,我也不会去想当校长干什么,所以这种人更不愿意了。你干到老的,那他如果原来干的,不让他干嘛,他从面子上挂不住,是不是?领导不认可啊。那么如果抛开这种世俗的话,其实很多人也是不愿意干的,所以这样子像我的中层,我其实调换了两三个,这两三个下来我其实是动了很多脑筋的。那个前几任校长留下来的,你要说他不能嘛也能,但是他就疲于应付啊,也没有干劲,没有冲劲,有些方面工作也干不出色,那你要给他拿下来,他又并不那么情愿,让他自己提出来的话,尽管你最后啊他是另外一些小事件他提出来了,那我们就顺着他下来,但是他心理上还是会有点,至少你校长可能内心里说明还是不认可他,所以这个对工作来说其实是有阻力的。所以这里面啊,我们校长可用的工具很少很少,能调动的权力也很少,老师的调动,我们不能给他加工资,是吧?其实这方面更多的是一种理想信念的点燃嘛,跟情感的沟通,对不对?你这么年轻还是有前途啊,那么也是都认可,大家同时认可还可以发挥更大的作用啊,那么这是一种情感。第二种呢就是说,我们通过经常开一些校友会啊这个认识上面统一一下,提高一下认识。第三个呢也给他们点期待和希望,他来干这个事情,后面他可能获得一些什么资源,或者得到我们校长一点什么支持啊,有的教科研论文啊,或者有的这个外出学习机会啊,或者再有的时候,在提拔干部上面,他总觉得还有点想法,大多是这样一些东西。就是尽可能在愿意的这个老师里边就是进行这样子的沟通。然后不愿意干我不挑他干了,不愿意干我就不勉强了,绝对绝对不去勉强他。那个不勉强,因为勉强的话就是我校长开展工作就很被动了,就是他有情绪,那个时候有情绪,何必呢,是不是?

其实很多人啊没有追求的,也就是连敷衍都敷衍不好。这个是普遍的,不是我学校的现状,我说的不是我学校,因为我待了七八所学校了,大多数是这个情况。像我也当过这么多年老师,当中有的工作,我们已经简单应付一下,这样的中层是不大有创造力的,是吧,因为他主要执行啊,主要他就是把教育局布置的那么多工作,填表格啦,做台账啦,做一做,真的没有什么创造性。

笔者:那在学校的这种外部环境方面,比方说和家长、所在的乡镇、上级教育主管部门、公益机构,就是和外边的那些,您是怎么做的,怎么和他们处理关系的呢?

F校长:这个呢我其实写过一个他们校长申报的材料,我到时候给你看一下。那个材料这里面可能很多人都讲到了。比如公益机构我先说吧,这个呢我觉得还有一点体会。就是说首先现在很多是真的真诚来帮助乡村教育的,这样的占百分之七八十,还不少呢,是真的做教育的。那么对于这些真诚的人呢,我们也可以参加,我主要的办法就要顾及他们的诉求。然后跟我们的教育本身结合起来。就是人家给我一分钱,我做出三分的成效来。

就是这个你要考虑一下对方的诉求啊，这个是我认为的。

第二个就是在这个里面不要忘了教育的本。我们是为学生服务的。所有的公益来是不是有利于学校的发展，学生的成长，教师的这个发展，还是这个根本不要忘了，我们不能一味地牵强，但是也不能太多了，确实会增加一些负担，这些资源过来你承接起来，你没有老师像一个团队去承接的话，你老是校长一个人也会比较累，也会给老师增加很多负担。

笔者：这是对公益机构，那么对政府部门呢？比如乡镇党委政府这方面呢？

F校长：当地政府呢，这个现在也是有很多杂事和生态学校啊这些的事情呢。这个呢我们也不得不应付，因为我们还是需要他们的支持和协助，那么他们的事情我们能协助尽量协助，这个是互利的关系。但是总体来说现在这个党风廉政建设的话呢，他们给到学校的支持方面可能比十多年前要好很多了，十多年前的官僚思想比较重，现在总体来说服务意识有了，应该是还好的。那么教育主管部门呢，应该是我们的父母官，但是现在我觉得我在交流当中，我发现这个反而官僚习气更重，因为他一个局里管的下面的学校太多，他的权力或者说比较大一些，是吧？尽管你一个校长跟那个科长平级的，但是很多时候他们一个科员的力量都比我们下面所有老师还要大，就他们能考核我们，我们无法考核他们，就是不平衡不对等的。

那么这是小地方，像杭州这个地方就好很多。据我了解啊，杭州的话它是尊重人才，尊重干事业创业的，就是说有想法的。在小地方它搞的是小圈子文化，这个不是我们县，我们都交流了，很多这种小县，其实都是搞这种文化，你用哪个就是一条线的，他们用人是这样用人，调动干部或者调动老师是这样来的，这个对教育发展是不利的。那么我们在沟通的时候，我们也尽可能完成上面做的任务，你几次不完成，人家领导都对你有看法的，是吧？那么就会有的给你穿小鞋也不一定。

第二个呢就是说在这个里面你还保持自己的办学宗旨，这个还是蛮艰难的。比如说我可以跟你这么说，很多这种乡村校长百分之八十没有思想了，应付上面去了，反正你叫我干什么我就干，不叫我干什么就不干，不做不错，甚至你捐我一百捐我一万块钱，我都不要。花钱累，花钱会出事情，对，花钱烦。所以你不要钱了，不做就好了，所以这个是一种比较普遍的现状，那么你如果有些想法要去做事,你如果不沟通的话,可能还会遭到嫉妒啊,陷害什么的。就是这个是在县域内的,不只是我们县,就是相当多的地方啊,如果不够开放的话,会陷入这种困境,所以校长不想干,多做就是多错,多做就有这种困境。但还是有百分之二三十的年轻校长啊他是想干一番事业的,这个呢已经做了十年八年的基本上已经疲掉了,被打磨得没有灵气,然后呢就是反正想办法如何这个酒局,这个不同的圈子啊,给它混好平衡好就好了,是这种真实的现状。

(省略……)

片段 3

笔者:那您在做校长的过程当中,觉得自己哪些方面做得比较好呢? 不用谦虚,您怎么想就怎么说。

L校长:我就觉得我最成功的就是一开始把这个学校的办学理念给建构起来给树立起来了。而且这个理念大家都非常非常认同,大家就觉得对呀,我们学校就应该是这个,这才是我们学校的文化标签呀。然后觉得大家呢好像人心就有了归属一样,在这个归属感之下,大家人心特别齐,这一块原来学校就没有这种文化的理念,办学的理念没有,就像无源之水,无本之木,就好像无头苍蝇一样的感觉啊。所以我觉得这个其实呢我们老师也是知识分子,也读书人嘛,我就觉得用文化的力量是最有力量的。

笔者:那您觉得就是把愿景目标方向给树立起来?

L校长:对对对,树立起来,然后大家一起朝着这个目标去做,而不是说管着大家怎么叫大家走,就大家人心凝聚起来,有这个目标有个方向,然后我们有这样一个定位之后,就大家全部一起往这个方向走。

笔者:那还有没有其他的您觉得自己做得也挺好的?

L校长:然后就是成就教师,让每个老师都看到自己有价值、有存在感,尊重老师,我觉得我就是你们每一个优秀的老师我都会当宝贝。然后呢把这些资源,然后像你给到我们的资源啊,我们给到老师,让老师成长,然后呢就是保护好老师。

笔者:噢,就是您前面讲的,就是家长啊这种那种的事情都是您出面承担,就是给老师做事的底气。

L校长：对，我要做好他们背后的这股力量，就接下来我们也希望教育局里面给我们支撑和力量，老师也是一样的。有了这种支撑之后，那老师就觉得吧你要给我支撑嘛，心心相通的。

笔者：那您觉得有哪些东西其实是不利于校长发挥自己的领导水平的，就是制约您的？

L校长：也有的。我觉得现在呢就是什么都进校园，形成干预。然后呢像我也有跟一些很优秀的校长聊起来，感觉呢就是这些事情干预有点多。那个校长他是进修学校校长哈，然后他说做你自己喜欢做的，做你自己想做的，有些该应付的用来应付。我就觉得呢这也是做老师该做的，做我们自己能做的，做想做的，所以呢尽量减少这种干预哈。但是干预还是在的。还有呢就是影响到我自己的话，就是觉得自己的那种底蕴不够，书看得不够多，自己的资历不够，你想到自己，最终像今天谈了一个上午，我都是这些案例的东西，我都提升不了。我觉得自己高度完全不够。

笔者：没有没有，我们这个访谈其实就是要具体的那个事例，哈哈。L校长特别谦虚。

L校长：真的，我是真的觉得体现的高度不够，就是自己可能眼界啊高度啊这些格局呢都还不够，所以也会影响到整个学校的发展和自己的一些成长，就是你像我就只能在这样一个层面，所以我是希望能够得到不断的培训啊学习啊进修啊，所以我是希望童院长这边呢就是这个工作室不能停，我希望能够有自己学习的机会。

我很希望你这边呢帮我带一些团队过来，我这边呢其实学校现在发展到这样的话，我觉得接下来就课程建设啊评价体系啊这一块的梳理呢都需要很强的专业力量支撑才能做得起来，我们也确实觉得这个评价很不好做，课程这一块嘛就在开发，但也不专业。不过我觉得课程这一块倒不一定就是说这样开发很多课程。还是国家课程啊，这些基础课程做好了，然后我们适度地做一些开发就可以了。然后开发呢其实只要把它坚持做下去，不断地深化就很好了。不知道从哪些维度这样去全面地架构学生学习这一块，教师这一块呢这个我们现在很缺的是评价体系。

像我自己中师的同学也是有一些，都是杭州城里的那种小学校长啊什么的，那他们也有这种比方说课程啊，就学校的那种科研课题啊在做，学校进一步提升,发展到一个阶段以后,感觉就进入了瓶颈期了,就在这个层面了。感觉一开始可能进步很快啊,但是到了这个阶段以后,感觉好像就停滞不前了,就很难再发生质的那种飞跃,就是没办法再上升到更高的那个上面。

像这个如果全面弄起来,就是只要这两个里边有一个做起来了,实际上就对一个学校来说也仅够了,就是能够有一个质的这样子的一个提升。所以我们下个月就我那个在杭州的小学做校长的同学,然后就全面开始做了,我需要这样一个团队过来帮我,而且我希望什么呢,就是我们是整个跟进式的,一个长期的指导,就是说帮着我们一起来落地。这个我也说实话,你比方说像现在工作室这样子的那种形式的话,是不可能那么长期深入地来指导一所学校,因为工作室有那么多学校,包括经费各方面的受限和很多事情确实也做不了。那么如果说我们学校和我们研究院,我们大家那种深度合作,就可以全方位地真正可以把它做起来的。那就太好了,我就是希望能够这样长期地、深入地这样一个阶段做起来。

(省略……)

片段 4

笔者:请您谈谈自己的从教经历。

A校长:(省略)那么第二年呢我就调回中心校当班主任。当班主任那一年呢我当得很好,因为我觉得当老师其实就是无非一个字嘛,就是爱嘛,所以对他们很多很多的做法就是以这个爱为起步。那么我工作的第三年呢,那个校长就看中我了,让我去当了少先队辅导员。少先队辅导员当时呢也是学校的一个中层,那么这个我一当就当了5年。当5年之后呢,我就当了学校的那个教务主任;教务主任当两年之后呢又去当了两年的总务主任;两年总务主任之后呢,我就又当了我们学校的办公室主任。那么这个一共有9年的经历啊,就是从少先队的辅导员到这个办公室主任这里应该是一个9年的时间,那么第10年的时候就是2005年的时候呢,我就被提拔去当那个校长去了。

为什么会被提拔呢?是因为2004年的时候呢我被评为我们县的那个教坛新秀了,就是说这个教学上能力很突出的。当时我们选拔是两种通道,一种通道呢就是培养成名师,那么就是这个县学科带头人啊,市教坛新秀啊,市学科带头人,往这条路去走。那么另外一条路呢我们局里人事部门也很明确,就是说这种教书教得好的,又有一定的行政经历的这种老师呢就提拔了当校长,那么我就去当校长了。所以说校长之前的行政经历,我其实基本的岗位都干过,还是很丰富的。

笔者:那您做校长前您的教学那种经历,刚才您讲到一点,您能不能再稍微详细点讲一下,就是你在教学上那个经历是怎么样的?

A校长:呃,教学呢我第一年出来是教数学,毕业班的数学,然后第二年开始教毕业班。教了两个班的语文,我还担任一个毕业班的班主任。

笔者:噢,那工作量很大。

A校长:嗯,第三年开始呢就是一直到我当这个校长之前这段经历,我全部的经历,除了一年教的是四年级,其他的全部精力都在毕业班教数学。

笔者:全教数学啊?

A校长:全部教数学。那么其实我的整个数学经历呢应该是从2001年开始。自己呢有往教学名师这一块(发展的想法),我就参加了我们自己的县里的这个小学数学的骨干研习班,当时是全县选了60个老师,像我们乡镇啊当时是有5所小学里面选了两位老师参加这样的一个骨干班,那么在这个阶段里面我的成长就非常快了。从一个普通的骨干老师成长为我们县的教坛新秀。基本的教学经历是这样的。

笔者:嗯。您现在已经在这所学校做校长做了几年了呢?

A校长:我是2017年调过来的,4年半了,现在第5年。

笔者:第5年了。那这个学校您给它设定的愿景是什么?

A校长:我们学校呢因为是在整个浙江,甚至在全国都享有名气,那么它的整体的办学的愿景和理念思想这些呢我基本没有变化,只不过是在这个基础上适当地对未来做了一些新的设想,比如说我们学校现在的办学理念就只有8个字……那这里我要展开讲的话就会讲很多。我觉得可能跟您的这个不怎么搭啊,我就讲简单一点。但是办学的愿景呢我们是16个字,叫作"根扎缙云,花开丽水,果结国家,志在中华"。这样的办学愿景,现在我跟我的教练啊,就是我呢现在是参加了这个马云的乡村寄宿学校项目嘛,给我们校长有一个陪伴计划,给我在北京找了一个教练,这个教练很有名气。然后我们一直在探讨办学愿景,这个办学愿景是我们学校1992年就提出来的了。

笔者:就是不是您那个后边自己提出来的,就是它前面就已经有的,对吧?

A校长:对。在这个基础上我们现在想有一个提升,为什么这么说呢?因为我们当时的目标是比如说扎根缙云,然后在丽水,再到浙江,最后到中华嘛,从理论上来说。现在大家都焦虑,要求我在后面要加上4个字,就是意思是到世界,但是后面我现在想想啊,我说我们可能抛开这个时间和空间以及对称的这样的一种角度,我觉得我的学校应该是比如说在志在中华这里,我应该加上4个字,应该是面向未来,而不是远及世界。所以我们现在基本的这个办学愿景应该是"根扎缙云,花开丽水,果结国家,志在中华,面向未来"。

笔者:那也就是说学校的这种愿景啊,发展规划的这个制定和执行,就是您这边是怎么做的呢?

A校长:就是这个比如说我们现在这个规划,就是说我为什么会做一个面向未来的这样的一种东西? 我认为我们学校发展到这样的一个阶段,比如说我们学校的节目已经上过央视,比如说我们现在有国家级的荣誉,我们有6个国家级的荣誉,再比如说我们现在这种国家级的,我们下半年有一个全国乡村中小学校联盟,21世纪(教育)研究院他们在弄的年会,10月28号到29号就会在我们学校召开。那么,我觉得我们已经达到了志在中华这样的一种愿景,那么我们可能就是让孩子们有面向未来的一种机会,因为未来充满了不确定性。

第一个是基于我们自己整体文化的一种规划,学校文化的一种规划,我们必须要对孩子提出更高的要求。第二个呢是基于学校未来发展的这样的一种道路。我觉得从文化和发展的两条道路,或者说从创新的道路上来看的话,从这一层的情况来看的话,我们必须有一个更高的办学愿景。还有一个呢,其实这样的办学愿景也得到了专家领导的一种肯定,就是说让他们也参与这种建设,包括我们自己学校管理的团队、老师的团队、孩子的团队(也有参与),比如说世界和未来,我们为什么会选择了未来而不是世界? 就是这样制定出来的。

执行的话我想也很简单,我们2019年的时候啊,其实我们学校就能走出中华,到了世界,我们 2019 年就收到了德国艺术节对我们的邀请。就是 2020 年是疫情嘛,没有疫情的话,2020 年其实我们学校的民乐队和婺剧也有一个机会到新加坡演出,我们有两次机会能走出国门,让我们的孩子走向世界。

(省略……)

片段 5

笔者:请您谈谈学校的基本状况吧,尤其是师资情况。

C 校长:因为农村学校呢它大概都是这样一个历程,就是经历了教师结构的一个一个调整。应该说(20 世纪)80 年代,真正是 90 年代开始,农村学校才分来师范生。那么在整个 50、60 年代到 70 年代,后来出现的事情你知道的,"文革"的事情,就是整个七八十年代,农村的老师基本上就是代课老师。所以当时那些老师大部分都是代课老师转正的。等于就是那些高中毕业或者高中读过一年两年或者是初中毕业,就到学校来代课,代着代着转正的这种。

以这么一批师资为主的话呢,他们的优点就在于工作很上心,很投入感情,他可能会把学生看得比自己孩子还要重要。但他们的缺点跟现在年轻老师相比呢,学历文凭啊眼界啊知识啊格局啊可能会比较弱一点,比如说你课上得多好啊,没经过正规的训练也不知道,对吧? 文章写得多好也不行,就是初中高中毕业生他们写得了多少文章呢,对吧? 那么在我当校长的时候呢,正好遇到这批老教师开始大量地退休,然后当中一些像我这样的师范生呢已经毕业工作了有 10 来年了,对吧? 也可以调动了。这批老师中也有一些调走了。

我当校长前 5 年出去多少老师我不知道,反正新分配的 52 个,一共加上原来的有 80 多个老师,少了一大半。那现在的老师只有 60 多个了,因为学生也在减少嘛。那 5 年等于就是说整个师资结构刚好在转型期,也因为这大量年轻老师的涌入。

笔者:我们学校的校园文化是什么? 是怎么确定下来的呢?

C 校长:我本人也是经过一些校长培训的,像你们这样给我一些培训。那么讲到学校它确实需要文化建设的,有愿景的,那么所以那时候我也跟行政班子跟老师一起，双方一起提出来学校原来有些东西。然后我觉得可能做这一块呢，我在这所学校做可能比较合适，因为我是本地人，我是这所学校毕业的，所以我对这个学校的文化，就是本地的文化我是感悟比别人深的。

如果我不在这所学校当校长，从外面进来一个人接我的班的话，他一个陌生人，他对这个学校对这方地域他都是陌生的，等给他四五年时间熟悉了，他可能要调走了，所以相对来说我觉得我做这个事情可能会比其他人有优势一点。

因为我原来当老师当行政，很多领导也接触过。学校的文化，我们原来讲一个活力少年，为什么要叫活力少年，原因、渊源反正也不知道，反正就像一个传统。那就继续叫活力少年，到底在整个物理构建上有什么东西，有多少文字资料呢，其实是没有什么东西的。但是我们少先队里面就会评选活力少年，就是优秀的这么一个概念。第二个呢就是我们这个海岛它本身的渔文化是海纳百川、勇立潮头，就是心胸开阔、积极上进的一种东西。所以结合这么两种以及结合我们学校师资的情况下，现在90%都是年轻老师了。

再过两年本地刚才讲的这些老教师退得一个都不剩了，然后年轻老师不是本地人，哪怕是本地人，他到这个学校待个10来年还是要走的，因为他最终是要去城镇学校的，为了小孩读书之类的问题。学校的师资结构决定了今后10多年它越来越是以年轻老师为主的，那么年轻老师他也是充满活力的，所以前后这些因素，后来我跟我们行政班子也商量，就是我们是不是把学校活力、教育活力这个文化定下来。后来大家觉得可以，这么一个主题就要定下来了。

那么然后活力它到底是由哪些好的东西组成呢？那时候我们也发放了学生问卷、老师问卷、家长问卷，做了一些梳理了。我做了一些梳理以后，又请教了一些专家，那么一直到现在为止，我们基本上比较能确定。其实这些年一直在完善，它里面的活力，它分为一个活力的老师，一个活力的学生。活力学生的核心素养，比如说我们是健康的，身体健康，思想健康。活力学生它也是一个智慧的。智慧的这个指标里面，比如说我们讲它是一个思维敏捷的，是善于学习的。还有一个指标呢是核心素养里面的，我们称之为宽容，就是我们校训当中的一个词语开容，开放的开，包容的容。它的开容的本意呢可能是很有气度,有气质,能包容,这么一个意思。

我们对学生的一个态度要求呢就是两个层面,一个就是你心胸要宽容。然后第二个呢就是你要有自己的个性系统,就是个性和气质,包括性格这一块,包括兴趣爱好稳定这一块,都算进去了,这是我们对学生的要求。那我们对老师的活力,教师的要求,当然也会要求身体上的健康,充满活力。我们要求在工作上的表现是亲切和善,对小学生来讲呢他实际上要有亲和力,交往非常重要,肯定要他善于指导,要和善。还有一个叫合作共情,因为一个方面呢就是今后社会发展了,我们解决问题肯定需要合作的。

第二个呢现在年轻人就是基本上都是独生子女,他知道合作的东西太少了,所以我们也提出合作共进是活力教师的一个发展需求。那么同样呢也感受了海岛的一种博大的胸怀,以身作则,胸怀宽广,也是对老师的一个个性的要求。就会进行这么一些梳理,这么一些内容,说实在的也不是很成熟。

我呢只是大概搭了一个框架,一点东西,看起来呢好像有些联系,但其实目前做了这些,以后它交给后来人可能仍旧要做好多年。

然后就现在的学校的愿景和发展规划,也是在一边做的过程当中一边在完善。对我们现在的校园文化和运行来说,就是"活力校园,阳光少年"嘛。我们要做大活力文化,校园充满活力,让孩子充满阳光,然后发展规划成为我说的活力教育,去做活力教育。我前几天参加那个宁波市名校长评选的时候,那个自己倒腾出的一个主题也是要创办有活力的海岛乡村教育。

因为觉得这个活力它一方面指的是当前的一种工作生活的积极的现状,另外一个方面代表的意思就是说还能促进一些人可持续的长远的发展,那就是成效。

笔者:就是您这个学校的愿景基本上是您吸取了前边学校的那个原来的提法,在当时发展的时候提的这个活力少年的基础上,然后由您为主,把它这个整体框架搭建出来,然后也是这些年就一直围绕着这个"活力"在做的,是吧?

C校长:对对对。

笔者:嗯,那我想问我们学校的那个校园文化建设,就是包括我们的校园的环境啊,然后硬件方面,还有一些软件方面,您这边是具体怎么在做的呢？

C校长：软的方面呢就是刚才讲的学校发展规划，学校这个活力文化的顶层设计之类的，反正呢就是从今年开始，我是通过调动各科室的行政，叫他们按照这个重点工作课题化去做。

比如说我们有这么几个重点工作。一个是教师培养工作，教导主任负责的，那么我们的活力少年学生评价，由德育主任负责。比如说阅读的课程、运动的课程这些也是由教务主任负责的。还有比如我们刚才讲到的青年教师的合作共性的问题，工会主席负责的一个教育文化，那么我要求他们把各自负责的这些重点工作，首先把它写成一篇文章，我签字提交之后，在那个行政内进行交流汇报，再进行进一步的修改完善。我们自己觉得可以了，我再请专家给他们一个一个地指导。最后大家都觉得可以了。

然后把这项工作进行课题申报。这个共有10项工作，上半年做了3项，重点是运动、阅读、活力少年评价。上半年完成了，然后下半年再做3项——家校沟通、教师的合作共进、教师的发展（专业发展）。那么明年上半年呢还有三四项。就是这样不断把它推进起来。那么这样下来行政对自己的这项工作就会有条理地进行，梳理得更清楚。

文化这一块其实涉及学校活力教育的几块支柱性的东西。环境文化这一块呢应该说是去年开始动手的，但是零零碎碎的。今年开始呢打算将环境文化作为一个整体来布置建设。刚刚找了一家广告公司，他们通过整个下半年时间，每个月来两次，然后实地考察，跟我们交谈了。他们也是有原因的，因为以前是代课老师多，学生的人头经费少，所以这几年经费就花得很紧张。

这两年代课教师基本上"消灭"了，我这个钱就不用付了，对吧？还有很多老师原来是住宿住在外面的，本来我们有90多个老师，现在只有60来个人，少了30多个，那么住宿的老师也少了很多，住宿费用就不用付了。然后这个学生的人头经费又上涨了，本来是600的，后来到900，现在到1300。因为钱多了之后吧，你可以考虑环境景观这一块，没钱没法考虑的啊，所以今年打算跟广告公司合作，进行校园的整体布局的改造。

我们的校园环境是进行整体设计的，我花2~3年时间分批落实。然后校园环境建设就是整体设计，主要就是围绕着一个主题来做，还是围绕活力教育,就是围绕我们的愿景和发展规划来进行相应的环境布置。

笔者: 我还想问一下我们的那个校园文化,就是我们学校的校本课程,您给我介绍一下。

C校长: 浙江省应该是2015年出了一个文件,是吧? 叫拓展性课程建设。对,其实相当于就是学校校本课程,对不对? 其实拓展性课程怎么做,放在什么地方,是可以和校本课程融合的。那我们呢抓住这个机会,所以我们的那个校本拓展课程就要称为拓展性课程建设。对,那个课题在宁波市已经获奖。后来特色的校本课程,我们是建立课程的,我们就成立了校队,我们组织了一个队,要比赛的去参加一下,去训练一下。然后我就觉得成立了这样一个队伍了,好像还不能满足学生的需求。我就觉得应该是有三级梯队的,首先,比如说我不知道自己对篮球感不感兴趣,那你就让我留下来练,对不对? 每星期给我留下来练的机会,对吧? 对,我觉得这个就是普及性的一面。然后呢,我感兴趣了,你是不是应该让我再多练一点呢? 我觉得应该让他多练一点,那么我们就需要让厉害的人多练一点,对吧? 出现一个很感兴趣的人,就可以多练一点,到最后才能使厉害的人更加努力、更加厉害。

所以这个三级梯队是从普及型的,再到加强型的。后来我们星期三下午就是做拓展性课程,那么校队早上、中午、下午反正都练,一天三练。星期三下午就是给感兴趣的学生练,虽然我个子比较矮,但是我确实就对打篮球感兴趣,你让我去学、去练。

因为我有这个想法,就是你逼着老师去开拓更多的这样的项目,给学生更好的一个机会。在2014年的时候,我们乡村学校少年宫评选,这个中央文明办就要求达到什么程度呢? 就达到我说的程度。这个评选是有钱的。评上了先给你20万,在北京会给你5~10万。那时候学校都比较穷,我跟老师说这笔钱我们还是可以要的,对吧? 老师已经被我逼着做了一年了,对不对? 我说我们再努力努力把这个要了。那么然后呢把所有老师都激发起来,开设各种能开的课程,不喜欢教象棋那可以教飞行棋啊。老师教什么的都有,大贸易、网红的那些,反正就是把课程都弄起来了,那之后呢就评下来了。2015年的奖金高,那么又开始结合这个拓展性特色课程。我跟老师说既然做成这样了,我们继续再评吧。然后老师又发展起来又做了,所以这个就比较顺,进入了正循环。

然后我们在那么多课程里面呢,我们主打的还是体育课程。因为一方面我本人对运动比较喜欢,人家不理解我很重视运动,而且我总觉得运动有目前我们还没有研究明白的很多的好东西。我们现在比如说锻炼身体啊,或者说这个特长发挥啊,或者有时候我们现在已经认识到了运动可以心理减负,它也是具有这个作用的。

那么我所认识的运动,它除了这些以外,它还有很多作用,比如说可以培养规矩意识,所有热爱运动的学生他必然会讲规矩的,因为运动有很多规范,运动的时候要讲规矩。而且尤其是刻苦训练之后,它会培养学生吃苦耐劳的精神。尤其是我们现在这些年一直在举行这个比赛,我们第一学期篮球,第二学期年底办手球赛,那么在这个比赛的过程当中,更加培养学生团结合作,(培养他们的)凝聚力。所以我前段时间看书,书上说运动对大脑的开发作用等等,反正有很多你所意想不到的好的东西,所以我就很重视运动。

运动项目当中,主打的一个课程叫手球。手球首先是前校长留下来的。开手球课程那主要是因为它是小球嘛,可以直接参加省里、国家级比赛的。为什么选这个手球?因为按照我们篮球、足球队的水平,你连县都出不去。因为玩的人比较多,你玩不过别人。手球玩的人少,所以一玩就是省里的比赛,动不动就参加全国赛,手球队也就没几支,一般人可能都没听说过,所以我们在这个项目上获奖就比较容易。第二方面呢,你说海岛的孩子现在走出海岛,走出县,去外面参加比赛,你还真找不到其他东西了。那么通过这么一个平台可以走出去开阔眼界,交朋友,那也是挺好的。再说通过这样的锻炼机会,从校内比赛,然后到市里比赛,最后呢到全国去比赛,那么不断的历练过程当中呢,对学生的心性是很好的一个磨砺。

那么后来呢,我在想把这个事情接过来之后,我肯定要把它做大了。怎么做大呢?那刚好也是拓展性课程开设,我们开始请教了一些专家,专家给了我一个参考的建议。专家就说传统的教育往往都是以学校为视角的,尤其以校长以老师为视角的,那么现在的教育它应该学会变成以学生为视角,我想想这个都是说得很好的。

我们很多人觉得学生一年级应该看什么书,应该看几本,好像都是老师、学校规定的,对吧? 你不要学生自然主动地去学习,参加什么比赛参加什么项目都是老师说了算。那这个手球能不能搞成学生视角的,让更多学生参与的? 就这样去想,然后由大队部出面组织手球比赛,(把)这个比赛变成手球活动,让学校师生都能参与进来。

那么我们是以班级为基础的运动员辅导,原先1个班级只有10个人,现在扩大到15个。男生女生都有,但还是不能让全体参与进来,40个人除了15个,还有25个怎么办呢? 然后在比赛过程当中,我们还需要有啦啦宝贝,还有那些数据的统计员,比如说翻比分的啊翻牌的,对翻牌做记录的,几号射门几号射进,还需要做记录的。还有一些比较厉害的,比如跟着教练吹着小哨子的,或者做边裁看看有没有出界的对吧? 就是做裁判什么的。对,那有些学生是会写通讯稿的,拍拍照的,给班级做布置,这么一来呢基本上全体学生都在参加了,人人都有事情做。

然后在这个基础上,我们在前期每一次手球联赛,首先发通告,由少先队对此负责。通告里面让大家做什么呢? 让大家出海报,对绘画感兴趣的,这一期的时候就联赛海报,出一个主题,全体学生设计,进行评选,然后把评选出来的作为最新的手机海报,弄好口号,设好手机音乐。这一系列大家都能参与进来。

所以这个课程就是要把学生参与的数据做大,做大了以后,就去申报了浙江省精品课程。

笔者: 所以您申报的那个浙江省精品课程,就是以这个学校的拓展性课程为主题报的,对吗?

C校长: 对对。这门精品课程主要是报这个手球。手球这个项目其实是个冷门的小项目,但我们把这个小项目做大了,我们能够在这个活动里面通过不同的方式享受这种活动带给我们的快乐。你看一个绘画的学生跟手球有什么关系呢,对吧? 但在我们的课程里,我们可以画手球,可以画手球比赛,可以画手球海报,那学生不是享受到了手球运动的快乐吗? 否则的话,参与的就只有几个场上的运动员。这样学生就都能参与进来了。对大家都关注了,关注了每位学生,无形当中整个班级更凝聚了。

笔者: 那在学校的教育教学方面,尤其是我们老师的专业发展方面,您是怎么做的呢?

C校长：专业发展呢也是我们学校讲的，就是说因为这几年教师的变化之后呢，年轻人多了，所以其实无形当中是把教师发展放在第一位的，就像我们经常说学生发展是第一位。但两个第一位的概念是不一样的，学生发展第一位是在我们的理想当中，我们教育所做的工作是培养学生，其实这个理念大家都有的，但实际操作层面你怎么样发挥学生第一的作用呢？你肯定需要老师去培养他，对吧？必须是好的老师，学生才能享受好的教育资源。所以我们实际上很多工作就是在培养教师。教师培养作为学校学生能够持续发展，能够高质量发展的一项最重要的条件。

所以在前几年我们有一个要求，就是将学生公共经费的10%作为教师培养经费，那我们呢，每年的经费将近30%用作教师培养，所以请进来的人物也多，送出去的也多，这些我们是不计成本的。无论走出去请进来，我们始终有一个立场，是什么呢？叫立足校本研修。你不能指望给你一个好师傅，或者给你怎么样一个管理上的帮助，让你得到成长。可能没有师傅你也是要成长的，我觉得你自己一定要成长。所以呢就立足校本。我们每学期一个人要上公开课，要反复磨课，你不是说我明天上课，我就今天上了一遍，那天就上了，这样是不行的。

像我们的一个教导主任，他上课上得多的时候，他能磨9次、10次，自己学校班级不够上，可能还要向别的学校借。还有包括基本的一些教学常规，比如说老师备课啊，要改，要二次批改，要看书，这些基本常规在整个校本研究里面是我们发展教师的根本点，以他们为主，同时我也相信他们，因为都是年轻老师。我也是原来年轻老师过来的，所以年轻老师来学校了，他肯定是想当个好老师的，很少有老师说，哎哟我考进编制了，就是为了混混，混完了算数。他们都想当个好教师，至于他能付出多少努力呢，这个每一个人是不一样的，有些人是很自觉很努力的。我们学校有很多年轻老师。这几年通过我们培养起来的这个老师，她自己就很努力。她现在已经结婚了，生了小孩以后，她每天晚上把小孩哄睡着，比如说晚上8:30把小孩哄睡着，然后自己出来挑灯夜读，弄到3:00睡觉。她喜欢做，喜欢那么努力。有些老师未婚的，像我在办公室看到的，因为现在办公室都是透明的，他在办公室里面改作业，备课看书，也得弄到晚上10:00或者11:00才回去睡觉。因为我们很多老师都是住校的，他是住在学校里面的，所以以校为家，他反正就是可以处理更多的业务上碰到的事情了。

但是当然更多的老师呢,他其实需要学校给他一个压力,让他产生更多的动力。但是我在想最好的方式就是他自己发展的愿望,跟学校要培养他的愿望,去完美地结合,这个时候你逼迫他上课,让他去看书,他不觉得是逼。学校是帮我,是我想看。那么也是在这个基础上,我们这几年做了一个教师培养的规划,就是你想一个人3年、4年或者5年之后,我成为一个怎样的老师,每个人每年我要付出哪些方面的努力。像我们刚刚今年8月底,就是每个年级领导上台,我就讲讲个人的规划,讲课程的小目标、大目标。就是说你的规划目标要写出来,没有的话现在讲出来也可以。你说你写了如果就藏在那里,你是不是做不到也没有一点关系啊。你写了,你讲给群里老师听,对吧?你最后就觉得马上就有一种无形的压力产生了。这个还不够,还要把你的规划贴出来,贴在我们的大会议室里面,每次开会别人都可以找到,你看这是陈某某的规划,这是杜某某的规划。这样你的压力是不是更大?比如说我们今天晚上去看书,包括我们下星期好好上课,你觉得就好说了,对吧,想想这个东西墙上贴着呢,所以说这个规划我觉得只要把它的发展的目标内化。我的计划是内化出来,然后再叫你好好上课,我们好好地去检查。你再好好地读书,读完以后写一些读后感,然后他做的事情就顺理成章了。我还有个办法叫温水煮青蛙,你说校长今年我只能看4本书,没关系,你先看4本吧,今年目标是不是完成了,明年可以找你谈话了,你不是可以把目标定为6本了,就慢慢来提高了。

笔者:嗯嗯,这个比较有意思的。我有个问题啊,就是您这儿的青年教师,这样成长起来以后,如果想要走,自己专业上有了发展以后到城区,这样的问题多不多?然后您怎么处理?您怎么想的?

C校长:我想我培养老师的目的就是把他们送出去啊。

笔者:那么把他们送出去,你们学校不是缺少了优秀教师了吗?好不容易培养出来,接着再培养?

C校长:所以我们学校培养教师呢,他不是培养一个两个,不是培养一个学科里面的一个两个骨干,我们要面向所有人,所有人都共同参与进来。然后那些成长得快的挑选出来,比如成为教研组长、年级组长,对吧?更快更有能力的就成为我们的行政干部。所有人我跟他们都讲清楚的,我当校长我是要走的,我不会一辈子待在这个学校,那当然教育制度也规定了我不能在同一所学校当一辈子校长。尤其是在杭州,现在外地教师肯定是要回去的,人往高处走,城区各种条件比农村要好,尤其有的老师比如 24 岁大学毕业进来,大概 10 年以后 34 岁,有小孩了,小孩肯定要读书了,对吧? 城区教育资源更丰富。所以老师要走的时候,我都是每年请他们吃饭欢送,都是欢送他们的,所以老师要走对我而言都是很高兴的事情。但是我要说清楚一点,就是我希望你们到了城区学校以后,还是要有自己的一席之地,不要被人看不起,那就意味着你在我们学校这 10 年里面,你就要努力去做你平常的事情。如果评上了新秀啊,评上了名优教师啊,或者这一类差不多的荣誉,那么你到了城区之后,人家就不会小看你了,好,你马上能立足了,甚至能够脱颖而出了。符合条件,我都是欢送的。

笔者:嗯嗯嗯。这个属于比较有意思的,就是有一些校长觉得说好不容易能把你们培养出来,就可能是不愿意让你走的,就不让老师走,那您说您是欢送他们的。

C 校长:对,而且我跟其他老师讲,就是说这是一个很明显的例子,我们老师走的时候,很多都是老教师和行政队伍里面走的,因为他很优秀嘛,比如说两三年看出来这个老师比较优秀,当个年级组长,四五年以后还比较年轻,就当个行政的,对吧。到了八九年时间就走了。而且明显是什么呢? 就是这批行政走了,下一批上来也很厉害,熟了之后再上一批一样厉害。因为行政岗位上磨砺人的。我有时候跟他们讲,你们看看像我们那个教导处,我当校长 10 年,换了 5 个教学副校长,那个频率非常高。每年 2 个培训,每两年换 1 个。我说如果第一任教学副校长不走的话,下面的 4 个教学副校长,我说你还能出得来吗? 都出不来的。他在的时候你们觉得他是很厉害呀,他走的时候换一个人顶上来,一开始觉得好像做事情不行,后来做了两件事,他也就立起来了,对吧。所以这几年很多身边的例子已经告诉他们了,就谁都行。

笔者:您讲的这一点我觉得很有意思,正好跟我下面一个问题是有关系的。我接下来想问就是在学校的内部管理方面啊,比方说中层和学校的规章制度方面,您怎么做? 然后您刚才说这个 10 年换了 5 个分管教学的副校长,您说走一个就再培养一个,这样很厉害。对于中层的这个管理,其实你是怎么做的？怎么能做到这样子呢？

C校长：这个呢其实我也是去年开始在思考，去年，我的一个副校长调到另外校区当校长了。那是个很小的学校，学生三四百吧，还是两个校区的。他去那边当校长了，可能我要去看他了，找个名义说我们这个学校行政工作交流，挂了这么一个名义去的，然后呢教导处、德育处，以及我们学校阅读搞得比较好嘛，就这三项内容进行交流。那么在行政教师过去的时候，他也提到给行政布置任务，我们去年中层行政除了工会主席，其他都是新的，就是教导主任、德育主任、办公室主任、总务主任、安全办主任，以及刚上去的辅导员全是新人。刚刚接手半年时间，反正我觉得他们有这么一个工作，对吧，我们就去交流。巧的是呢，他们学校的行政也是换过的，也是新的一批。那然后，我们行政的三项工作，大家都保持在20多分钟，做了PPT，讲得有条有理。我觉得不容易了，因为新的形势，新的主任，现在的主任等于你接手才几个月时间，他把工作摸清了，还能做出这么一份汇报，我觉得不容易了。在听他们汇报的时候他们都说了同一句话，他说我是今年刚上任的，学校工作呢，上一任也没跟我讲过怎么做的，我们到底做什么呢？他说我们教育系统一个内部网站，内部网发什么通知，我们就干什么活，不发通知我们就不干。

然后这一次，我就突然发现，我觉得我们的行政比我想的厉害多嘛，我就觉得很正常的，对吧。原来可能在我没注意的情况下，我们的行政工作交接了，已经有产出了。那么产出在哪里呢？我觉得比较好的是什么地方呢？第一比如说教学副校长走了，肯定是教导主任顶的，那么教导主任做副校长的时候，他其实也知道一些东西，所以就说平常我们各科室的工作里面呢，他们之间相互分工、相互合作是比较好的。

第二个呢，因为我们老师调动快、变化快，我给每个科室都配备了后备干部，这个后备干部，只是说内部形成的，没有报到教育局，没有文件公示的。那这个后备干部呢，比如说这个中层副职一样的，同样干活的，所以比如说教导主任走了，教导副主任上，教导副主任走了，没事，还有一个后备干部。那么这样一来，什么情况下问题都不大。这个思路还在别的地方发挥作用，就是我们每一个行政走的时候，我们都要开行政会议，然后这个离职的老师，要做好工作交接，并且进行口头汇报和书面资料的交接。那我作为行政的一员,我本身跟着你做了一年两年,做什么工作我也知道。

笔者:那么前面说的这个承接就比较顺。这是学校的中层管理,那么学校的这种规章制度啊,学校怎么运行的,这个软的力度和硬的那种刚性之间的关系到底是怎么样来处理的?

C校长:首先呢是这样,老师这个群体的管理,不能借用比如说企业模式的管理,所以我们以前有一段时间提倡企业的精细化管理之类的,其实是不能用在教育系统的。小学老师,好歹算半个文化人,文化人有文化人的秉性,尤其是老师,特别是小学老师,一脉相承的,他首先是基于自觉自律的。你说这个老师我不给他布置任何要求,比如语文老师一学期下来,这个语文老师语文书没上完,有可能吗?这个语文老师作业还没讲完,也不可能。老师对自己的基本职责他是知道得很清楚的。

基于教师自律自觉的情况,我在管理的时候,基本上就是抱着相信他们的态度。不是说我这样制定制度之后,老师会不会钻空子,我从来不这样想,你这样想的话,在这个世界上你这个圆是永远画不圆的,你会发现漏洞无穷无尽。对,你不用想着补漏洞,你就相信、发挥老师的优势长处,制度激励是为这个东西来服务的。

(省略……)

片段6

笔者:那您做校长前的教学经历是怎么样的?您教什么的?现在还教不教了?

X校长:嗯,我一直在教主课的。我们在农村当校长呢是比较心酸的,为什么说呢?因为我们农村学校的师资比较薄弱,也比较欠缺,那么往往是哪一个学科的老师没有,我们校长就教哪一个学科。那么在这么多年当校长的经历里面呢,我教过数学,教过体育,教过科学,数学、体育、科学都教过,就是缺什么老师就教什么。也教过两个月的语文。

笔者:那您现在教什么呢?您现在还上不上课了?

X校长:我现在还上课呢。今年我因为身体不怎么好,我没有教主课了,我教体育。我们那个校长说今年让我先上上体育这样子,那么今年先上体育课这样子。

笔者：您做校长前后做了多少年啊？

X校长：前后当校长当了14年，三所都是农村学校。

笔者：然后这三所学校您选一所好了，因为我具体想问学校的愿景这些东西。三所都谈可能太多了。您挑一所您觉得比较有代表性的。那我就问一下，当时在那所学校的时候，学校的愿景是什么？有没有的？然后学校的发展规划、愿景是怎么制定出来的？是原来就有的呢，还是您想出来的？还是怎么弄出来的？

X校长：我自己制定出来的。我当时是这样的，我到××小学，他们向我介绍这所学校的时候，我们分管教育局局长是这样子说的，说这个小学呢，整体各个方面已经差到最底下了，需要有一个老的校长带领这个学校和学生爬起来。他跟我讲了这样一句话，所以当时我感觉到这所学校工作压力也是比较大的。我当时在之前的那个小学那边，当时的教学质量已经取得全县前三名。除了两所职业学校就是我那所学校。所以我们的局长对我一样的信任，所以就出于这个原因呢，就把我调到××小学这所学校。那么从我到这一所学校后呢，我就从学校的各个方面进行了学员、老师的住宿条件啊，学生的营养餐啊等这些方面的改革。

那么我发现这些山里的孩子，当时家庭条件也比较困难，学生往往都是脸上很难看到他们的一种笑脸，所以当时我提出学校的愿景，就是让山里的每一个孩子都能幸福成长。基于这样的愿景，我提出了当时学校的办学理念，就是学生幸福成长。那么为了学生的幸福成长，我就做了很多的事情，从我们学生的衣食住行这些方面，我从课程当中着手，包括像社会团体赠校服、冬衣等各方面。我跟孩子们开着玩笑说，X老师来这里当校长之后，你们从帽子、内衣、外套、鞋子、袜子等都给你们争取到了，唯独就是没有内裤而已。也就是说学生的衣食住行已经帮他们解决了。后来我们的学生吃饭这些方面觉得不是很好。我当时跟学生开玩笑说，不能让你们过我20年前过的生活，所以我在学生吃这方面也花了很多的心思，所以在当时的营养餐上面，应该我是做得非常的好的。我们当时政府只提供两块钱一顿的营养餐，那么我后来向社会争取，包括慈善总会等各个方面的爱心，让我们学生在早餐、中餐、晚餐都能够享受营养餐，享受每天1盒营养奶这样的一个标准。学生得到了社会各个方面的帮助，得到改善之后，我们一定要心怀感恩，所以我后来给学生提出的校训(是)向善。对,你得先善良嘛,人要做一个善良的人,做了善良的人之后你还要做一个上进的人。我后来还加了一个高尚的尚,向尚。我们学校的校训是向善向尚,后来我发现这个校训提得非常具有时代性……

笔者: 那您去当了这所学校的校长以后,校园文化这方面您是怎么做的?比方说校园的环境。

X校长: 我们校园文化呢,我首先从硬件设施开始改变,让学生有塑胶跑道和塑胶球场。硬件设施改变了之后,我就开始从软件上面,从育人文化开始做。我这个人是对传统文化比较看重的,所以我在我们学校的围墙打造了传统文化的一个育人的文化墙。这个育人文化墙打造起来,我觉得也是得到我们当时管教育的领导的肯定的。我非常秉持这样一个理念,就是润物细无声。让学生在这种文化氛围熏陶下,逐渐明白自己该做怎样的一个人。

笔者: 在你们学校的青年教师多不多?

X校长: 就是当时应该说都是青年教师。

笔者: 那现在老师来了以后,因为教学方面也没什么经验,然后他们也想要专业发展,那么学校在这一块,在教学方面帮助老师专业发展,您是怎么做的呢?

X校长: 我这样子,我当时是给我们学校的老师要求,所有的老师你必须上公开课,所有的老师都去听他上公开课。每个人都要上,不管你是(谁),我们当时有一个老教师都已经退休了,他也上。每个学期的开学第一节公开课由我校长带领先上,然后我们其他老师抽签,轮到谁了谁上,每一周必须雷打不动,每一周都有一节公开课。然后我们课上完之后,让我们每个老师都给上课的这个老师评价,这堂课好,好在哪里,不好,不好在哪里,哪些是值得你学习的地方,哪些地方是有待改进的。然后我这个校长呢是主评人,我们就会从老师的各个方面,对他这堂课进行一个评价。那我们老师就是说在自己专业上面,虽然在山沟沟里面,我也要让他自己的专业有所发展,所以我们的老师进城之后也能成为县里的骨干老师。

笔者: 您刚才说老师进城,我就想问老师专业发展了以后,是不是有一些老师想要走?您当校长的时候,这个问题您怎么看呢?您怎么解决呢?

X校长：我肯定是这样的，我们老师专业发展好之后，有机会他肯定是要进城的，我肯定也是欢迎、欢送他们进去的。我怎么说呢？我说天高任鸟飞，你当时能进城了，我肯定要送你进城，我肯定是希望他们能进到城里，能够得到更好的平台提升自己。

另外一个，从人性的角度来说，我们也要为他自己，为他家人、家庭考虑，为他将来的成长考虑。不能说为了学校的发展，一定要把这个老师硬留在这里。所以我们老师进城，我都是很高兴送他们进城的，我始终秉持这个。我舍得。你这所学校只有老师不断地流动，这所学校才有动力。如果说这所学校所有的老师都安逸地在这里，那这所学校也没什么发展动力。所以我很幸福也很自豪地说，我们学校当时是市教育教学质量评估连续三年得奖的一所学校，整个县我们连续得奖。

笔者：所以您对老师的这种流动，也是持支持的态度，您也比较开放。那老师走了以后，这边学校缺老师，那么新老师分进来，您再培养，再手把手来教？

X校长：再手把手教啊。这个也比较辛苦的，要不断培养新老师，所以我看起来也比较苍老。我始终认为在我当校长的14年里，我觉得日子过得还是比较踏实的，确实是为了全体的师生做了一点点实事的人。

笔者：那这样子的话，老师跟您之间的感情是不是也比较好呢？

X校长：应该说是非常好。我为什么这么说呢？因为我去年生病了嘛，我在旧的学校待过的日子里，相当的一部分老师到场看望我，这就是他们对我那几年工作的认可吧。如果我对他们不好，他们也不会来看我，这个我是觉得人的东西都是相互的嘛。

笔者：对对对，您对老师好啊。那在学校那种规章制度执行的时候，您是怎么执行的？是强调制度的这种刚性，还是强调这种人性呢？

X校长：我还是觉得比较人性方面的制度是要有的。我们在执行的时候呢，还是要人性化一点。我举个很简单的例子，因为我们在比较偏远的农村，比如说有时候老师他上早课，偏偏那班车赶不上，我们有时候体谅他确实是事出有因，他已经去找到这个车站了。因为我们这节课是早上8:00，那么他要6:30之前赶到车站，那有时候他往往有可能6:30之前没有赶到车站这边，第一班车他就没赶上了，那么你说这时候我们要跟他计较吗？所以我觉得我还是比较人性化的。我们学校老师都是住在学校里面,我们是这样的,周一早上很早到学校,然后周五再离开学校这样子,所以你说在学校已经待了一个星期了,你偶尔有时候迟到一节课,我们也是谅解的。

笔者:那您学校的中层,您是怎么管理的呢?

X校长:其实中层呢,一个学校十几个老师,中层也就是教导主任、总务主任和少先队辅导员三个人。我们凡是有什么事情,我都是当老大哥一样,他们有什么不懂的,我都教他们。有哪方面做得不好,我也从来不批评他们,我跟他们说事情需要你们去做,责任我来挑。

我也很自豪地说一句话,我当校长,自从我们县里面开展督导评估评奖以来,我们每年都得奖。那中层、学校老师也都觉得学校很不错,他们也都觉得挺光荣的,是吧?那至少他们说在我们学校还是值得回忆的。

笔者:我前面听到,就是您讲到校园环境,包括学生的衣食这些方面,都是争取了很多外部的资源。所以我现在就想首先让您谈谈您刚才讲的争取外部资源,具体是怎么做的?

X校长:我是这样子,当时我看到我们学生吃那么一罐咸菜的时候,我说真的,我在学生餐厅真的是流下眼泪了,我就跟孩子们说,项老师保证以后不会让你们过这样的生活。当时刚好浙江省有个省级媒体,省级帮忙联盟的一个记者联系到我,说你们学校需要什么样的帮助。就是他们刚好成立一个帮忙联盟嘛,也想做点事情,新闻媒体的东西,那么我就把我们学校情况跟他讲,然后他把我们学校的困难情况拍下来在电视上播放,也发表在报纸上,在省级5家主流媒体上面都宣传出去了。那么社会各个方面的爱心人士,真的就像潮水般涌到我们学校。

我就对我们学生从最简单的两个方面进行关爱,就是衣、食,就是穿的和吃的两个方面。我们的家长,他们看到我这个校长真的很用心。用心到什么程度呢?用心到我晚上起来巡逻,给他们盖被子这样的一种程度。因为我们一年级的小孩子都住校了,然后我就晚上起来给他们盖被子,像我们夏天有蚊子,那么我就给他们弄电蚊香等这些方面。

我们说有给警察送锦旗的,有给医生送锦旗的,很少给老师送锦旗的,但是我是我们教育史上唯一的一个,收到三面锦旗的这样一个校长。

笔者:这三面锦旗是谁送的呢?

X 校长：学生家长给我送的。

笔者：上面写什么？

X 校长：爱生如子。

笔者：所以在和学生、家长交往的时候，就是处理这个关系的时候，您觉得还是很顺畅的，是吧？

X 校长：因为我在那里面当校长之后呢，在学生、家长眼中，我这个校长是一个为人非常和蔼的人，善良，对学生很关心，真是点点滴滴关心到位，所以没有一个家长来找我出头，从来没有。这也比较难得的。他们有的人觉得，因为在农村嘛，可能家长的文化程度不高，所以有的人比较难弄的，会有这样那样的事情。

笔者：您这儿就没有家长这样子那样子，对吧？然后家长对您这个学校也是非常支持的。刚才您讲到学校的那个塑胶跑道这些，像这样的资金是哪儿争取来的呢？

X 校长：上级教育主管部门拨的。

笔者：那您能不能谈谈您跟上级教育主管部门之间的关系？

X 校长：我这个校长也是得到我们的局长的认可的，因为怎么说呢，我是农村学校里面唯一的评上了三年优秀校长的这样一个校长。那我们农村学校的校长，争取优秀校长也是很不容易的，所以机会实际上很少。你像小学里面，我们当时农村有 10 来所小学，我知道我是唯一的一个（优秀）校长，三年都获得了优秀校长这样一个荣誉称号。

笔者：就是上级教育主管部门对您也是非常认可的，所以包括评价，包括学校的资金、建设也都是非常支持的，对吧？

X 校长：所以说，我是唯一的一个从党、政、教育、企业 4 个方面都得到荣誉的校长。那么政府方面呢，我是春蚕奖获得者。然后在宣传部门我是被评为浙江好人的。服务社会方面，我被评为最美村民计划使者。在企业评价方面，像我是被评为马云乡村教师提名奖这样子，很少有人能拿到这个奖的。我知道像春蚕奖，因为是省级奖项嘛，那名额也很少的，然后应该是每两年评一次，每一个县只有一个名额。对，因为我知道名额是很少的，就是能评上的这个方方面面都要做得很好，能经得起考验，否则人家也不服气。所以我也是县里唯一的一个到市教育表彰大会和县表彰大会上面发言的人。

笔者: 嗯嗯。我还有一个问题,您学校所在的那个乡镇,您和这个乡镇的关系怎么样?您是怎么处理的?

X校长: 我和我们乡镇领导也比较诚实,我从来不说那些天高地大的话,我是一个踏踏实实做事情的人。所以我们的乡镇领导,每年也是尽他们最大的能力来帮助我们这所学校,包括经费等各个方面都来帮助我。

我就举个很简单的例子,我们不是村学计划,每年暑假都要搞的嘛,按照道理说这个事情是政府那边的事情,每年暑假我都会处理计划的事情,间接也分担了他们的压力,所以他们对我也是比较认可的。然后只要可以帮到学校的,他们可以做的,他们也乐意帮。我还被选为党代表。

笔者: X校长,那接下来我想让您谈谈,就是您怎么看校长的作用?校长在学校里到底是干吗的?是怎么样一个角色?它作用大不大的?它在各方面起到怎么样的作用?就您怎么想的就怎么说好了。

X校长: 我觉得作为校长首先要定义为是为全体师生服务这样一个角色。一所学校要办好,我觉得校长是非常关键的。对,这是一所学校的引领者,也是一所学校的推动者。一所学校你首先校长要给自己定位,我要办成什么样的学校,这所学校给师生带来怎样的一个育人环境,这个校长自己要心中有底,所以校长你就要各个方面去服务全体师生。校长首先他是一个服务者,也不是什么行政引领者,我从来没把自己当成一个校长,要高高在上的这种感觉。

我跟老师们开玩笑,我说当一个校长,所有能干的事情我都干过,包括通厕所、扫厕所我都干过。我们在农村比如说自来水管破裂了,那老师根本不可能修,都是我自己在那儿修的。太阳能堵住了没用了,又是自己在修。厕所堵了,也是我自己在那里通。所以我更多地把自己定位为服务全体师生这样的一个角色。

笔者: 那您在自己的成长经历当中,成为校长之前和之后,有没有什么人和事对您影响挺大的?

X校长: 有什么人和事对我影响挺大?其实对我影响最大的,就是我自己个人的成长经历,我自己的成长经历让我自己觉得要为山区教育踏踏实实去做一点事情。我是这么想的,因为我是从山区里走出的一个孩子,如果说我跟他们一样,我今天也不可能有我这样幸福的生活。所以我从我自己身上看到,我觉得教育可以改变一个人。

我跟他们反复强调,教育不仅改变他一个人,教育可以改变三代人,有这样的一个作用,所以教育的力量是非常强大的。我说一个孩子出息了,他的父母肯定是幸福的,将来他的孩子肯定也幸福了,所以教育不仅是改变一个人,而且是改变一家三代人这样的,所以我从我自己的身上明白了一定要做好教育,就是这么一个想法。

笔者:那您觉得制约校长,不利于校长领导水平发挥的因素有哪些? 哪些因素是不利于校长发挥自己的作用和水平的?

X校长:我觉得有时候校长很难发挥作用,就是因为有时教师的自身素养。有时候我们校长对着个别老师是真的很难以发挥作用,因为怎么讲呢,有时候我也不知道怎么去评价老师好,反正我是感觉到有些老师是比较安于现状的。有个别老师比较安于现状的时候,你校长跟他怎么交流? 他觉得我就这样够了,有时候你拿他也确实没办法。

笔者:哈哈哈哈,您的意思是不是因为校长手里这种人事权,你也不能处理他,对不对? 不能开除他,所以想叫他改变,你也没东西去激励他、去改变他,反正就这样了。那您觉得这个不利于校长的领导水平的发挥。那您做那么多年的乡村校长,有没有特有的那种困扰,您觉得和城市里的不一样的(困扰)?

X校长:我特有的困扰就是这么多年,我找那个老师找得很辛苦,乡村老师啊,乡村往往都是很缺老师的。

笔者:嗯。有没有特别缺的,哪方面特别缺的,是各门学科都缺,还是缺水平高的?

X校长:在我当校长的 14 年时间里面,我只有一年是没有找过代课老师的,其他十几年都在找老师。

笔者:那么您对于提高校长的领导水平有没有什么建议?

X校长:我是觉得作为校长,首先你自身的素养肯定是要很不错的,你像我们校长如果说自己课也不会上,评课也不会评,你啥都不会,你去指点,你再讲别人,你根本就讲不响啊,所以我觉得自身素养是很关键的。

(省略……)

片段 7

笔者：首先，想问问看您做校长前的行政经历是怎么样的？

J校长：这个呢我是一步步上来的，像是大队辅导员、教导主任啊，在学校分管教学的副校长，再当校长。就是所有教育教学的岗位我都经历过。

笔者：那这个行政经历前后加起来有多少年啊？

J校长：就从做大队辅导员开始这样子到做正校长，有 13 年吧。

笔者：13 年啊。然后您做正校长是从几几年开始的？做了多少年了？

J校长：2006 年开始，然后一直到现在。

笔者：那时间也很长了。那您作为校长前的教学的经历是怎么样的？

J校长：我虽然一直是行政，但是我还是坚持在教育教学一线的，包括当校长之后呢也是讲课的。

笔者：您上什么课？

J校长：我以前的话，刚开始的时候，前几年是教了 4 年半的英文，后来教数学。出去当校长之后，我因为不能有更多的时间精力去做这个教育教学，那我就教美术。

笔者：那现在您教什么呢？

J校长：教美术。

笔者：那当时您在那个×××小学的时候，就是您给学校设计的愿景是什么？然后这个愿景、学校的发展规划是怎么制定出来的？是比方说原先就有的，还是您自己想出来的呢？还是怎么制定出来的？

J校长：这个学校愿景的制定，肯定要根据自己学校原来的基础和现有的条件，以及将来有可能把学校发展到什么样的高度来制定的。因为我们原来跟别人没有合作之前，他们来看的时候呢，我们还是很破旧的很小的，下雨就积水，甚至要发大水。在这么个贫困的土地上进行教育教学，那么他们看到就说这样的学校不行。我马上带他们到我们新的工地去，我说我们再过半年吧，我们就有新的学校，新的学校是不错的。那么他们也看到了，所以从开始到现在，在他们的帮助下呢，我们学校确实也得到了就是在 YW 来说，快速的发展。这个快速的发展，速度呢可以说是后面的学校难以企及的。那么回到愿景，这样子，我们搬过去之后呢，想要学校（有）更大的发展。

在我们 YW 的×××旁边有个五星级的酒店,是 YW 经济改革的一张名片,中央领导人来肯定都要入住。它这里的一草一木,每一棵树每一株花都是精心设计的,这个确实是很有品位,那么我们就以它这个地名取校名,因为在它的边上嘛,我们就把它命名为×××小学。

第二呢,我们现在习近平总书记都是说要让人民过幸福生活嘛,就让我们觉得我们要搞幸福教育,就这样,学校名字改的话,那么我们学校的办学理念就是幸福校园,我们呢也打算通过 5 年到 6 年,甚至更长时间,将我们××小学发展成为我们 YW 乃至全省的特色鲜明的这么一所学校。当时我们就在我们教授团队的帮助下,制定了这么一个愿景,那么现在通过这么努力下来,也取得了很好的成效,也得到了我们社会各界以及我们家长、老师的高度认可。

如果再坚持两年,那这个学校的成果肯定会更加丰富,学校能够更上一个台阶。可惜这个上面的领导安排事情的时候他有他的考虑,因为我 18 年了嘛,我们是 9 年动一动的,那么我借这个机会,我就也服从上面的安排,我就出来了。出来嘛,我就当督学。

笔者:这个发展规划是这么制定出来的?现在学校的这个愿景和发展规划,您是怎么在学校贯彻执行的呢?就是这个发展规划怎么把它落实呢?

J 校长:我是通过几个方面来落实的。要把这个愿景变成现实,那么要通过学校的管理。我这个愿景制定的时候呢,我是从下到上的,就是让我们的老师全员参与进来,大家共同来制定。

这里有两个目的,一个就是让大家知道我们接下去要把学校办成什么样的学校。第二个呢,也通过这个活动,让我们老师感受到我是这个学校的主人,对吧?那么这样做的目的就是能够激发他们,激发我们老师更加主动、更加积极地投入学校的发展当中。

光让他们记下来不够,我肯定还有一系列的举措。那么举措方面,最重要的我做了几块,一块呢学校要像你说的,火车跑得快肯定要火车头带,那从我自己到我们这个中层班子,我就开始给他们创造各种条件、各种机会走出去,让他们出去学习。首先要提高我这个班子里面的成员,他们的领导力和他们的各方面的能力。

第二块呢我要做的就是做好我们的教师培训。教师实际上是所有工作的核心。你工作的开展离不开教师。(这方面)我确实也花了很多的时间和精力。

首先的话,我当时跟我们的教授提出来了我们教师队伍的发展。反正开始是这些特级教师请来,也搞了两年。搞了两年之后呢,后来我们又发现,这个名师带徒弟还是有许多不方便,我们要去听课,你就早上去了,下午回来,一整天很累,也不是很想去。有的时候还有一个问题,就是想请教他们,也不是很方便。

后来呢也是在教授的帮助下,我们找了本地的两个特级教师,一个是语文的,后来有个数学的,是朱先生,他是数学的,那么这两个特级教师作为我们学科的导师,这样的话他们经常到我们学校开展活动,我们老师也可以每次参加活动,这样的话我们更加方便了嘛,距离很近的嘛。这是我们教师的培养,通过一个是名师授徒,另外一个我们学校搞了个青蓝工程。青蓝工程什么意思?就是我们要推动老教师带着年轻老师,这是校内。那么除了这些,其他学科的,比如说我们英语学科,我们当时依托杨俊峰,杨俊峰他还是我们的信息部主任,当时就搞了一个班的平板,用英语来进行上课。那么光光这个学科呢,我觉得还不够。这个英语学科,我们还承担了国家级的一个英语课题的研究,当时的话整个 YW 就两个学校,一个是我们,一个是东阳的外国语学校。老师有培养的,中层也有培养的,那这个还不够。

学校管理当中呢,我觉得我们光速度绝对还不够,我们通过课题引领,来培养我们教师这个全方位的专业水平。我们要培养老师,那我们(通过)这个课题,我们这几年,语文啦、英语啦、数学啦,还有综合啦,做了好几个课题,通过课题来促进我们教师的专业成长。那我这个课题跟别人的学校又有所区别,为什么这么说呢?我这个课题除了是为了课堂教学,同时也是服务于我们的课程开发。因为我后面会说到,校长这个领导力,我刚才说了课程开发才是校长领导力的体现,这是课题研究的三个方面。我觉得这个落实过程当中,我要借助各种机会或者社会资源来为学校的发展做铺垫。

我刚才说了学校,我引进了社会资金 500 万。有了 500 万之后,我刚才说了跟我们杭师大的合作,我们要了平板,搞那个英语的课题。同时呢我们通过街道拿了一块地,这块地作为我们劳动教育的实践基地,所以我说社会资源对我们学校的帮助是很大的。我们现在搞的枣文化,我们 YW 的科协啦,YW 的枣协会啦,都给我们极大的帮助。所以我觉得校长除了要做各方面的实施,同时更重要的也要依托这个政府或者社会机构、爱心人士。就是我说的开门办学,所有的社会资源为我所用,这样的学校发展,你不用去担心,那肯定能够发展起来。

笔者:那个我追问一下,刚才您说就是您充分利用外部资源,给学校争取来 500 万,用于改善办学条件,这个 500 万是向哪里争取来的?

J 校长:这个是我们学校边上有个楼盘的,也是我们杭州的上市公司在我们学校边上,它给了 500 万,它赚取 5 个亿都不止,(因为)它房价涨上去了。我学校办成名校,它的房价就上去了,它的房子一下就卖光了,抢光了。

笔者:当时是您主动去跟他们谈的,是吗?

J 校长:我去争取来的呀。我自己争取来的呀。

笔者:你能不能稍微详细讲讲,因为这个情况还是很少见的,然后也是很成功的一种合作双赢,您当时是怎么想的?

J 校长:那我跟你说,当时学校在造了,我也很清晰地知道,这个学校搬过来之后肯定要有更大的发展,一定要对得起当地政府以及我们家长对我们学校的厚爱。光凭我自己的能力水平,是不可能的,而且我们教育局有这么多学校在,不可能给你×××小学特殊的政策支持,那我就想到了我需要借助外部的力量来帮助我提升。

所以我当时就考虑了嘛,我就在这边上找,它也在找人,几乎跟我是同时的。这样一来,那么我就有这个想法,跟街道领导、主管他们也说了,然后在他们的帮助下,我见到了房地产公司的老总,跟他也聊了这个事情。那么这个公司确实以前在杭州的时候已经有过这样的壮举,这样的例子已经有过了,跟学校合作。他们对教育呢还是有情怀的,所以我去说,他们也让我拿出方案来。我这个方案呢也通过我自己,前前后后跟他谈判了 6 个月,最终在大家的共同努力下,因为虽然我是自己去的,但是你这个事情要办成的话,离不开面上这些人的帮忙,包括我们村里的,包括街道的,对吧。

所以最终促成这件事情真的很累,但是回过头来现在看这个事情,做得很有意义,也很值得。在我们 YW 来说,靠我自己校长一个人去引进来的,现在也是三年过去了,没有第二个这么大的资金,这个资金用得那么好,效率那么高,你是第一个。就是大家都很高兴,他们也觉得这个钱花得值得。

就觉得应该要花,对吧? 现在已经得到他们充分的认可。

那这个事情确实是很不容易,因为它拿出的不是小钱,毕竟是那么大一笔钱,对吧? 那对于企业来说它是要赚钱的,就是它也不可能白白把这么一笔钱拿出来,那这样子就是做成了以后,其实也是对大家来说都是最好的一种结果。

笔者:所以其实在其他前面的访谈我都没听说过,所以我今天比较好奇,就觉得说,在这个学校的内部和外部关系的处理上,您觉得就是像外部关系,除了刚才讲到的,那么还有其他的,比方说上级教育主管部门,还有那些家长,还有那个就是您刚才讲的跟乡镇啊,跟其他的机构,您说您也都是尽力去争取资源,那么对于家长和上级教育主管部门这一块您是怎么处理的?

J校长:首先我们教育主管部门,它也当然希望把这个学校办好了,但是他们也跟我说了这么一句话,因为他们(指房地产公司)是商人嘛,肯定得有利可图,他们才能站出来。他们(指教育主管部门)说你招生问题上不能突破我们政策的底线,如果你突破政策底线的话,到时候要问责的,然后我们YW招生现在全国招生是一样的呀,就是按照我们的教育政策了,就严格按照政策。当时的意思是说他们赞助了我500万,给他们几个名额,他们也是这么想的。但是我后来跟他们解释了,这个也让我们分管的副局长也来说了,不要说500万,你给我5个亿也不行,我没有这个权力的。

我们真的能够做的就是通过我们的合作,怎么样把这所学校办成名校,让你的经济效益能够体现出来。没有给我政策倾斜,也没有给我特殊的权力,但是他们也是因为我几十年校长当下来了,这个我们的领导呢,也是很信任我的。我一出来工作就一直在这个区,三十几年,我的口碑,我的成绩,我们街道的领导、老百姓、家长都高度认可我,所以他们是看我这个人是比较靠谱,也比较会做事的这么一个人,他们对我是高度信任的,这一块也是这样。

所以他们对我提出来的一些要求呢,只要不违规,不违背政策原则,不犯错误,他们都会答应。人家拿不到的钱我能拿到,人家做不到的事情我都能够做到。就像我们这边合作一个学期,这边合作结束之前,我们还有一个街道里面出了150万,(建)可以说是我们浙江甚至可以代表我们中国最好的

YW文化的博物馆,就在我们×××小学,也是我自己引进来的,街道出钱。一个学校里面你有个博物馆,而且是整个设施、设备、内容都能够代表我们中国的这样水平的,你想一下,我们学校是搞文化的,这样的学校的品位肯定是相当高的,校内有国家层面的博物馆,也没有几个吧。

因为这个是我自己做人做事,你做下来积攒下来的这么一点人气,所以我去谈事情都比较顺利,大家都可以给我几分面子。

笔者:那所以您这边就是包括在和家长的那种关系上,家长对学校、对您的工作也是非常认可的?

J校长:因为我一出来就在这里工作,所以就像我前面说的,我是几十年用自己的行动赢得了家长的认可,家长的信任。我×××小学的发展,许多家长是老校区过来的,他们看到这个学校是怎么样造出来的,这个学校怎么样发展,他们都亲自经历的,对我已经是口服心服了,他们知道这种变化是巨大的,也知道就是实实在在在做的,是很不容易的。

笔者:您前面讲到您学校的老师的专业发展,您尽可能地通过走出去、引进来促进老师专业发展,那您学校的青年教师多不多? 青年教师在教师队伍中的比例大致是怎么样的?

J校长:70%有的,中青年教师。

笔者:我就问一个比较现实的问题啊,像这边的老师在学校里得到了发展,专业上发展了,自己也有一些得到认可了,会不会想着说我要往城里调啊,就是自己也有点底气了,我就要走了,这种情形有没有?

J校长:这个也是正常的啊。这个问题呢,我们要理性地去思考。但是我不会去限制的。因为我们学校老师,我在的时候他们都愿意跟着我干,因为跟着我很开心的啊,可能我还比较有亲和力,我这个领导呢就是比较亲民的,他们都喜欢跟我,但是总要有几个人要调走的,为什么呢? 原因很多的,比如说家庭原因,小孩子要到读书的年龄,整体来说,整个环境啊各方面,或者家里在城区的生活上比较方便,但是大部分老师这里是他成长的地方,在这里得到更好的发展。我是你有多大作为,我就会给你多大平台的这么一个人。所以他们挺多老师权衡了以后觉得还是愿意留在学校,就是觉得对个人发展还是更有利的。那你发展学习的机会是很多的啊。我这个校长呢,你愿意干,你愿意去,都会给你提供机会,给你搭个平台。

笔者：那前面您也讲到学校的中层，你也给了挺多机会让他们出去学习和提高。那么对于这些中层，您平时是怎么管理他们的呢？

J校长：中层的管理我是这样的，我跟你说实话，我现在38个班的这么大规模的学校，没有副校长。我本来呢想去引进的，但是有各种原因没有来，我们现在是这样的政策管理，中层呢，后勤的话，这个大队部的管理，我是尽量分给你的，不要跟我来汇报了。如果你处理不了的时候，你再请示，那我会给你提一个合理化的建议。所以我们整个运行的话，他们也确实能够尽他们的职责，因为我觉得疑人不用，用人不疑，而且呢要给他们足够的信任度，足够的权力，让他们去管，是不是啊？

因为这些人原来都是农村学校来的，现在学校变成这么大的，我不派他们出去学习，不让他们提升的话，真的他们自己也知道很难胜任。这样下来的话，他们现在已经成长起来了，独当一面，也就是我这里的中层，这些你出去都可以当校长。

笔者：上次有个细节，我印象也很深的，我发觉您这边的包括科研什么的，效率也很高，就是做事情条理什么的都相当好，就很厉害，这个我印象很深。然后我当时就在想这个肯定是日常一直是这样子的，而不是说偶尔是这样子。

J校长：这个确实你一个学校不是都靠校长的，校长只是制定目标，校长现在是灵魂，校长现在是管理，具体的管理是靠中层的，你具体要做是靠老师的，是不是？我只是定一个目标，我是一个思想目标的引领嘛，是不是？这个还是靠中层去抓的，所以我很重视中层队伍的建设。

笔者：那你们学校制定的这些规章制度啊，在执行的时候，您是注重这个制度是刚性的，就没有例外的，还是会考虑这种人性的，就比较软性的这样子的那种，有灵活度的？您谈谈这个问题，关于学校的这种规章制度执行方面。

J校长：这个我刚才说了要看具体情况的，有的就是考勤，我要了解具体情况，了解实际，这个工作的话是柔性的。那个学校大了，我感觉到你应该用制度来管理，有的时候呢，人多了，必须要制度来管理。那你触犯了学校的规章制度，我就要处理，我就这样，这样的话才能管得好，是不是啊？

笔者：然后我想问问啊，就是您学校现在的校园文化建设是怎么做的？

就是包括您其实刚才也稍微说到了一点,校园的环境啊,硬件还有软件,就包括我们校园文化里边那些校本课程,您给我介绍一下,因为我感觉我们学校这个是非常有特色的。

J校长:校园文化,我现在啊,主要是这个以幸福少年办幸福校园,美好少年,作为我们幸福教育这个品牌。

那么首先呢,我学校文化建设要充分利用我们学校资源,我不是有两个枣园,枣园跟那个枣茂园,枣的味道是甜的,甜蜜的味道,生活嘛肯定是幸福的,是不是相关联的?

那我学校里呢,首先有环境,校园环境、文化,对吧?那么这个也看到过了,我就不说了。你搞学校文化你肯定要跟课程结合起来,学校文化的课程,学校文化要搞,那跟课题肯定要结合,对吧?你学校文化研究要推广,肯定跟这个我们的课题研究有关,学校文化跟我们平时的教育教学管理也要有机结合,学校文化跟我们学校的课堂教学都要整合到一起,只有这样你这个学校文化才能独特,学校文化才能形成,也才能让我们老师跟学生感受到,这个就是我们学校的文化。

我举几个例子说一下啊。我们这个枣文化现在已经是 YW 一等奖,市里一等奖,省里已经参评到了,这个枣文化的课程已经是浙江省精品课程。因为现在我们中国国家级的精品课程不评了,就浙江省精品课程平台是最高级别的。我这个课程开发课题研究,刚才也说了。我们平时的教育教学当中呢,我们现在不是有劳动课嘛,综合实践课嘛,那我们依托我们的学校内的两个园区,枣园跟枣茂园。我们有个种植基地嘛,依靠这些园,我们开展这一系列的综合实践活动,这个也是课程嘛。

除了这些,我们在课题研究的时候,也有意识地注意了我们课程的整合。这个教育活动当中,我们有一个很成功的课程整合的案例。枣的话,它是比较朴实的,它是不张扬的,它是坚韧不拔的,它这些品质呢,跟我们 YW 精神高度融合的,所以我要求品德教育方面也要把我们枣文化有关的这个思想内容落在活动当中,所以整个学校就要形成枣文化,作为我们学校的特色文化,有这么一个氛围。那么整个校园文化建设和愿景和那个全部课程就全打通起来了。

笔者:您前面讲到一点,就是说校长在学校里的这个角色。那我还想请您具体谈谈,您觉得校长在学校里到底承担着怎么样的一个角色? 然后校长是起到怎么样一个作用? 这个作用对一所学校来说大不大?

J校长:那肯定的,因为整个学校的愿景、规划,学校的发展的定位、它的目标,学校往哪个方向走,这都是需要校长的,是不是? 整个学校团队的管理、凝聚力,这些都需要校长。就前面我说的那个校长的领导力嘛,这些都是。最能够体现校长领导力的,我觉得还是我们的课程开发。课程开发的时候,就把我们校长的整个意图,他的学校要建设什么样的课程,搞什么样的文化,全部贯彻落实到我们的课程当中。那这个时候我觉得更能体现我们校长的这个领导力。

笔者:然后您觉得我们×××小学这样发展下来,您个人就是作为校长起到的作用,您实事求是说,就您觉得是不是起到了决定性的作用呢?

J校长:决定性这个词语呢,我觉得用得也不是很妥当,因为我们不能崇拜个人主义,因为我校长只是一个决策者,一个目标,就是我们是引路人一样的,那更重要的就是我会充分地发挥我们教师的积极性,充分地挖掘学校里面跟边上的一些资源,根据我所制定的或者大家共同制定的这个愿景,大家共同努力,是不是啊?

在遇到困难或者挫折的时候,我作为校长要敢于面对,敢于承担责任,是不是? 那么只有这样,你才能够达到理想实现的目标。校长只是我说的引领者,不能说决定性这个词,因为最终我们还是靠大家的。

笔者:那您在成为校长前,包括后来成为校长以后,有没有什么人或者事对您来说影响很大的,您印象比较深刻的,某种程度上就是改变了您的一些想法?

J校长:有。我当教导主任很早,我出来第三年就当教导主任。当时那个校长他许多事情在YW县全县推广的时候,实际上是我一个人做出来的,但是他就是利用了我,成就了他,我反正还是等于没有什么成绩的。那么我觉得有的时候我想做一件事情,跟他的想法不一样的时候,那肯定要根据校长的。后来我觉得喜欢做一件事情的人,既然你想做事情,你肯定要去当校长。

只有校长他有这个权力可以做,你想做的事情其他人都不行,你副校长也不行,教授、主任也不行,所以这是我自己当校长之后,我觉得当时那件事情很触动我了,我说都是我一个人搞出来的,当时学校所有的制度都是我自己(弄的)。那个时候电脑都没有,我知道部队里面有打印机,我自己跟那个部长关系好嘛,都是我自己到那里去写起来,叫他打印出来,形成制度,学校制度化管理嘛。结果校长觉得这个东西搞得好,你去搞,搞得好叫我去搞,搞来呢都是他的成绩嘛,但是我是一点都没有。所以后来按照我讲,我说这个事情还是要当校长,只有当校长了,自己事情才可以做,因为后来我想做一些事情,他就反对了嘛,他不想,像我原来搞那个剪纸特色的,也搞得很好嘛。

到×××小学呢,你看我这个学校我造起来,我现在想干吗,想怎么样,我努力了,结果我都能做成。我想让一个机构来帮助我们把学校发展起来,我就做成了嘛,所以校长可以做一些自己想做的事情。但是不当校长的话,你有什么能力,都是没用的。有想法也没用,有能力也没用。

笔者:所以您觉得这个事情对您触动挺大的。那在做校长的这些年当中,您觉得自己哪些方面做得是比较好的?

J校长:一个是我就可能不喜欢碌碌无为,我有我自己做人的一个宗旨,三个对得起,对得起学生,对得起家长,对得起社会,也就是说,我要在这个学校留下点东西。正因为有这个目标,有这个想法,我就有动力去努力地经营这所学校,做好我的校长工作。

所以我这几年在YW来说,我到哪个学校,哪个学校就有翻天覆地的变化。这个变化不仅仅是校容校貌,更重要的是学校的内部软件方面的提升。像我在那个学校,当时那个学校是农村学校,也是薄弱学校,学校教育质量也差,也没有什么特色,通过我的努力,那个剪纸成为我们全省都很有影响的这么一个特殊学校。我的教育教学成绩在我们YW来说都是名列前茅的。

后来我到了×××,那时候的第二小学也是一所很破烂的、很小的学校,那在我自己努力下,你看学校造起来了,顺利地完成了搬迁,搬迁之后又能够得到快速的发展。所以人家刚开始的时候以为我只会搞剪纸,所以我到这边来要搞那个枣文化,枣文化也是无中生有的,也没有人做过的,对吧?也是搞起来的。

那我觉得我当校长这几年的话,我觉得最成功的,成绩比较显著的,就是我的课程开发。我开发了三个省级精品课,很了不起,对吧?你在我们全省去数数看也没有,因为很难的,因为要一层一层这样子,那个名额也是受限的。我过去三届,我们 YW 只有三个名额,是幼儿园、小学、初中、高中每年三个名额,就给我送了三次,三次都评下来了。

第二个,我的教育科研的话,在我们 YW 来说,是已经排到前三了。下周来考核了,考核教育先进集体。所以这个教育科研工作也做得比较好。

还有一个我觉得我做得比较成功的就是教师队伍的培养。教师队伍好了,教育肯定能够上去的。

笔者:您觉得课程、科研和师资这三块,您觉得自己是做得比较好的,J校非常谦虚。还有三个问题,我加快速度。您觉得有没有哪些因素是不利于校长领导水平的发挥的?

J校长:政策,你看看是不是它肯定要制约你的?比如说校长不管你搞得好不好,它说让你动,就调动嘛。这一块管理的,就像我,你看×××小学如果再给我两年的话,这个学校发展得一定更好,现在已经行驶到快车道上去了,对吧?但现在它叫我动,是不是政策啊,是不是让我校长无能为力?第二点,大环境。现在大环境呢,真的,你看看现在宣讲 5 项规定,在学校各种创建工作。这个政府的行为要让我们学校里来做,那校长肯定要应付这些,要传报批评啦。那些杂事,就是不可能让你安心地、专心地进行教育教学,是不是?这个都是要影响的。还有根本就是现在这个学校的资金呢,有的事情你很想办,但是你们要钱,现在资金都已经办不成了。对,我那个比较聪明的,我没有钱,我可以去外面引进来,我让人家出钱来帮助。像去年我找了一整年的两棵枣树,花了 26800,学校里面不可能出这个钱买的,要发票,发票没地方开的,我就找了一个老板,让他买了捐赠给学校。所以这个资金也是一个问题。

笔者:然后您觉得有没有做乡村学校的校长特有的这种困扰?

J校长:乡村学校校长的困难更多呀。我举个现实的问题,你学校的发展,我刚才说了离不开这些教师吧。硬件不去说了,教师是软件呀,农村里的这些人,这个教师队伍是不稳定的,他稍微一弄就走的,因为现在人是留不住的。你现在学校要怎么搞搞,这是一个最难的。

学校的发展还有一个,学生。我们有条件的、素质好一点的学生,他父母亲肯定是厉害一点的,他都到城里去了,留下来的基本上是困难的。相当于这样的学生,给你来搞乡村教育,真的很困难的,这是一个。

我觉得现在这个社会呢,还是一个人情社会,就是用有色眼镜来看待问题。举个例子啊,比如说我×××小学去参加什么评比,你跟那些城里的(学校很难比),在我们 YW 来说,已经是名校了,除非我的(学校的)这个水平是很高的。

你要让人家说你这学校发展,那肯定要这些成绩来说话的呀。要想成为一方名校,这个难度真的很大,比城市的学校就是难得多得多,本来这个资源各方面就没有优势。然后等你去参加评比嘛,人家也是把你踩在脚下的,你怎么样出线? 老师也好,学生也好,对吧,都是比人家差的。所以我说农村学校校长现在有很多的困惑,也有很多的无奈。

(省略……)

附录7 一级编码片段

编码名称	覆盖文件	编码节点
A111 学校权力与相关行政部门权力不对等	2	2
A112 行政部门存在官僚作风	3	3
A114 与乡镇政府合作共赢	3	4
A116 教师积极性差	4	4
A117 教师素质下降	2	2
A118 缺乏音、体、美教师	4	4
A119 人生价值	1	1
A120 教育敏感	1	1
A121 教育行政部门利益至上	2	3
A122 乡村教师积极性难调动	5	5
A123 人际关系影响校长调动	1	1
A124 教育局人事权过大	3	3
A125 优秀的校长应该具有情怀	6	6
A126 校长成长需要名师引领	2	2
A127 尊重人才的环境	1	1
A128 校长应该是专业人才,非行政人才	1	1
A130 办学愿景结合当地特色	4	5
A131 办学愿景结合教育热点	1	1
A132 教师参与学校愿景制定	2	2
A133 名师驻校指导	2	2
A134 结合课题培养教师	5	6
A135 当地资源对学校建设的帮助	5	5
A136 引进社会资金	3	3

后　记

　　本书依据我的博士毕业论文修改而成。作为一名大龄的博士毕业生，我坐在客厅沙发上，开始给这本书写后序部分时，不禁思绪万千。

　　首先来说说我的读博经历。从常理上来说，人到中年时考博，原本就不是一种常态的选择。当时也只是想尽力尝试，或许还能实现自己的梦想。当它成真时，感觉格外珍惜。但这个梦想如果没有周遭人的帮助也是实现不了的。十年前的一天，在美国田纳西的诺克斯维尔，我的一位挚友提起读博的话题，当时的我认为这是不可能的。十年后的今天，在浙大紫金港校区，当读博的进程进入尾声时，是那些鼓励我的朋友与家人，使这一切的不可能即将变成可能。我的美国朋友王也夫、简尼斯全家、玛丽和麦克夫妇，他们使我相信一切皆有可能，不要因为年龄等客观条件而给自己设定上限。我工作所在的学院领导童富勇教授和仲玉英教授，他们在我决定报考和读书期间给予了许多具体实在的帮助和指导。我曾经的学生、后来的朋友罗晓娟，在我最艰难的这一年中经常陪伴我，在论文质性研究方法上提供了帮助。我的爸爸妈妈，他们以我为骄傲，即便是别人毫不在意的小事他们都能自豪不已。我的女儿梁易，在中考和高考的关键时期，以一种高度自律和对自己近乎苛求的完美主义，极大减轻了我作为家长的负担，就如同炎炎夏日里吹来的清风，带给我身体上的"凉意"和心理上的温暖慰藉。我的丈夫梁尔真，在我最初提出读博的想法时，立刻就赞同了，并能一直坚守"让对方成为自己想成为的人"的承诺，使我在遇到困难挫折时，在自我怀疑彷徨时，能拥有和保持那一份动力和定力。还有两位在我人生的关键时刻给予了机会的老师，一位是我中师时的班主任戎松魁老师，另一位是杭师大曾经的汉办主任杨小洪老师，是你们对我的肯定鼓励和无私帮助改变了我的命运。

　　读博期间，导师吴雪萍教授对我的接纳、关爱和指导，尤其是她严谨的治学态度让我获益匪浅。合作导师贺武华教授的耐心和热情使我时常倍感温暖。吴氏城堡中的优秀同门给我提供了相互学习的机会。同窗在学习期间结下的深厚友谊,尤其是和同桌金玉宏一起在三个校园(西溪、玉泉、紫金港)里散步聊天吃饭,班长卢继海义务替大家打印作业时的憨厚表情,都已成为日后美好校园回忆的一部分。还有让我能够旁听她的教育量化统计课程的叶映华教授,使我这只笨鸟能够多一次学习的机会,也使我的论文中的量化部分最终能够顺利完成。因此,这段读博经历成为我人生中最艰难最难忘同时也是收获最多的时光。

其次想说说这本书的选题。在《乡村小学校长领导力研究》中,乡村小学、乡村校长是频繁出现的关键词。关于它们为什么会进入我这个从小在杭州城区长大的所谓城里人的视野,最终成为我的博士论文的主题,我想讲述两个感性的理由。2012 年 1 月,作为国家汉办选派的汉语教师,我去了美国田纳西州一个叫诺克斯维尔的小城。田纳西被认为是美国经济相对落后、文化保守的乡村地区。在那里,我亲历了美国乡村小学教学的实况。回国后的 2015 年暑假,我带着女儿一起在宁夏、甘肃进行了一次旅行。旅途中看到了西北部地区的乡村小学,也接触了那里的学生。这使我回想起当时参加美国东南部地区教师大会时,一位与会者提出的问题:"为什么美国的乡村地区学校和城市的差别不大,而在中国却具有较大的差异?"怎么来回答这个问题呢? 我一时之间找不到答案。2018 年和 2019 年的 3 月,我前后两次去了杭州下辖的淳安县的富文乡中心小学。这所乡村小学的巨大蜕变极大地刺激了我。它从一个没有操场的简陋的乡村学校变成了"小而美"学校的典范。看着滑着滑梯下楼的孩子们的笑脸,我隐隐觉得自己找到了回答问题的方向。于是,在随后的这些年,我将更多的精力投入中国陶行知研究会乡村名校长工作委员会、浙江省教育学会乡村教育分会的工作中,在与乡村校长的日常接触中,在走入乡村学校进行调查研究的过程中,我的博士论文选题最终聚焦在乡村学校和它们的校长身上。

当然,写作的过程总是充满了坎坷和痛苦。在自己的坚持和隐忍下,尤其是在那些几乎想要放弃的时刻,一点点地把研究做下去,慢慢地论文的轮廓就呈现出来了,最终成为今天呈现的书稿的样子。

最后说说这本书的大致内容。近年来,乡村教育振兴作为党和国家乡村振兴战略的重要举措,得到社会各界的高度重视。乡村小学校长作为乡村教育振兴的重要带头人,其领导力水平将是发展乡村学校、振兴乡村教育的关键因素。因此,本书以乡村小学校长为研究对象,通过对他们的领导力提升的核心问题研究,达到乡村教育振兴的最终目的。本研究具有推动乡村小学校长个体的专业成长、提升乡村学校效能、提高乡村地区基础教育整体质量的实践意义;同时,也具有丰富乡村校长领导力的专业理论、促进教育领导领域精准研究的理论意义。

　　本书以变革型领导和学校效能为研究的上位理论基础。研究遵循"问题提出—演绎法和归纳法分析—问题解决"的逻辑思路,采用量化方式探讨乡村小学校长领导力的现状问题,采用质性方式探究领导力的构成及影响其提升的因素问题。研究以融合性的混合模式来完成。研究工具采用Excel、SPSS22.0、Pandas 等量化统计软件以及 NVivo11 质性研究软件。通过对乡村小学校长领导力问题的全面系统的实证研究,本书得出以下结论。第一,乡村小学校长的领导力水平整体处于中等状态,并且各项维度基本均衡。其中,结构领导力水平最高,文化、外部、教学领导力水平的得分都较为接近。第二,乡村小学校长的道德领导力水平尤其是民主意识仍处于较低水平状态。囿于学校科层制结构的弊端、集体决策机制的失效和社会价值取向的影响等,乡村小学校长的人际领导力的内部子维度呈现两极分化状态,道德领导能力得分较低。第三,乡村女校长对领导力水平的自我认知与实际测试之间存在着差距。量化测试显示性别因素对校长的领导力水平并没有显著影响。质性研究则显示出性别因素对女校长的领导力所造成的不同影响。第四,乡村小学校长领导力的构成要素(思想引领力、愿景规划力、资源整合力和团队建设力)具有乡村特性。其中,乡村小学校长的愿景具有现实与理想结合的双重特性。乡村小学校长在团队建设过程中尤为注重教师的专业发展。第五,乡村小学校长的领导力提升受到内外部双重因素的影响。个体内部因素包括教育情怀和教育理想、教育理解与专业能力,外部环境因素则包括乡村社会的特征、教育行政部门的管理。针对以上研究结论,本研究最终提出的对策建议为:乡村小学校长需要强化对自身角色的专业定位,需要以民主赋权的方式来提升道德领导力水平,需要打造以人为本的学校文化氛围,需要努力提升外部资源的协调整合能力,需要在实践中主动对标校长的考评体系来提升领导力水平。

　　一切过往皆序章。望着客厅窗外的灯光,我想起了大学时的班主任说过的一句话,"眼中有光,心中有爱"。希望在我今后的人生中,能用自己眼中的光去照亮脚下的路,用心中的爱去温暖自己和别人。最后,也祝每个人都能实现梦想,追梦,永远不会晚!

杜燕萍

2023 年 1 月 15 日于杭州西溪诚园